# 外贸会计

主　编　杨　雄　张燕雪
副主编　卢招娣　高银娜

北京理工大学出版社
BEIJING INSTITUTE OF TECHNOLOGY PRESS

**版权专有　侵权必究**

**图书在版编目（CIP）数据**

外贸会计/杨雄，张燕雪主编．—北京：北京理工大学出版社，2018.1（2024.8重印）

ISBN 978-7-5682-5216-4

Ⅰ.①外…　Ⅱ.①杨…②张…　Ⅲ.①外贸企业会计－高等学校－教材　Ⅳ.①F740.45

中国版本图书馆CIP数据核字（2018）第012526号

出版发行／北京理工大学出版社有限责任公司
社　　址／北京市丰台区四合庄路6号
邮　　编／100070
电　　话／（010）68914775（总编室）
　　　　（010）82562903（教材售后服务热线）
　　　　（010）68948351（其他图书服务热线）
网　　址／http：//www.bitpress.com.cn
经　　销／全国各地新华书店
印　　刷／廊坊市印艺阁数字科技有限公司
开　　本／787毫米×1092毫米　1/16
印　　张／16
字　　数／377千字
版　　次／2018年1月第1版　2024年8月第3次印刷
定　　价／39.80元

责任编辑／王俊洁
文案编辑／王俊洁
责任校对／周瑞红
责任印制／施胜娟

**图书出现印装质量问题，请拨打售后服务热线，本社负责调换**

# 前　言

自从我国加入了世界贸易组织，外贸企业实行了备案准入制以来，降低了外贸准入门槛，特别是在国家主席习近平提出“一带一路”战略后，推动了对外贸易的进一步增长，进出口贸易总额呈现出逐年上升的趋势，与此同时，也推动了外贸企业对外贸会计人才的需求。

在“一带一路”战略下，金融、产业、能源开发、基础设施建设及区域共赢等双边及多边合作，对会计核算、管理会计、环境会计、会计人才培养与评价体制等方面提出了更高的要求。“一带一路”在国家层面是宏观战略，在企业层面则是微观战术，财务部门已成为助力企业“走出去”的重要帮手。企业需要 CEO 带队冲锋陷阵，也需要有人“瞻前顾后”，其中，企业外贸会计人员就是重要的角色之一。随着“一带一路”战略的推进，越来越多的中国企业登上了国际舞台，也为外贸会计的发展和繁荣创造了机遇。

由于外贸会计涉及了大量的国际贸易实务知识、税收知识、国际金融知识和相关的海关管制知识，是以国际结算、出口退税等为核心的会计部门，所以，具有其自身的特点和很强的专业性。本教材是由具有丰富的教学经验和外贸企业实际工作经验的教师根据财政部、国家税务总局36号文（财税〔2016〕）规定后的外贸政策、税收政策及外贸会计核算的要求编写的，在编写上力求多举例，内容更贴近实际工作，充分体现实用性和可操作性。

本教材的主要特点如下：

1. 本教材编写的依据是最新的会计准则、新的税收法规和当前我国实施的对外贸易政策法规，如财政部关于印发《增值税会计处理规定》的通知（财会〔2016〕22 号）、《财政部　海关总署　国家税务总局关于融资租赁货物出口退税政策有关问题的通知》（财税〔2016〕87 号）、《国家税务总局关于跨境应税行为免税备案等增值税问题的公告》（国家税务总局公告 2017 年第 30 号）、《国家税务总局关于增值税发票开具有关问题的公告》（国家税务总局公告 2017 年第 16 号）、《国家税务总局关于调整增值税纳税申报有关事项的公告》（国家税务总局公告 2017 年第 19 号），等等。

2. 本教材共分八章，主要介绍当前使用的外贸会计科目、贸易术语、常用国际结算方式、外汇业务会计核算、进口业务会计核算、出口业务会计核算、出口货物劳务和跨境应税行为退（免）税会计核算、加工贸易会计核算、其他进出口业务的会计核算、外贸企业的会计报表等。为了进一步理解教材内容，每章均配备了思考与练习题。

3. 本教材结合高职高专教学的特点，从培养外贸会计应具备的基本知识、岗位技能和职业素质着手，注明了各章的知识目标、技能目标、案例导入和案例分析，以提高学生对各章节的学习兴趣，从而掌握各章节的知识。

本教材由杨雄、张燕雪担任主编，由卢招娣、高银娜担任副主编。由杨雄教授负责全书大纲的拟定、初稿的修改、总纂和定稿。厦门加捷集团总会计师黄献荣、副总易海林对本书大纲的审定、初稿的审阅以及教材的最终定稿提出了宝贵意见。

本教材既可作为高等职业院校财经类学生的专业教材，也可作为成人教育的教学用书，以及外经贸从业人员的培训用书。

本教材在编写的过程中，参考了我国有关对外贸易政策法规和外贸会计实务资料，得到了许多外贸企业的支持和帮助，在此表示感谢。

由于编者的水平和条件有限，书中难免有不妥和错漏之处，恳请读者给予批评和指正。

**编　者**

# 目 录

# 第一章 外贸会计概述

## 知识目标

1. 了解外贸会计的对象与特点、常用的三种国际结算方式（汇付、托收、信用证）的概念、当事人、种类；

2. 理解外贸会计科目、常用价格术语、常用国际结算方式的运用。

## 技能目标

学会常用价格术语的运用以及在常用国际结算方式下的账务处理。

## 案例导入

我国黑龙江某外贸公司2016年5月以FOB[①]条件签订了一批皮衣买卖合同，装船前检验时货物的品质良好且符合合同的规定。货到目的港后，买方提货检验时发现部分皮衣有发霉现象，经调查确认，原因是包装不良使货物受潮，据此买方向卖方提出索赔要求。但是卖方认为货物在装船前品质是合格的，发霉是在运输途中发生的，因此拒绝承担赔偿责任。对此争议应作何处理？

**分析：**

尽管发霉是在运输途中发生的，但是产生发霉的原因即包装不良，则是在装船前已经存在的，因此是卖方在履约过程中的过失。按照FOB术语货物装上船后才转移风险的规定，买方有理由提出索赔要求，卖方的拒绝是没有道理的。

---

① FOB：装运港船上交货。

# 第一节　外贸会计的对象及特点

## 一、外贸会计的对象

会计对象即会计所反映和监督的内容，可以表述为企业在生产过程中能以货币表现的经济活动，也就是企业在生产过程中的资金运动。

外贸会计对象，是指外贸企业会计核算和监督的内容，也就是外贸企业在进出口商品流转过程中的资金运动。外贸企业资金运动的主要内容是组织国际进出口商品流通，其主要经济活动包括出口业务和进口业务。外贸企业与国内商品流通企业都从事组织商品流通的活动，但它与一般的国内商品流通企业有很大的不同。具体表现是外贸企业的商品流通，包括进口和出口两种业务的经营活动，使用本国货币和外币两种以上的货币，因而外贸企业在经营过程中的货币资金运动形态主要表现为"外币——人民币"或"人民币——外币"的转换过程。这就是说，在出口经营活动中，企业用本币从国内购进商品，通过在国外销售获得外汇，并对所获外汇自行保留或者按照国家规定在外汇指定银行结汇；而在进口经营活动中，企业用自有外汇或者用人民币向银行购买外汇以支付货款，从国外获得商品，并将商品在国内销售，取得人民币。因此，外贸企业在其资金循环过程中所特有的本币与外币之间的不断转换的过程，形成了外贸企业资金运动的特殊性，如图1－1所示。

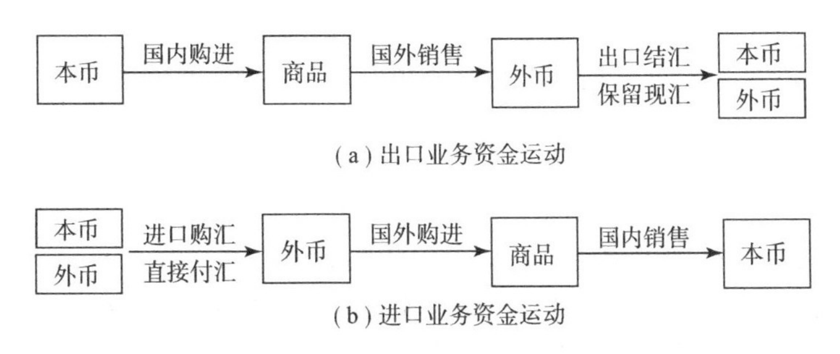


**图1－1　进出口业务资金运动**

此外，外贸企业在资金运动过程中还涉及国内和国外两个市场，在商品定价时需要分别给出国内价格和国外价格，而国外定价需运用国际贸易中的价格条款（也称贸易术语）。再者，外贸企业在资金运动过程中无论是进口还是出口，都会涉及货款结算，国际贸易的结算方式有其特定的含义，与国内结算方式存在一定差异。

## 二、外贸会计的特点

外贸会计因其特殊的资金流转环节，形成了有别于其他企业的会计特点，主要有以下四个方面：

### （一）涉及大量的国际贸易实务知识

外贸企业的性质决定了其主要从事对外贸易，而对外贸易在多年的运作过程中形成了大量的具有自身特点的惯例和规则，包括贸易术语（如 FOB、CFR[1]、CIF[2]）、国际贸易结算方式（如汇付、托收、信用证）、贸易方式（如易货贸易、加工贸易）等。

**（二）涉及较多的税收知识**

外贸企业在从事进出口交易的过程中，组织货物进出关境时要向海关缴纳必要的税收，包括关税、增值税、消费税等；货物出口后应做出口退税，退还其在国内已缴纳的增值税和消费税。这些税的计算和核算涉及相关的税收知识。

**（三）涉及必要的国际金融知识**

外贸企业在与国外客户进行交易时，通常使用外汇，涉及外汇的种类、外汇管理、汇率制度、外汇报价等相关知识。

**（四）涉及相关的海关管制知识**

外贸企业在组织货物通关过境时，必须遵守海关相关的管制制度，如加工贸易的保税制度和保证金台账制度等。

## 第二节　外贸会计科目

会计科目是对会计对象所做的进一步分类。这种分类的目的就是要使会计所提供的信息能够满足企业内部经营管理的需要，能够满足对外提供财务报告的需要。2006 年《企业会计准则》对企业设置会计科目的规定如表 1 －1 所示。

**表 1 －1　2006 年《企业会计准则》对企业设置会计科目的规定**

| 编号 | 名称 | 核算内容 |
| --- | --- | --- |
| 一、资产类 | | |
| 1001 | 库存现金 | 企业的库存现金 |
| 1002 | 银行存款 | 企业存入银行或其他金融机构的各种款项 |
| 1012 | 其他货币资金 | 企业的银行汇票存款、银行本票存款、信用卡存款、信用证保证金存款、存出投资款、外埠存款等其他货币资金 |
| 1101 | 交易性金融资产 | 企业为交易目的所持有的债券投资、股票投资、基金投资等交易性金融资产的公允价值 |
| 1121 | 应收票据 | 企业因销售商品、提供劳务等而收到的商业汇票，包括银行承兑汇票和商业承兑汇票 |
| 1122 | 应收账款 | 企业因销售商品、提供劳务等经营活动应收取的款项 |
| 1123 | 预付账款 | 企业按照合同规定预付的款项。预付款项情况不多的，也可以不设置本科目，将预付的款项直接记入“应付账款”科目 |
| 1131 | 应收股利 | 企业应收取的现金股利和应收取其他单位分配的利润 |

① CFR：成本加运费。
② CIF：成本加保险费加运费。

续表

| 编号 | 名称 | 核算内容 |
|---|---|---|
| 一、资产类 | | |
| 1132 | 应收利息 | 企业交易性金融资产、持有至到期投资、可供出售金融资产、发放贷款、存放中央银行款项、拆出资金、买入返售金融资产等应收取的利息 |
| 1231 | 坏账准备 | 企业应收款项的坏账准备 |
| 1401 | 材料采购 | 企业采用计划成本进行材料日常核算而购入材料的采购成本 |
| 1402 | 在途物资 | 企业采用实际成本（或进价）进行材料、商品等物资的日常核算，货款已付尚未验收入库的在途物资的采购成本 |
| 1403 | 原材料 | 企业库存的各种材料 |
| 1404 | 材料成本差异 | 企业采用计划成本进行日常核算的材料计划成本与实际成本的差额 |
| 1405 | 库存商品 | 企业库存的各种商品的实际成本（或进价）或计划成本（或售价） |
| 1406 | 发出商品 | 企业未满足收入确认条件但已发出商品的实际成本（或进价）或计划成本（或售价） |
| 1407 | 商品进销差价 | 企业采用售价进行日常核算的商品售价与进价之间的差额 |
| 1408 | 委托加工物资 | 企业委托外单位加工的各种材料、商品等物资的实际成本 |
| 1411 | 周转材料 | 企业周转材料的计划成本或实际成本 |
| 1471 | 存货跌价准备 | 企业存货的跌价准备 |
| 1511 | 长期股权投资 | 企业持有的采用成本法和权益法核算的长期股权投资 |
| 1531 | 长期应收款 | 企业的长期应收款项 |
| 1601 | 固定资产 | 企业持有的固定资产原价 |
| 1602 | 累计折旧 | 企业固定资产的累计折旧 |
| 1604 | 在建工程 | 企业基建、更新改造等在建工程发生的支出 |
| 1605 | 工程物资 | 企业为在建工程准备的各种物资的成本 |
| 1606 | 固定资产清理 | 企业因出售、报废、毁损、对外投资、非货币性资产交换、债务重组等原因转出的固定资产价值以及在清理过程中发生的费用等 |
| 1701 | 无形资产 | 企业持有的无形资产成本，包括专利权、非专利技术、商标权、著作权、土地使用权等 |
| 1702 | 累计摊销 | 企业对使用寿命有限的无形资产计提的累计摊销 |
| 1711 | 商誉 | 企业合并中形成的商誉价值 |
| 1801 | 长期待摊费用 | 企业已经发生但应由本期和以后各期负担的分摊期限在 1 年以上的各项费用，如以经营租赁方式租入的固定资产发生的改良支出等 |
| 1811 | 递延所得税资产 | 企业确认的可抵扣暂时性差异产生的递延所得税资产 |
| 1901 | 待处理财产损溢 | 企业在清查财产过程中查明的各种财产盘盈、盘亏和毁损的价值。物资在运输途中发生的非正常短缺与损耗，也通过本科目核算 |

续表

| 编号 | 名称 | 核算内容 |
| --- | --- | --- |
| 二、负债类 | | |
| 2001 | 短期借款 | 企业向银行或其他金融机构等借入的期限在1年以下（含1年）的各种借款 |
| 2201 | 应付票据 | 企业购买材料、商品和接受劳务供应等开出、承兑的商业汇票，包括银行承兑汇票和商业承兑汇票 |
| 2202 | 应付账款 | 企业因购买材料、商品和接受劳务等经营活动应支付的款项 |
| 2203 | 预收账款 | 企业按照合同规定预收的款项 |
| 2211 | 应付职工薪酬 | 企业根据有关规定应付给职工的各种薪酬。本科目可按“工资”、“职工福利”、“社会保险费”、“住房公积金”、“工会经费”、“职工教育经费”、“非货币性福利”、“辞退福利”、“股份支付”等进行明细核算 |
| 2221 | 应交税费 | 企业按照税法等规定计算应交纳的各种税费 |
| 2231 | 应付利息 | 企业按照合同约定应支付的利息 |
| 2232 | 应付股利 | 企业分配的现金股利或利润 |
| 2241 | 其他应付款 | 企业除应付票据、应付账款、预收账款、应付职工薪酬、应付利息、应付股利、应交税费、长期应付款等以外的其他各项应付、暂收的款项 |
| 2501 | 长期借款 | 企业向银行或其他金融机构借入的期限在1年以上（不含1年）的各项借款 |
| 2502 | 应付债券 | 企业为筹集（长期）资金而发行债券的本金和利息 |
| 2701 | 长期应付款 | 企业除长期借款和应付债券以外的其他各种长期应付款项 |
| 2702 | 未确认融资费用 | 企业应当分期计入利息费用的未确认融资费用 |
| 2711 | 专项应付款 | 企业取得政府作为企业所有者投入的具有专项或特定用途的款项 |
| 2801 | 预计负债 | 企业确认的对外提供担保、未决诉讼、产品质量保证、重组义务、亏损性合同等预计负债 |
| 2901 | 递延所得税负债 | 企业确认的应纳税暂时性差异产生的所得税负债 |
| 四、所有者权益类 | | |
| 4001 | 实收资本（股本） | 企业接受投资者投入的实收资本。股份有限公司应将本科目改为“4001股本”科目 |
| 4002 | 资本公积 | 企业收到投资者出资额超出其在注册资本或股本中所占份额的部分 |
| 4101 | 盈余公积 | 企业从净利润中提取的盈余公积 |
| 4103 | 本年利润 | 企业当期实现的净利润（或发生的净亏损） |
| 4104 | 利润分配 | 企业利润的分配（或亏损的弥补）和历年分配（或弥补）后的余额 |
| 4201 | 库存股 | 企业收购、转让或注销的本公司股份金额 |

续表

| 编号 | 名称 | 核算内容 |
|---|---|---|
| 五、成本类 | | |
| 5001 | 生产成本 | 企业进行工业性生产发生的各项生产成本 |
| 5101 | 制造费用 | 企业生产车间（部门）为生产产品和提供劳务而发生的各项间接费用 |
| 5201 | 劳务成本 | 企业对外提供劳务发生的成本 |
| 5301 | 研发支出 | 企业在进行研究与开发无形资产的过程中发生的各项支出 |
| 六、损益类 | | |
| 6001 | 主营业务收入 | 企业确认的销售商品、提供劳务等主营业务的收入 |
| 6051 | 其他业务收入 | 企业确认的除主营业务活动以外的其他经营活动实现的收入 |
| 6061 | 汇兑损益 | 企业（金融）发生的外币交易因汇率变动而产生的汇兑损益 |
| 6111 | 投资收益 | 企业确认的投资收益或投资损失 |
| 6301 | 营业外收入 | 企业发生的各项营业外收入 |
| 6401 | 主营业务成本 | 企业确认销售商品、提供劳务等主营业务收入时应结转的成本 |
| 6402 | 其他业务成本 | 企业确认的除主营业务活动以外的其他经营活动所发生的支出 |
| 6403 | 税金及附加 | 企业经营活动发生的营业税、消费税、城市维护建设税、资源税和教育费附加等相关税费 |
| 6601 | 销售费用 | 企业在销售商品和材料、提供劳务的过程中发生的各种费用 |
| 6602 | 管理费用 | 企业为组织和管理企业生产经营所发生的管理费用 |
| 6603 | 财务费用 | 企业为筹集生产经营所需资金等而发生的筹资费用 |
| 6701 | 资产减值损失 | 企业计提各项资产减值准备所形成的损失 |
| 6711 | 营业外支出 | 企业发生的各项营业外支出 |
| 6801 | 所得税费用 | 企业确认的应从当期利润总额中扣除的所得税费用 |
| 6901 | 以前年度损益调整 | 企业本年度发生的调整以前年度损益的事项以及本年度发现的重要前期差错更正涉及调整以前年度损益的事项 |

2006 年《企业会计准则》对企业设置的会计科目同样适用外贸企业，特殊性在于明细科目的设置，如：

库存现金——外币现金

银行存款——外汇存款

应收账款——应收外汇账款

应收票据——应收外汇票据

财务费用——汇兑损益

主营业务成本——自营出口销售成本

——代理出口销售成本

主营业务收入——自营出口销售收入

——代理出口销售收入

库存商品——库存进口商品
　　　　——库存出口商品

## 第三节　贸易术语

贸易术语，又叫“价格术语”、“交货条件”，是在国际贸易实践中逐渐形成的用以确定买卖标的物的价格、买卖双方各自承担的费用、风险、责任范围的，以英文缩写表示的专门术语。

### 一、贸易术语的总体情况

《国际贸易术语解释通则》是国际商会（ICC）为统一各种贸易术语的不同解释于1936年制定的。为适应国际贸易实践发展的需要，国际商会先后于1953年、1967年、1976年、1980年、1990年和2000年进行了六次修订和补充。最新一次修订于2010年9月完成，即《2010年国际贸易术语解释通则》（《INCOTERMS 2010》）（以下简称《2010年通则》或新通则），于2011年1月1日起开始在全球实施。

国际商会重新编写的《2010年通则》是国际商会根据国际货物贸易的发展对《2000年通则》的修订，较《2000年通则》更准确地标明了各方承担货物运输风险和费用的责任条款，令船舶管理公司更易理解货物买卖双方支付各种收费时的角色，有助于避免码头处理费（THC）等费用纠纷。此外，新通则亦增加了大量指导性贸易解释以及电子交易程序的适用方式。

**（一）《2010年通则》的主要内容**

1.《2010年通则》的11种贸易术语

按照所适用的运输方式划分为两大组：

（1）适用于任何运输方式的七种术语：EXW、FCA、CPT、CIP、DAT、DAP、DDP，如表1－2所示。

**表1－2　适用于任何运输方式的七种术语**

| | |
|---|---|
| EXW（EX WORKS） | 工厂交货 |
| FCA（FREE CARRIER） | 货交承运人 |
| CPT（CARRIAGE PAID TO） | 运费付至目的地 |
| CIP（CARRIAGE AND INSURANCE PAID TO） | 运费/保险费付至目的地 |
| DAT（DELIVERED AT TERMINAL） | 目的地或目的港的集散站交货 |
| DAP（DELIVERED AT PLACE） | 目的地交货 |
| DDP（DELIVERED DUTY PAID） | 完税后交货 |

（2）适用于水上运输方式的四种术语：FAS、FOB、CFR、CIF，如表1－3所示。

**表 1－3　适用于水上运输方式的四种术语**

| | |
|---|---|
| FAS（FREE ALONGSIDE SHIP） | 装运港船边交货 |
| FOB（FREE ON BOARD） | 装运港船上交货 |
| CFR（COST AND FREIGHT） | 成本加运费 |
| CIF（COST INSURANCE AND FREIGHT） | 成本加保险费加运费 |

可见，《2010 年通则》将 11 种术语按适用范围分为两组：一组为适用于任何单一运输方式或多种运输方式的 7 种术语，包括 EXW、FCA、CPT、CIP、DAT、DAP 和 DDP；另一组为适用于海运或内河运输的 4 种术语，包括 FAS、FOB、CFR 和 CIF，这组术语要求卖方交货点和货物运至买方的地点均是港口，所以"唯海运不可"就是这组术语的标签。

国际贸易术语传统上用于国际货物买卖，但随着区域经济一体化的发展，像欧盟一样的贸易同盟已使不同成员国之间的国界在货物贸易中显得不重要，成员国之间国际货物买卖的做法越来越接近于国内货物买卖的做法，因此《2010 年通则》正式确认的相关术语既可以用于国际货物买卖，也可以用于国内货物买卖，只有在需要时才产生遵守进出口手续要求的义务。

《2010 年通则》11 种贸易术语对照如表 1－4 所示。

**表 1－4　《2010 年通则》11 种贸易术语对照**

| 标准代码 | 交货地点 | 风险转移界限 | 运输手续及运费 | 保险手续及保费 | 出口报关 | 进口报关 | 运输方式 |
|---|---|---|---|---|---|---|---|
| EXW | 出口商仓库或办公地点 | 买方受领货物 | 买方 | 买方 | 买方 | 买方 | 任何运输方式 |
| FCA | 出口国内任意地点 | 货交承运人监管 | 买方 | 买方 | 卖方 | 买方 | 任何运输方式 |
| CPT | 出口国内任意地点 | 货交承运人监管 | 卖方 | 买方 | 卖方 | 买方 | 任何运输方式 |
| CIP | 出口国内任意地点 | 货交承运人监管 | 卖方 | 卖方 | 卖方 | 买方 | 任何运输方式 |
| DAT | 进口国指定运输终端 | 货物交买方处置 | 卖方 | 卖方 | 卖方 | 买方 | 任何运输方式 |
| DAP | 进口国指定目的地 | 货物交买方处置 | 卖方 | 卖方 | 卖方 | 买方 | 任何运输方式 |
| DDP | 进口国指定目的地 | 货物交买方处置 | 卖方 | 卖方 | 卖方 | 卖方 | 任何运输方式 |
| FAS | 出口国装运港 | 货交装运港船边 | 买方 | 买方 | 卖方 | 买方 | 海运或内河运输 |
| FOB | 出口国装运港 | 货物装上船 | 买方 | 买方 | 卖方 | 买方 | 海运或内河运输 |
| CFR | 出口国装运港 | 货物装上船 | 卖方 | 买方 | 卖方 | 买方 | 海运或内河运输 |
| CIF | 出口国装运港 | 货物装上船 | 卖方 | 卖方 | 卖方 | 买方 | 海运或内河运输 |

## 二、适合水运的四种贸易术语

### （一）FAS，装运港船边交货（指定装运港）

如：FAS QINGDAO（青岛为装运港）。

该术语只适用于海运（SEAS AND OCEANS）或内河（INLAND RIVER）运输。

FAS 买卖双方的基本义务如表 1－5 所示。

**表 1－5　FAS 买卖双方的基本义务**

| | 卖方 | 买方 |
|---|---|---|
| 主要责任 | 1. 负责办理出口清关手续<br>2. 负责在约定日期内，按港口习惯方式，在指定装运港将货物置于买方指定船只上或以取得已在船上交付货物的方式交货<br>3. 负责充分通知买方已按规定交货或船舶未在约定时间收取货物<br>4. 负责向买方提供已按规定交货的通常证据 | 1. 负责办理进口清关手续及从他国过境的海关手续<br>2. 负责签订自指定装运港起运货物的运输合同<br>3. 负责充分通知卖方船舶名称、装船点、交货时间（需要买方选择时）<br>4. 负责收取按规定交付的货物和交货凭证，并支付价款 |
| 费用 | 1. 承担货物交至装运港船边之前的所有费用<br>2. 承担出口清关所需费用和一切税款 | 1. 承担货物交至装运港船边之后的所有费用<br>2. 承担进口清关费用、进口关税及需经他国过境时所应交纳的一切税款 |
| 风险 | 承担按规定将货物交至船边之前的一切风险 | 承担按规定将货物交至船边之后的一切风险 |

### （二）FOB，装运港船上交货（指定装运港）

如：FOB SHANGHAI（上海为装运港）。

该术语只适用于海运或内河运输。

FOB 买卖双方的基本义务如表 1－6 所示。

**表 1－6　FOB 买卖双方的基本义务**

| | 卖方 | 买方 |
|---|---|---|
| 主要责任 | 1. 负责办理出口清关手续<br>2. 负责在约定日期内，按港口习惯方式，在指定装运港将货物置于买方指定船只上或以取得已在船上交付货物的方式交货<br>3. 负责充分通知买方已按规定交货或船舶未在约定时间收取货物<br>4. 负责向买方提供已按规定交货的通常证据 | 1. 负责办理进口清关手续及从他国过境的海关手续<br>2. 负责签订自指定装运港起运货物的运输合同<br>3. 负责充分通知卖方船舶名称、装船点、交货时间（需要买方选择时）<br>4. 负责收取按规定交付的货物和交货凭证，并支付价款 |
| 费用 | 1. 承担货物在指定装运港装上买方指定船只前与货物相关的一切费用<br>2. 承担出口清关所需费用和一切税款 | 1. 承担货物在指定装运港装上买方指定船只后与货物相关的一切费用<br>2. 承担进口清关费用、进口关税及需经他国过境时所应交纳的一切税款 |
| 风险 | 承担按规定将货物装上船前的一切风险 | 承担按规定将货物装上船时起的一切风险 |

《2010年通则》中还规定，如果买方指定的船只未能按时到港或接运货物，或者买方未能就派船问题给予卖方适当的通知，那么，只要货物是合同项下的特定货物，自规定的交货期届满之后，买方就要承担货物灭失或损坏的风险。

（三）**CFR，成本加运费（指定目的港）**

如：CFR LONDON（伦敦是目的港）。

该术语只适用于海运（SEAS AND OCEANS）或内河（INLAND RIVER）运输。

“成本加运费”是指卖方在船上交货或以取得已经这样交付的货物方式交货。货物灭失或损坏的风险在货物交到船上时转移。卖方须签订将货物运至指定目的港的合同，并支付必要的成本和运费。

CFR买卖双方的基本义务如表1-7所示。

**表1-7 CFR买卖双方的基本义务**

| | 卖方 | 买方 |
| --- | --- | --- |
| 主要责任 | 1. 负责办理出口清关手续<br>2. 负责签订运输合同，将货物自约定交货点（如有）由通常航线和通常船舶运送至指定目的港交付点（如有）<br>3. 负责在约定日期内，按港口习惯方式，将货物装上船或以取得已装船货物的方式交货<br>4. 负责向买方发出所需通知<br>5. 不得延迟地向买方提供到约定目的港的通常运输凭证 | 1. 负责办理进口清关手续及从他国过境的海关手续<br>2. 当买方有权决定货物装船时间和/或到指定目的港内收取货物点时，买方必须充分通知卖方<br>3. 负责收取按规定交付的货物和运输凭证，并支付价款 |
| 费用 | 1. 承担按规定将货物装上船前与货物有关的一切费用<br>2. 承担将货物运至约定目的港卸货的包括装货费、运费和运输合同规定由卖方支付的卸货费在内的一切费用<br>3. 承担出口清关所需费用和一切税款 | 1. 承担货物按规定装上船时起与货物有关的一切费用，按运输合同由卖方支付的除外<br>2. 承担进口清关费用、进口关税及需经他国过境时所应交纳的一切税款 |
| 风险 | 承担按规定将货物装上船前的一切风险 | 承担按规定将货物装上船时起的一切风险 |

（四）**CIF，成本加保险费加运费（指定目的港）**

如：CIF NEW YORK（纽约为目的港）。

该术语只适用于海运（SEAS AND OCEANS）或内河（INLAND RIVER）运输。

“成本加保险费加运费”指卖方在船上交货或以取得已经这样交付的货物方式交货。货物灭失或损坏的风险在货物交到船上时转移。卖方须签订将货物运至指定目的港的合同，支付必要的成本和运费，以及为买方在运输途中货物的灭失或损坏风险办理保险。

CIF买卖双方的基本义务如表1-8所示。

表 1－8　CIF 买卖双方的基本义务

| | 卖方 | 买方 |
| --- | --- | --- |
| 主要责任 | 1. 负责办理出口清关手续<br>2. 负责签订运输合同，将货物自约定交货点（如有）由通常航线和通常船舶运送至指定目的港交付点（如有）<br>3. 负责与信誉良好的承保人或保险公司订立保险合同<br>4. 负责在约定日期内，按港口习惯方式，将货物装上船或以取得已装船货物的方式交货<br>5. 负责向买方发出所需通知<br>6. 不得延迟向买方提供到约定目的港的通常运输凭证 | 1. 负责办理进口清关手续及从他国过境的海关手续<br>2. 当买方有权决定货物装船时间和/或在指定目的港内收取货物点时，买方必须充分通知卖方<br>3. 负责收取按规定交付的货物和运输凭证，并支付价款 |
| 费用 | 1. 承担按规定将货物装上船前与货物有关的一切费用<br>2. 承担将货物运至约定目的港卸货的包括装货费、运费和运输合同规定由卖方支付的卸货费在内的一切费用<br>3. 承担出口清关所需费用和一切税款 | 1. 承担货物按规定装上船时起与货物有关的一切费用，按运输合同由卖方支付的除外<br>2. 承担进口清关费用、进口关税及需经他国过境时所应交纳的一切税款 |
| 风险 | 承担按规定将货物装上船前的一切风险 | 承担按规定将货物装上船时起的一切风险 |

### （五）FOB、CFR 和 CIF 三种贸易术语的异同点

1. FOB、CFR 和 CIF 的相同点

（1）交货地点都在装运港的船上。

（2）风险转移都以货物装运上船为界。

（3）运输方式都适于海运或内河航运，不适于陆运、空运或多式联运。

（4）进、出口清关手续都是由买方、卖方各自办理。

（5）按这三种术语成交的合同均属于装运合同。

（6）按这三种术语成交，其交货性质均属于象征性交货。

2. FOB、CFR 和 CIF 的不同点

这三种术语的不同点主要表现在买卖双方承担的责任及费用不同。FOB 术语由买方负责租船订舱和支付运费；在 CFR 和 CIF 术语由卖方负责租船订舱和支付运费；在 CIF 术语下，卖方还应负责办理货运保险和支付保险费。

3. FAS 和 FOB 之间的不同点

FAS 是装运港船边交货，而 FOB 是装运港船上交货，两者的区别具体体现在以下两点：

（1）FAS 成交时由买方负担装货费；而 FOB 成交时由卖方负责装货费。

（2）FAS 成交时装货风险均由买方承担；而 FOB 成交时，如果货物在装上船之前受损，由卖方承担，装上船之后，受损由买方承担。

## 三、适合各种运输方式的其他七种贸易术语

### （一）EXW，工厂交货（指定地点）

该术语可以适用于各种运输方式，也可以适用于多种运输方式同时使用。

“工厂交货”是指当卖方在其所在地或其他指定的地点（如工场、工厂、车间或仓库

等）将货物交给买方处置时，即完成交货。卖方不需将货物装上任何运输工具，在需要办理出口清关手续时，卖方亦不必为货物办理出口清关手续。

**（二）FCA，货交承运人（指定地点）**

该术语可以适用于各种运输方式，也可以适用于多种运输方式同时使用。

**（三）CPT，运费付至（指定目的港）**

该术语可以适用于各种运输方式，也可以适用于多种运输方式同时使用。

“运费付至”是指卖方将货物在买卖双方的约定地点（如有）交给卖方指定的承运人或其他人。当卖方将货物交付给承运人时，而不是当货物到达目的地时，即完成交货。卖方必须签订运输合同并支付将货物运至指定目的地所需费用。

**（四）CIP，运费和保险费付至（指定目的地）**

该术语可以适用于各种运输方式，也可以适用于多种运输方式同时使用。

“运费和保险费付至”，是指卖方将货物在买卖双方的约定地点（如有）交给卖方指定的承运人或其他人。当卖方将货物交付给承运人时，而不是当货物到达目的地时，即完成交货。卖方必须签订运输合同并支付将货物运至指定目的地所需费用，以及为买方在运输途中货物的灭失或损坏风险办理保险。

**（五）DAT，终点站交货（指定目的港或目的地）或运输终端交货（指定港口或目的地的运输终端）**

该术语可以适用于各种运输方式，也可以适用于多种运输方式同时使用。

“终点站交货”，是指卖方在指定的目的港或目的地的指定的终点站卸货后将货物交给买方处置，即完成交货。“终点站”包括任何地方，无论约定还是不约定，包括码头、仓库、集装箱堆场或公路、铁路或空运货站。卖方应承担将货物运至指定的目的地和卸货所产生的一切风险和费用。

DAT术语是《2010年通则》新增的一个术语。按照此术语成交时，卖方承担在特定地点交货前的风险及与货物相关的一切费用。卖方必须自付费用签订运输合同，将货物运至约定港口或目的地的指定运输终端。因此，买卖双方应在合同中尽可能确切地约定运输终端，如果可能的话，再约定港口或目的地的运输终端内的特定点。如未约定特定运输终端或不能由实务确定，卖方可选择最合适其目的地港口或目的地的运输终端。

使用DAT术语，要求卖方办理出口清关和交货前从他国过境运输所需的海关手续，买方办理进口清关手续。

**（六）DAP，目的地交货（指定目的地）**

该术语可以适用于各种运输方式，也可以适用于多种运输方式同时使用。

“目的地交货”，是指卖方在指定目的地将还在运输工具上可供卸载的货物交由买方处置时，即为交货。卖方承担将货物运送至指定地点的一切风险。

DAP是《2010年通则》新增的一个术语，取代了《2000年通则》的DAF（边境交货）、DES（目的港船上交货）和DDU（未完税交货）三个术语。按照此术语成交时，尽管卖方承担在特定地点交货前的风险，但要求买卖双方应在合同中尽可能确切地约定目的地内的交货点。卖方必须自付费用签订运输合同，将货物运至指定目的地或指定目的地内的约定点（如有）。

使用DAP术语，要求卖方办理出口清关和交货前从他国过境运输所需的海关手续，买方办理进口清关手续。

**（七）DDP，完税后交货（指定目的地）**

该术语可以适用于各种运输方式，也可以适用于多种运输方式同时使用。

“完税后交货”，是指卖方在指定的目的地，将货物交给买方处置，并办理进口清关手续，准备好将在交货运输工具上的货物卸下交给买方，完成交货。按DDP术语成交时，卖方承担将货物运至指定的目的地的一切风险和费用，并有义务办理出口清关手续与进口清关手续，交纳相关进口税费，对进出口业务全线负责。因此，买卖双方应在合同中尽可能确切地约定目的地内的交货点。

DDP术语是卖方承担责任、费用和风险最大的一种术语。因任何原因产生的增值税或其他进口时需要支付的税项全由卖方承担，合同另有约定的除外。

**（八）FOB、CFR、CIF与FCA、CPT、CIP的比较**

1. 适用的运输方式不同

FOB、CFR、CIF三种术语仅适用于海运和内河运输，其承运人一般只限于船公司；而FCA、CPT、CIP三种术语适用各种运输方式，包括多式联运，其承运人可以是船公司、铁路局、航空公司，也可以是安排多式联运的联合运输经营人。

2. 交货和风险转移的地点不同

FOB、CFR、CIF的交货地点均为装运港船上，风险均以货物装上船后从卖方转移至买方。而FCA、CPT、CIP的交货地点，需视不同的运输方式和不同的约定而定，它可以是在卖方指定承运人提供的运输工具上，也可以是在铁路、公路、航空、内河、海洋运输承运人或多式联运承运人的运输站或其他收货点。至于货物灭失或损坏的风险，自卖方将货物交由承运人保管时，由卖方转移至买方。

3. 装卸费用负担不同

在FOB、CFR、CIF术语下，卖方承担货物装运上船前的一切费用。但由于货物装船是一个连续作业，各港口的习惯做法又不尽一致，所以，在使用程租船运输的FOB合同中，应明确装船费由何方负担，在CFR和CIF合同中，则应明确卸货费由何方负担。而在FCA、CPT、CIP术语下，如涉及海洋运输，并使用程租船装运，卖方将货物交给承运人并支付运费的是CPT、CIP术语，由买方支付运费的是FCA术语，已包含了承运人接管货物后在装运港的装船费和目的港的卸货费。这样，在FCA合同中的装货费的负担和在CPT、CIP合同中的卸货费负担问题均已明确。

4. 运输单据不同

FOB、CFR、CIF术语，卖方应提供与海运有关的运输单据。而FCA、CPT、CIP术语，卖方提交的运输单据则视不同的运输方式而定，可以是与海运有关的运输单据，也可以是铁路单、公路运单、航空运单或多式联运单据。

## 四、贸易术语的作用

贸易术语在国际贸易中的作用，有以下几个方面：

**（一）有利于买卖双方洽商交易和订立合同**

由于每种贸易术语都有其特定的含义，因此，买卖双方只要商定按何种贸易术语成交，即可明确彼此在交接货物方面所应承担的责任、费用和风险。这就简化了交易手续，缩短了洽商交易的时间，从而有利于买卖双方迅速达成交易和订立合同。

**（二）有利于买卖双方核算价格和成本**

由于贸易术语表示价格构成因素，所以，买卖双方确定成交价格时，必然要考虑采用的贸易术语中包含哪些从属费用，这就有利于买卖双方进行比价和加强成本核算。

**（三）有利于解决履约当中的争议**

买卖双方商订合同时，如对合同条款的考虑欠周全，使某些事项规定不明确或不完备，致使履约当中产生的争议不能依据合同的规定解决，在此情况下，可以援引有关贸易术语的一般解释来处理。因为，贸易术语的一般解释已成为国际惯例，它是大家所遵循的一种类似行为规范的准则。

**（四）有利于其他有关机构开展业务活动**

在业务活动中，离不开船公司、保险公司和银行等机构，而贸易术语及有关解释贸易术语的国际惯例的相继出现，便为这些机构开展业务活动和处理业务实践中的问题提供了客观依据和有利条件。

## 五、国际贸易术语的选用

在国际贸易中，贸易术语是确定合同性质、决定交货条件的重要因素，选定适当的贸易术语，对促进合同的订立和履行，提高企业的经济效益具有重要的意义。作为交易的当事人，在选择贸易术语时主要应考虑以下因素。

**（一）运输条件**

买卖双方采用何种贸易术语，首先应考虑采用何种运输方式运送。在本身有足够运输能力或安排运输无困难，而且经济上又合算的情况下，可争取按由自身安排运输的条件成交（如按 FCA、FAS 或 FOB 进口，按 CIP、CIF 或 CFR 出口）；否则，应酌情争取按由对方安排运输的条件成交（如按 FCA、FAS 或 FOB 出口，按 CIP、CIF 或 CFR 进口）。

**（二）货源情况**

国际贸易中货物品种很多，不同类别的货物具有不同的特点，它们在运输方面各有不同要求，故安排运输的难易程度和运费开支也有差异。此外，成交量的大小也直接涉及安排运输是否有困难和经济上是否合算的问题。在成交量太小又无班轮通航的情况下，负责安排运输的一方势必会增加运输成本，故选用贸易术语时也应予以考虑。

**（三）运费因素**

运费是货价的构成因素之一，在选用贸易术语时，应考虑货物经由路线的运费收取情况和运价变动趋势。一般来说，当运价看涨时，为了避免承担运价上涨的风险，可以选用由对方安排运输的贸易术语成交，如按 CIP、CIF 或 CFR 术语进口，按 FCA、FAS 或 FOB 术语出口。如因某种原因不得不采用按由自身安排运输的条件成交，则应将运价上涨的风险考虑到货价中去，以免遭受运价变动的损失。

**（四）运输途中的风险**

在国际贸易中，交易的商品一般需要通过长途运输，在此过程中可能遇到各种自然灾害、意外事故等风险，特别是途经发生战争或正常的国际贸易遭到人为障碍与破坏的地区，则风险更大。因此，买卖双方洽商交易时，必须根据不同时期、不同地区、不同运输路线和运输方式的风险情况，结合购销意图来选用适当的贸易术语。

**（五）办理进出口货物结关手续有无困难**

在国际贸易中，关于进出口货物的结关手续，有些国家规定只能由结关所在国的当事人安排或代为办理，有些国家则无此项限制。因此，若某出口国政府规定，买方不能直接或间接办理出口结关手续，则不宜按 EXW 条件成交，而应选用 FCA 条件成交；若进口国当局规定，卖方不能直接或间接办理进口结关手续，此时则不宜采用 DDP，而应选用其他术语成交。

## 第四节　国际结算

当企业发生进出口业务时，采用什么方式进行外汇结算，是一个值得注意的问题。由于付款时间、付款地点和信用方面的不同，就会关系到企业资金周转、安全收汇、收益确认和关税缴纳等重大经济活动。因此，在双方签订进出口贸易合同时，一定要正确选择有利于企业的结算货币和外汇结算方式。在进出口贸易实务中，贸易货款的结算，除一些零星的样展品之外，基本上都是通过银行进行核算的，而目前商品贸易的非现金结算主要有汇款（又称汇付）、托收和信用证三种，其中信用证使用比例最高。在这三种常用的国际结算方式中，其货与款的先后次序如表 1－9 所示。

**表 1－9　货与款的先后次序**

| 结算方式 | 货与款的先后次序 |
| --- | --- |
| 汇款 | 款先货后（预付货款）、货先款后（货到付款） |
| 托收 | 同时交割（付款承兑后换取提单） |
| 信用证 | 同时交割（付款承兑后换取提单） |

在上列三种结算方式中，又可分为顺汇和逆汇两类，顺汇法是付款的债务方主动将款项交给银行，委托银行使用某种结算工具支付给债权方，表 1－9 中的汇款即属于顺汇。而逆汇法则是由收款的债权方主动向付款的债务方索取款项，通常的做法是债权方签发汇票委托银行向国外债务人要求承兑付款，表 1－9 中的托收和信用证结算方式都属于逆汇。

下面针对三种结算方式作一简单介绍。

### 一、汇款

**（一）汇款概述**

1. 汇款的概念

汇款是汇款人委托银行将货款汇交给收款人的一种结算方式。

汇款结算方式的特点是：以进出口双方的商业信用为基础，银行只为客户提供账户资金汇划服务，不介入银行信用。

2. 汇款的当事人

汇款方式的基本当事人包括汇款人、收款人、汇出行和汇入行。

（1）汇款人，即付款人，一般是进口商或债务人，是委托当地银行将货款交付国外出口商的人。

（2）收款人，又被称为受益人，一般是出口商或债权人，是接受汇款人所汇款项的指定当事人。

（3）汇出行，是接受汇款人的委托或申请，按汇款人指定的汇款方式将货款汇付收款人的银行，通常为进口地银行。

（4）汇入行，又被称为解付行，是接受汇出行指令，将款项交付指定收款人的银行，通常为出口地银行。

汇款人在委托汇出行办理汇款时，要出具汇款申请书。此项申请书是汇款人和汇出行之间的一种契约。汇出行一经接受申请，就有义务按照汇款申请书的指示通知汇入行。汇出行与汇入行之间，事先订有代理合同，在代理合同规定的范围内，汇入行对汇出行承担解付汇款的义务。

3. 汇款的种类

根据汇款所采用的通知方式的不同，汇款可分为信汇、票汇和电汇三种。

（1）信汇，是以邮寄信汇委托书的方式通知汇入行将款项解付给收款人的汇款方式。其特点是：费用低，但收汇时间长，收款人不能及时收到款项，目前很少使用，很多银行甚至已停办该项业务。

（2）票汇，是汇出行根据汇款人的申请签发汇票，由汇款人或汇出行寄给收款人，凭以向汇入行提示兑取款项的汇款方式。其特点是：可随身携带，还可背书转让，费用也较低，目前仍在使用。

（3）电汇，是汇出行根据汇款人的申请以电讯方式通知汇入行解付款项给收款人的汇款方式。其特点是：费用相对高些，但收汇时间短、速度快，相对较安全可靠，是一种最常用的汇款方式。

4. 汇款方式的风险

汇款业务在国际贸易中是基于买卖双方的相互信任及商业信用而进行的，如果是预付货款，进口方可能面临因出口方违约而不能如期收货甚至收不到货的风险；如果是货到付款，出口方可能面临因进口方违约而不能如期收回货款或收不回货款的风险。

5. 汇款在国际贸易结算中的使用

由于汇款方式风险较大，买卖双方很难建立绝对的信任，难以采用。因此，目前在我国进出口业务结算中，除对港澳地区及小额出口货物使用这种方式外，一般只在少数款项如预收货款、结算尾数、支付佣金、归还垫款、索赔理赔、少量出售样品以及交付或退还履约保证金等结算中使用。

6. 汇款结算应注意的问题

（1）选择信誉、服务良好的银行；

（2）选择快捷、正确的汇款路线；

（3）提供正确的收款人名称、账号、收款行的 SWIFT CODE（如工行厦门分行：ICBKCNBJSMM）；

（4）根据汇款用途，选择费用承担方式。

注：SWIFT 是环球银行金融通信协会的英文缩写。

### （二）汇款方式下的会计核算

1. 出口方的会计处理

出口企业根据银行转来的收账通知、汇入汇款通知单等编制如下会计分录：

借：银行存款——外汇存款

　　贷：应收账款——应收外汇账款

2. 进口方的会计处理

进口企业应先向银行填制汇款申请书并交款付费后，再根据银行受理的国外汇款回单、支票存根及其他有关单据编制如下会计分录：

借：在途物资——进口物资

　　财务费用——手续费

　　贷：银行存款——外汇存款

## 二、托收

### （一）托收概述

1. 托收的概念

托收是收款人开立汇票或提供有关的单据委托银行向付款人收取款项的一种结算方式。

托收结算方式的特点是：费用相对较低，但仍以进出口双方的商业信用为基础，银行只为客户提供代办收款手续服务，不介入银行信用，且进出口双方的资金负担不平衡，体现为出口方对进口方的一种赊销融资。

2. 托收的当事人

托收方式的基本当事人主要有以下几种：

（1）收款人，也称为委托人，指在托收业务中，签发汇票并委托银行代为收款的人，通常为出口商。由于委托人通常开具汇票委托他的银行向国外债务人收款，所以通常也称为出票人。

（2）付款人，指汇票中指定的付款人，也就是被代收行提示汇票和单据的债务人，通常为进口商。

（3）托收行，是委托人的代理人，是接受委托人的委托，向付款人代收货款的银行，通常为出口地银行。

（4）代收行，是托收行的代理人，是受托收行的委托代向债务人收款的国外银行，通常为付款人所在地银行。

国际商会《托收统一规则》增加了提示行，作为托收结算方式的当事人之一。提示行，指跟单托收项下向债务人提示汇票和单据的银行。在一般情况下，向债务人提示汇票和单据的银行就是代收行本身。如果代收行与债务人无往来关系，为了便利如期收款，代收行也可主动或应付款人的要求，委托付款人的往来银行充当提示行。

3. 托收的种类

根据托收时是否向银行提交货运单据，托收分为光票托收和跟单托收两种。

（1）光票托收，指委托人开立不附货运单据的汇票，仅凭汇票委托银行向付款人收款的托收方式。光票托收的风险较大，这种结算方式多用于贸易的从属费用、出口货款尾数、样品费、佣金、代垫费用、索赔款项等小额款项的结算以及非贸易结算等。不是托收的主要方式。

（2）跟单托收。它是凭附有货运单据（主要有发票、提单、保险单等）的汇票一起交银行委托代收的托收方式。这种方式在国际贸易中较为普遍，尤其是大宗货物的支付多采用跟单托收。

跟单托收根据交单条件的不同，可分为付款交单跟单托收（简称 D/P）和承兑交单跟单托收（简称 D/A）两种。

付款交单跟单托收，是指以进口人支付货款为取得货运单据的前提条件，即所谓的“一手交钱，一手交单”。出口人把汇票连同货运单据交给银行托收时，指示行只有在进口人付清货款的条件下才能交出货运单据。这种托收方式对出口人取得货款提供了一定程度的保证。

承兑交单跟单托收，是指进口人以承兑出口人开具的远期汇票为取得货运单据的前提，这种托收方式只适用于远期汇票的托收，与付款交单相比，承兑交单对买方加速资金周转有利，因为买方可以先提货出售，到期后再付款；对卖方不利，承兑交单不如付款交单保险。

4. 托收方式的风险

托收业务也是基于买卖双方的商业信用进行的，银行只是居中代理各项委托事项。因此，对进口方来说，付款赎单提货后可能面临货物与合同不符的风险；对出口方来说，虽然进口商提货是以付款或承兑为前提，一般不会有钱货两空的风险，但仍可能面临进口商拖延付款或无理拒付等风险导致不能及时收回货款。

5. 托收结算应注意的问题

托收虽然不是一种理想的结算方式，但只要出口商对进口商的资信作风、商品行情、进口地商业习惯、海关、贸易和外汇管制等进行充分的调查和了解，注意把握收汇风险，采用托收结算方式也有利于扩大出口，增加出口商品的竞争能力。但在使用托收结算方式时，应注意以下事项：

（1）熟知《托收统一规则》；

（2）选择信誉好的托收行；

（3）选择有利的托收方式。

**（二）托收方式下的会计核算**

1. 出口方的会计处理

（1）在 D/P 或 D/A 交单日，当出口方向银行开出托收指示并交出全套单证时，编制如下会计分录：

借：应收账款——应收外汇账款

　　贷：主营业务收入——自营出口销售收入

（2）若采用 D/P 方式，出口方财务在收汇日凭结汇水单、收账通知编制如下会计分录：

借：银行存款——外汇存款

　　贷：应收账款——应收外汇账款

（3）若采用 D/A 方式，出口方在进口方承兑后凭银行通知编制如下会计分录：

借：应收票据——应收外汇票据

　　贷：应收账款——应收外汇账款

待 D/A 汇票到期日，出口方财务凭结汇水单、收账通知编制如下会计分录：

借：银行存款——外汇存款

　　贷：应收票据——应收外汇票据

2. 进口方的会计处理

（1）进口方接到托收单据时编制如下会计分录：

借：在途物资——进口物资

　　贷：应付账款——应付外汇账款

（2）若采用 D/P 方式，付款赎单日编制如下会计分录：

借：应付账款——应付外汇账款

　　贷：银行存款——外汇存款

（3）若采用 D/A 方式，承兑时编制如下会计分录：

借：应付账款——应付外汇账款

　　贷：应付票据——应付外汇票据

待 D/A 汇票到期日付款时，再编制如下会计分录：

借：应付票据——应付外汇票据

　　贷：银行存款——外汇存款

## 三、信用证

### （一）信用证概述

1. 信用证的概念

信用证，是进口方所在地的开证银行根据进口企业的申请，向出口方开立的一定金额、并在一定期限内凭规定的单据承诺付款的书面凭证。简言之，信用证是一种带有条件的银行付款书面承诺。

2. 信用证的特点

信用证有三个特点：

（1）信用证是一种银行信用，开证行承担第一性的付款责任；

（2）信用证是一种自足文件，它不依附于贸易合同而存在；

（3）信用证是凭单付款，不以货物为准。只要单据相符，开证行就应无条件付款。

3. 信用证的当事人

信用证涉及的当事人较多，一般有以下六个基本当事人：

（1）开证申请人，即向银行申请开立信用证的人，一般为进口方。

（2）受益人，即信用证上指定的有权使用信用证的人，一般为出口方。

（3）开证行，即接受委托开立信用证并承担保证付款责任的银行，一般为进口方银行。

（4）付款行，即开证行指定的对信用证项下付款或充当汇票付款人的银行，可以是开证行自己，也可以是进口方银行授权的银行。

（5）通知行，即受开证行的委托，将信用证转交给受益人的银行，一般为出口方所在地银行。通知行只证明信用证的真实性，并不承担其他义务。

（6）议付行，即开证行的授权买入或贴现受益人提交的，符合信用证规定的汇票和单据的银行，一般为出口方银行或开证行指定的银行。

4. 信用证的种类

信用证的种类很多，由于分类的角度不同，就有不同的分类。本书只简单介绍以下两种分类。

（1）以开证行所负的责任为标准，可以分为不可撤销信用证和可撤销信用证。

①不可撤销信用证，指信用证一经开出，在有效期内，未经受益人及有关当事人的同意，开证行不能片面修改和撤销，只要受益人提供的单据符合信用证规定，开证行必须履行付款义务。

②可撤销信用证，开证行不必征得受益人或有关当事人同意，有权随时撤销的信用证，应在信用证上注明“可撤销”字样。但《UCP500》[①] 规定：只要受益人依信用证条款规定已得到了议付、承兑或延期付款保证，该信用证即不能被撤销或修改。它还规定，如信用证中未注明是否可撤销，应视为不可撤销信用证。

根据《UCP600》的规定，为保障受益人的利益，银行不可开立可撤销信用证，信用证都是不可撤销的。

（2）以信用证项下的汇票是否附有货运单据为标准，可划分为跟单信用证和光票信用证。

①跟单信用证，是凭跟单汇票或仅凭单据付款的信用证。此处的单据指代表货物所有权的单据（如海运提单等），或证明货物已交运的单据（如铁路运单、航空运单、邮包收据）。

②光票信用证，是凭不随附货运单据的光票付款的信用证。银行凭光票信用证付款，也可要求受益人附交一些非货运单据，如发票、垫款清单等。

在国际贸易的货款结算中，绝大部分使用不可撤销跟单信用证。

5. 信用证的风险

信用证结算方式是以银行信用代替商业信用，与汇款和托收结算方式相比，对进出口双方都更有保障，同时也为进出口双方进行贸易融资提供了条件和便利。但是，由于银行付款是以单据为准，因此，存在着出口商以假单据骗取货款或进口商以单据不符为由拖欠或拒付货款的风险。从银行提供融资的角度来说，存在着垫付货款或收不回押汇款的风险。

6. 信用证结算应注意的问题

（1）以信用证为出口结算方式时：

①注意审核来证的各细节，对不能履行的条款、含有不利因素的软条款、来证中的错漏等及时要求进口方作相应修改；

②尽量不接受提单直接寄交开证申请人的条款；

③提高制单质量，避免进口商因单据不符拖延付款或拒付货款，也避免开证行不必要的扣费。

（2）以信用证为进口结算方式时：

①所要求提交的单据及其份数、签发人要明确；

②各条款清晰、不矛盾，避免将非单据条款列入信用证；

③必要时，技巧性地运用软条款。

**（二）信用证结算方式下的会计核算**

1. 出口方会计处理

（1）出口企业发运货物后，持信用证及全套出口单据向银行办理交单时，编制如下会

---

① 《UCP500》:《跟单信用证统一惯例》（国际商会第 500 号出版物）。同理，《UCP600》为国际商会第 600 号出版物。

计分录：

借：应收账款——应收外汇账款

　　贷：主营业务收入——自营出口销售收入

（2）出口企业收到银行转来的收汇通知单时，编制如下会计分录：

借：银行存款——外汇存款

　　贷：应收账款——应收外汇账款

2. 进口方会计处理

（1）进口企业向银行申请开证，存入银行保证金时，编制如下会计分录：

借：其他货币资金——信用证保证金

　　贷：银行存款——外汇存款

（2）进口企业向开证银行支付开证手续费时，编制如下会计分录：

借：财务费用——手续费

　　贷：银行存款

（3）付款行付款后，进口企业收到付款通知时，编制如下会计分录：

借：在途物资——进口物资

　　贷：其他货币资金——信用证保证金

　　　　银行存款——外汇存款

采用信用证结算方式，国际惯例是银行只收取部分开证保证金，故信用证保证金户的资金多数不足以付清货款，还需补足差额。

## 四、国际结算方式的选择

### （一）三种结算方式的比较（见表1－10）

**表1－10　三种结算方式的比较**

| 结算方式 | | 手续 | 银行收费 | 资金负担 | 买方风险 | 卖方风险 | 银行风险 |
|---|---|---|---|---|---|---|---|
| 汇款 | 预付货款 | 简便 | 低廉 | 不平衡 | 最大 | 最小 | 没有 |
| | 货到付款 | | | | 最小 | 最大 | 没有 |
| 托收 | 付款交单 | 较繁 | 较高 | 不平衡 | 较小 | 较大 | 没有 |
| | 承兑交单 | | | | 极小 | 极大 | 没有 |
| 信用证 | | 最繁 | 最高 | 较平衡 | 较大 | 较小 | 有风险 |

### （二）选择国际结算方式应考虑的因素

各种结算方式对不同的当事人来说，有不同的利弊和优劣，在具体运用时，必须针对不同的国家、客户对象和交易的实际情况，全面衡量，趋利避害。在既能达成交易，又能维护企业权益的前提下，力争择优弃劣，最终达到确保外汇资金安全、加速资金周转、扩大贸易往来的目的。所以，在具体选择国际结算方式时应考虑以下几个因素：

1. 客户信用

即关注交易对手。

2. 货物销路

即关注市场行情。

3. 贸易术语

了解国际商会《国际贸易术语解释通则》。

4. 运输单据

掌握货物所有权凭证。

5. 承运人

关注承运人实力、信誉、管理水平等。

6. 货币因素

关注汇率走势。

## 复习思考题

### 一、单项选择题

1. 外贸会计的对象是外贸企业进出口商品流转过程中的（　　）。

A. 全部经济活动　　B. 商品运动

C. 资金运动　　D. 财产物资运动

2. 属于出口业务资金运动的是（　　）。

A. 本币——商品——外币——本币

B. 本币——外币——商品——本币

C. 外币——商品——外币——本币

D. 外币——本币——商品——外币

3. “汇款方式”是基于（　　）进行的国际结算。

A. 国家信用　　B. 商业信用

C. 公司信用　　D. 银行信用

4. 外贸会计的主要特色是（　　）。

A. 复式记账、汇兑损益核算、出口退税核算

B. 复币记账、汇兑损益核算、出口退税核算

C. 进出口贸易核算、加工贸易核算、出口退税核算

D. 进出口贸易核算、汇兑损益核算、加工贸易核算

5. 承兑是（　　）对远期汇票表示承担到期付款责任的行为。

A. 付款人　　B. 收款人

C. 持票人　　D. 受益人

6. 按照国际商会《UCP600》的解释，所有的信用证都应该为（　　）。

A. 可撤销信用证

B. 不可撤销信用证

C. 既可能是可撤销信用证，也可能是不可撤销信用证

D. 由开证行和受益人协商确定

7. 以下国际结算方式中，对出口商最有利的是（　　）。

A. 货到付款　　B. 预付货款

C. 托收　　D. 信用证

8. 以下国际结算方式中，费用最高的是（　　）。

A. 货到付款　　B. 预付货款

C. 托收　　D. 信用证

9. 以下国际结算方式中，进出口双方利益最平衡的是（　　）。

A. 货到付款　　B. 预付货款

C. 托收　　D. 信用证

10. 对跟单信用证来说，以下正确的是（　　）。

A. 银行只认单证，不管货物　　B. 银行不认单证，只管货物

C. 银行认单证，也管货物　　D. 银行不认单证，不管货物

11. 在“付款交单”的托收方式中，其货权转移与货款支付的先后次序为（　　）。

A. 款先货后　　B. 货先款后

C. 同时交割　　D. 不同时交割

12. 在我国进出口贸易实务中，以信用证结算贸易货款的比例最高，当采用信用证结算贸易货款时，其货与款的先后次序为（　　）。

A. 款先货后（主动付款）

B. 货先款后（赊账）

C. 同时交割（付款承兑后换取提单）

D. 按双方约定次序进行

13. 国际贸易从形式上来看是国与国之间的商品买卖，但在实际进出口业务中，主要表现为（　　）。

A. 单据的买卖　　B. 劳务的买卖

C. 信用的提供　　D. 货物的交付

14. 国际贸易中用以表示交易双方风险、责任和费用划分及商品构成的专门用语称为（　　）。

A. 贸易惯例　　B. 贸易术语

C. 文字概念　　D. 外文缩写

15. 制定关于贸易术语的国际贸易惯例的目的是（　　）。

A. 提供可使用的贸易术语　　B. 成为交易双方的习惯做法

C. 统一对贸易术语的解释　　D. 形成国际贸易法

## 二、多项选择题

1. 以下属于信用证特点的是（　　）。

A. 信用证是由开证银行承担第一性付款责任的书面文件

B. 信用证是一种自足文件，它不依附于贸易合同而存在

C. 信用证是一种商业信用

D. 信用证是凭单付款，不以货物为准

E. 只要单据相符，开证行就应无条件付款

2. 以下适用于任何运输方式的贸易术语是（　　）。

A. CPT　　B. FCA

C. FOB D. CIP

E. CFR

3. FOB 与 FCA 相比较，其主要区别有（　　）。

A. 适用的运输方式不同

B. 风险划分界限不同

C. 交货地点不同

D. 提交的单据种类不同

E. 出口清关手续及其费用的承担方不同

4. 与其他企业会计相比，外贸会计具有的特点主要有（　　）。

A. 涉及大量的国际贸易实务知识 B. 涉及较多的税收知识

C. 涉及必要的国际金融知识 D. 涉及相关的海关管制知识

E. 涉及较多的电子商务知识

5. FCA、CPT 与 CIP 这三种贸易术语的相同点主要有（　　）。

A. 适用于各种运输方式 B. 风险转移以货交承运人为界

C. 卖方办理出口手续 D. 买方办理进口手续

E. 买卖双方承担的责任和费用相同

6. 贸易术语在国际贸易中的作用主要有（　　）。

A. 有利于买卖双方洽商交易和订立合同

B. 有利于买卖双方核算价格和成本

C. 有利于解决履约当中的争议

D. 有利于其他有关机构开展业务活动

E. 有利于世界经济一体化发展

7. 进出口企业在选择国际结算方式时应考虑的因素主要有（　　）。

A. 客户信用 B. 货物销路

C. 贸易术语 D. 运输单据

E. 货币因素

## 三、实务题

**【习题 1】**

目的：比较 FOB、CFR、CIF 价格术语。

资料：厦门长青进出口有限公司（以下简称长青公司）是一家取得进出口经营权的外贸型企业，现在长青公司有一笔进口贸易正在洽谈中，其可以从 FOB、CFR、CIF 三种价格术语中选择一个最适合的价格条件。

要求：请你为长青公司的谈判代表比较一下 FOB、CFR、CIF 三种价格术语之间的异同。

**【习题 2】**

目的：说明 L/C 结算程序。

资料：长青公司本期的进口贸易价格条件已经谈妥，并且结算方式也已经协商一致，采用跟单信用证结算。

要求：结合图 1－2 说明跟单信用证的结算程序。

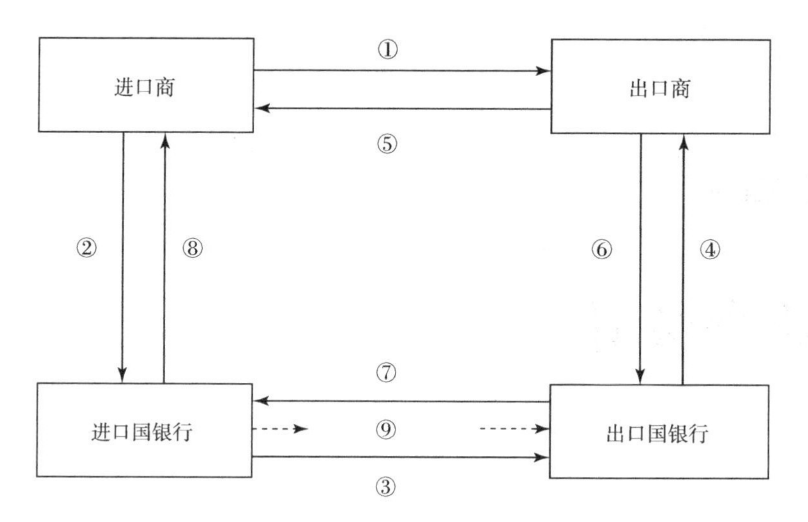


**图 1－2　跟单信用证的结算程序**

# 第二章

# 外汇业务会计

## 知识目标

1. 了解外汇的概念、特征、分类及其作用，汇率的概念、标价方法和分类，外汇账户的开立条件和开立程序、外汇账户的管理，汇兑损益的概念；

2. 理解外汇业务的内容、核算程序、账户设置，汇兑损益的产生条件和结转方法。

## 技能目标

学会外汇兑换业务、外汇购销业务、外汇借款业务、接受外币资本投资的会计核算以及期末汇兑损益计算和调整。

## 案例导入

### 因合同中计价货币选择不当而遭受损失

中国某出口商同意大利某进口商签订了一份国际货物买卖合同。在双方磋商买卖合同的计价货币条款时，中方外贸公司的业务员按照以往贸易的习惯做法，主张以美元作为计价货币，而意大利公司则主张以欧元计价。中方外贸公司的业务员对汇率的变化前景未作任何预测，便同意了意大利公司的要求。结果，双方在买卖合同的履行过程中，美元与欧元的比价发生了变化，从1美元兑1.11欧元跌至1美元兑0.89欧元，造成中方外贸公司少收6 800多万美元。

**分析：**

本案中方出口商损失惨重，给我们的教训是：在签订进出口合同时要重视保值条款的制定。

外汇保值条款又称外汇保值协定，是指规定以某一个或某几个特定国家的货币作为合同计价货币或支付货币的保值条款。这是一种在各国货币大多实行浮动汇率、货币的上浮与下降直接影响合同当事人利益的情况下，作为抵消或减少汇率风险的措施。本案的焦点在于如何选择“软货币”或“硬货币”。软货币一般是指在国际金融市场上呈现疲软的货币，即币值下降的货币；硬货币一般是指在国际市场上呈现坚挺趋势的货币，即币值上浮的货币。在出口业务中，宜采用硬货币作为计价货币，在进口业务中，宜采用软货币作为计价货币，以减少汇率变动带来的损失。

# 第一节　外汇概述

## 一、外汇

### （一）外汇的概念

外汇，是“国际汇兑”的简称，是指以外币表示的金融资产，可用作国际清偿的支付手段。

根据国际货币基金组织的解释，“外汇是货币行政当局（中央银行、货币机构、外汇平准基金组织及财政部）以银行存款、财政部库券、长短期政府债券等形式所保有的在国际收支逆差时可以使用的债权。其中包括由于中央银行间、政府间协议而发行的在市场上不流通的债券，而不管它是以债务国货币还是债权国货币表示。”

2008 年 8 月 5 日起实行的《中华人民共和国外汇管理条例》第三条规定：本条例所称外汇，是指下列以外币表示的可以用作国际清偿的支付手段和资产：

（1）外国货币，包括纸币、铸币；

（2）外币支付凭证，包括票据、银行存款凭证、邮政储蓄凭证等；

（3）外币有价证券，包括政府债券、公司债券、股票等；

（4）特别提款权；

（5）其他外汇资产。

### （二）外汇的特征

外汇必须具有以下三个基本特征：

（1）外汇是以外币计价或表示的对外支付的金融资产，具有国际性。

（2）外汇必须具有充分的可兑换性；

（3）外汇必须具有可靠的物质偿付保证，具有可偿性。

在我国，有 20 余种外币可以在外汇市场上挂牌买卖，它们是美元（USD）、德国马克（DEM）、欧元（EUR）、日元（JPY）、英镑（GBP）、瑞士法良（CHF）、法国法郎（FRF）、意大利里拉（ITL）、荷兰盾（NLG）、比利时法郎（BEC）、丹麦克朗（DKK）、瑞典克朗（SEK）、奥地利先令（ATS）、港元（HKD）、加拿大元（CAD）、澳大利亚元（AUD）、新西兰元（NZD）、新加坡元（SIN）、澳门元（MOP）、马来西亚林吉特（MYR）等。

### （三）外汇的分类

按不同的标准，外汇可以做如下分类：

1. 按外汇兑换限制的程度不同可分为自由外汇和记账外汇两种

（1）自由外汇，又称现汇，是指不需要经过外汇管理当局批准，在国际金融市场上可以随时自由兑换成其他国家的货币，或可以随时自由买卖并可以对任何国家自由支付的货币。目前全世界属于自由外汇的货币有 50 多种，使用最广泛的是美元、日元、欧元、英镑、瑞士法郎和港元等。

（2）记账外汇，也称协定外汇或清算外汇，是与自由外汇相对而言的，又称不可自由兑换外汇。它是根据两国政府有关贸易清算（支付）协定所开立的清算账户，为贸易、货款、经济援助、经济技术合作等协定使用的外汇。记账外汇不经货币发行国家管理当局批准，不能自由兑换成其他国家货币，也不允许支付给第三国，只能按照“支付协定”规定计价结算，用以清算两国间的贸易货款和从属费用，以及政府同意的其他非贸易结算。

2. 按外汇来源和用途不同，可分为贸易外汇和非贸易外汇

（1）贸易外汇，是指对外贸易中商品进出口及其从属活动所使用的外汇。如商品的价款、运保费、样品费、宣传费等收付过程中所使用的外汇。

（2）非贸易外汇，是相对于贸易外汇而言的，是不通过外贸和资本输出途径所发生的外汇收支，即不需要组织商品进出口和引进输出资本而发生收付的那部分外汇，主要是国家之间相互提供劳务的外汇，如侨汇、旅游外汇、对外承包工程和劳务合作外汇等。

3. 按交割期限的不同，可分为即期外汇和远期外汇

交割，是指本币和外汇所有者相互交换货币所有权的行为，也就是外汇买卖中外汇的实际收支活动。即期外汇，是指外汇买卖成交后在 2 个工作日内交割完毕的外汇。远期外汇，是指外汇买卖双方根据外汇买卖合同，不需立即进行交割，而是在将来某一时间进行交割的外汇。

### （四）外汇的作用

（1）外汇是国际上清偿债权与债务的工具。

（2）外汇能加速资金在国际上周转的速度，从而促进投资活动与资本移动，并且能及时调节各地区的资金供求，有利于国际经济交易的发展。

（3）外汇作为清偿债权债务的支付手段，使国际信用增加，资金融通的范围扩大，从而促进了国际贸易的发展。

（4）外汇可以使各国的购买力相互转换。外汇是用一国货币兑换成另一国货币作为支付手段的，即等于将一国购买力转换成他国的购买力，从而扩大了商品流通的范围和速度。

## 二、汇率

### （一）汇率的概念

汇率，亦称“外汇行市或汇价”，是一国货币兑换成另一国货币的比率，也就是以一种货币表示的另一种货币的价格。由于世界各国货币的名称不同，币值不一，所以一国货币兑换其他国家的货币要规定一个兑换率，即汇率。

### （二）汇率的标价方法

确定两种不同货币之间的比价，先要确定用哪个国家的货币作为标准。由于确定的标准不同，于是便产生了几种不同的外汇汇率标价方法。国际上通常采用的标价方法主要有直接标价法和间接标价法。

1. 直接标价法

直接标价法，是以一定单位（1、100、1 000、10 000）的外国货币为标准，折算成若

干单位的本国货币的标价方法。或者说，以外国货币为标准，来计算应付多少单位本国货币。所以，直接标价法又称应付标价法。在直接标价法下，外国货币数额固定不变，汇率涨跌都以相对的本国货币的变化来表示。目前，世界上绝大多数国家都采用直接标价法表示外汇的汇率。在国际外汇市场上，日元、瑞士法郎、加元等均为直接标价法。我国人民币与外国货币的汇率也是用直接标价法表示的。

例如，某日中国外汇交易中心美元与人民币的汇率为1美元兑换人民币6.826 0元，用直接标价法表示为：

USD1 = RMB6.826 0

从以上标价法中我们可以看出，直接标价法总是以固定整数的外国货币折算为一定数额的本国货币。假定外国货币币值发生变动，变动后的汇率表示方法仍以固定整数的外国货币来折算为一定数量的本国货币。

以美元贬值10%折算人民币为例：

USD1 = RMB6.826 0 × (1 − 10%) = RMB6.143 4

假定美元升值10%，变动后美元折算为人民币的汇率为：

USD1 = RMB6.826 0 × (1 + 10%) = RMB7.508 6

从两国货币价值变动后的汇率中我们可以看出，只要是用直接标价法，不论两国货币价值如何变动，在变动后的直接标价法下，外国货币仍然是一个整数，也就是说，外国货币的数额是一个不变量。在直接标价法下，如果外国货币折算的本国货币的数量比以前增加了，就叫外汇汇率上涨，它说明外国货币币值上涨（即升值），本国货币币值下跌（即贬值）。相反，如果外国货币折算的本国货币的数量比以前减少了，就叫外汇汇率下跌，它说明外国货币币值下跌（即贬值），本国货币币值上涨（即升值）。因此，直接标价法的特点是：外汇汇率上涨或下跌的方向与用本国货币标价数量增减的方向一致。

2. 间接标价法

间接标价法，是以一定单位（如1个单位）的本国货币为标准，折算成若干单位的外国货币的标价方法。或者说，是以本国货币为标准，来计算应收多少外国货币。所以间接标价法又称应收标价法。目前世界上只有少数国家的货币标价使用间接标价法。在国际外汇市场上，美元、欧元、英镑、澳元等均为间接标价法。

例如：某日伦敦外汇市场英镑与美元的汇率为1英镑兑换1.979 2美元，用间接标价法表示为：

GBP1 = USD1.979 2

以间接标价法标价，本国货币是一个不变量，而外国货币是一个可变量，并且随着两国货币价值的变动而变动。

假定美元升值10%，变动后的英镑折算为美元的汇率为：

GBP1 = USD1.979 2 × (1 − 10%) = USD1.781 3

假定美元贬值10%，变动后的英镑折算为美元的汇率为：

GBP1 = USD1.979 2 × (1 + 10%) = USD2.177 1

从美元升值、贬值后的汇率情况中我们可以看出，在间接标价法下，不论两国货币价值如何变动，本国货币仍然是一个整数，只是折算的外国货币数量发生了变化。在间接标价法下，如果本国货币折算的外国货币的数量比以前减少了，就是外汇汇率上涨，说明本国货币币值下跌，外国货币币值上涨。相反，如果本国货币折算的外国货币的数量比以前增加了，就叫外汇汇率下跌，说明本国货币币值上涨，外国货币币值下跌。因此，间接标价法的特点是：外汇汇率上涨与下跌的方向与用外国货币标价的数量增减方向相反。

无论是直接标价法还是间接标价法，其实质并无区别，但在直接标价法下汇率的涨跌含义和在间接标价法下汇率涨跌的含义完全相反。因此，在判断外汇汇率升降变化和进行计算时，必须先弄清楚是用哪种标价法表示的汇率，否则就容易出错。

#### （三）汇率的分类

汇率的种类很多，由于分类的角度不同，就有不同的分类。本书只简单介绍以下两种分类。

1. 从银行买卖外汇的角度划分，汇率可分为买入汇率、卖出汇率、中间汇率和现钞汇率

（1）买入汇率，又叫外汇买入价，是银行从客户或其他银行买入外汇时所使用的汇率。

（2）卖出汇率，又叫外汇卖出价，是银行向客户或其他银行卖出外汇时所使用的汇率。

外汇银行等金融机构买卖外汇是以营利为目的的，其卖出价与买入价的差价就是其收益，因此银行的外汇卖出价必然高于其买入价。一般买卖之间的差价率在1‰～5‰。

（3）中间汇率，又称中间价，是买入价与卖出价的算术平均数，即中间价 =（买入价 + 卖出价）/2。此汇率不适用于一般顾客，金融类报刊报道外汇行情信息时常用中间汇率。

（4）现钞汇率，是银行买卖外汇现钞时所使用的汇率。一般来讲，现钞买入价比外汇买入价低。因为，原则上外币现钞不能在本国流通，只有将外币现钞兑换成本国货币，才能够购买本国的商品和劳务，因此产生了买卖外币现钞的兑换率，即现钞汇率。按理现钞汇率应与外汇汇率相同，但因需要把外币现钞运到各发行国去，而对于银行买入的外币现钞，通常要经过一段时间，积累到一定数额后，才能将其运送到各发行国银行，在此期间，买进现钞的银行要承受一定的利息损失；而且在把现钞运送到国外的过程中，还要支付运费、保险费等。因此，外币现钞的买入价一般要低于外汇买入价。而一般情况下现钞卖出价等于外汇卖出价。

2. 从汇率是否变动角度划分，汇率分为固定汇率和浮动汇率

（1）固定汇率，是指两国货币的汇率基本固定，或汇率的波动被限制在一定的幅度之内。比如，人民币曾对美元采用固定汇率；港元兑美元采用联系汇率，即规定美元汇率在一定的幅度内波动。

（2）浮动汇率，是指对汇率不加以固定，也不规定上下波动的幅度，完全根据外汇市场对外汇的供求情况来决定的汇率。外币供过于求时，外币就贬值，本币就升值，外币的汇率就下跌；外币供不应求时，外币就升值，本币就贬值，外币的汇率就上涨。实行浮动汇率制的国家，往往根据各自经济政策的需要，对汇率变动进行干预或施加影响。因此，国际上对浮动汇率根据有无干预分为“自由浮动”汇率和“管理浮动”汇率。浮动汇率制是在1973年布雷顿森林体系崩溃后各国相继实行的。

### 三、外汇账户的开立与管理

#### （一）外汇账户的开立条件

符合下列条件之一的境内机构（境内机构是指中华人民共和国境内的国家机关、企事业单位、社会团体、部队等，包括外商投资企业，但不包括金融机构）可以向所在地国家

外汇管理局及其分支局申请开立经常项目外汇账户：

（1）经有权管理部门核准或备案具有涉外经营权或有经常项目外汇收入；

（2）具有捐赠、援助、国际邮政汇兑等特殊来源和指定用途的外汇收入。

法规依据：《境内机构经常项目外汇账户管理实施细则》。

**（二）外汇账户的开立程序**

（1）写出开立外汇账户的申请报告。

（2）准备必需的材料。企事业单位持工商行政管理部门颁发的营业执照；社会团体持民政部门颁发的社团登记证；其他单位持国家授权机关批准成立的有效批件；外商投资企业持外汇管理部门核发的《外商投资企业外汇登记证》；向境外借款、发行外币债券的单位持外汇管理部门核发的《外债登记证》或者《外汇（转）贷款登记证》。

（3）填写《国家外汇管理局开立外汇账户申请书》。

（4）经外汇管理部门批准后，在开户金融机构开立外汇账户。开户金融机构为境内机构开立外汇账户后，在开户回执上注明账号、币种和开户日期，并加盖金融机构戳记。

（5）境内机构凭开户回执向外汇管理部门领取《外汇账户使用证》，并按规定认真填写外汇账户的用途、币种、收支范围及使用期限等。

（6）经外汇管理部门对《外汇账户使用证》审核无误、盖章后，发给境内机构，外汇账户即生效。

（7）境内机构因经营需要在注册地以外开立经常项目外汇账户的，应当向注册地外汇管理部门备案，持注册地外汇管理部门的“异地开户备案件”及规定的材料向开户所在地外汇管理部门申请，凭开户所在地外汇管理部门核发的“账户开立核准件”，到开户金融机构办理开户手续。

**（三）外汇账户的管理**

（1）企业应严格按《外汇账户使用证》中注明的用途、币种、收支范围及使用期限等收支外汇。

（2）不得出租、出借或者串用外汇账户，不得利用外汇账户非法代其他单位或个人收付、保存或者转让外汇。

（3）除外商投资企业的境外投资者和驻华机构外，其他单位的外汇账户按规定关闭时，其外汇余额必须全部结汇。

（4）要正确核算外汇，建立严格的内部外汇收支管理制度，定期与外汇开户银行进行核对。

（5）企业要自觉接受外汇管理部门的监督检查，包括对外汇账户的年检及不定期检查。

## 第二节　外汇业务的会计核算

### 一、外汇核算概述

**（一）外汇业务的内容**

外汇业务，是指企业以人民币（记账本位币）以外的其他币种进行款项收付、往来结算和计价的经济业务。从外贸企业业务经营过程及资金周转来看，其外汇业务主要包括以下几项内容：

1. 外汇兑换业务

即一种货币兑换为另一种货币的业务。

2. 外汇购销业务

即企业购买或销售以外币计价的商品和劳务的业务。

3. 外汇借款业务

即从银行或其他金融机构取得外币借款以及归还借款的业务。

4. 接受外币资本投资业务

即投资人以外币作为资本投入企业的业务。

**（二）外汇业务的核算内容**

与外汇业务有关的会计核算主要包括两方面内容：

1. 外汇业务发生时外币金额的折算及相关处理

折算及相关处理要遵循一定的程序。

2. 外汇业务引起的外币债权债务因市场汇率变动所产生的外币折算差额的处理

在核算外汇业务时，对外币账户应采用复币记账，即既要将外币金额登记入账，同时也要将外币金额折算成记账本位币金额入账，入账汇率可以采用即期汇率或即期汇率的近似汇率。

即期汇率，通常是指中国人民银行公布的当日人民币外汇牌价的中间价。即期汇率的近似汇率通常是指当期平均汇率或加权平均汇率。企业通常应当采用即期汇率进行折算，汇率变动不大的，也可以采用即期汇率的近似汇率进行折算。上述汇率折算方法一经采用，在一个完整的会计期间内一般不作变更。

会计期末（月末、季末或年末）对各外币账户的期末余额，按照期末的市场汇率折算为记账本位币，并将折算后的记账本位币金额与账面上的记账本位币金额之间的差额确认为汇兑损益。

**（三）外汇业务核算的账户设置**

企业需要设置的外币账户主要有外汇货币资金类账户、外汇结算的债权账户以及外汇结算的债务账户等。

1. 外汇货币资金类账户

如：库存现金——外币现金，银行存款——外汇存款等。

2. 外汇结算的债权账户

如：应收账款——应收外汇账款，应收票据——应收外汇票据，预付账款——预付外汇账款等。

3. 外汇结算的债务账户

如：应付账款——应付外汇账款，应付票据——应付外汇票据，预收账款——预收外汇账款，长（短）期借款——长（短）期外汇借款等。

4. “财务费用——汇兑损益”账户

借方主要登记由于外汇债权、债务而产生的汇兑损失；贷方主要登记汇兑收益；借贷方的差额即为汇兑净损失或净收益。

## 二、外汇业务的会计核算

### （一）外汇兑换业务的会计核算

外汇兑换业务包括企业从金融机构购入外汇业务和企业向金融机构卖出外汇业务。

1. 企业卖出外汇业务的会计处理

根据国家允许外贸企业在一定条件下保留现汇的规定，企业可以根据汇率的长短变化趋势，人民币资金账户的头寸多少，支付外币运费、保险费及佣金，以及进口货款的用汇量等因素，选择保留现汇还是立即结汇。

企业向金融机构卖出所保留的现汇时，一方面要按外汇买入价折算可实际收取的记账本位币金额并登记入账，另一方面应按照交易发生日的即期汇率将卖出的外汇金额折算为记账本位币金额并登记入账，同时按照卖出的外汇金额及汇率登记相应的外币账户。实际收入的记账本位币金额与付出的外汇金额按照交易发生日的即期汇率折算为记账本位币金额的差额，确认为汇兑损益。

**【例2-1】**厦门远航公司以人民币为记账本位币，对外币交易采用交易日即期汇率折算。2017年6月3日，该公司将其美元账户中的10万美元兑换为人民币，银行当日美元买入价为1美元=6.78元人民币，中间价为1美元=6.81元人民币，卖出价为1美元=6.84元人民币。编制会计分录如下：

借：银行存款——人民币户　　（USD100 000　6.78）678 000
　　财务费用——汇兑损益　　3 000
　　贷：银行存款——美元户　　（USD100 000　6.81）681 000

2. 企业买入外汇业务的会计处理

在国家允许企业保留现汇的情况下，企业对外支付外汇分为两种方式：一是从银行购汇后支付；二是从企业现汇账户中直接支付。

企业从金融机构买入外汇时，一方面要按外汇卖出价折算应向银行支付的记账本位币金额并登记入账；另一方面应按照交易发生日的即期汇率将买入的外汇金额折算为记账本位币金额并登记入账，同时按照买入的外汇金额及汇率登记相应的外币账户。实际付出的记账本位币金额与收取的外币金额按照交易发生日的即期汇率折算为记账本位币金额的差额，确认为汇兑损益。

**【例2-2】**厦门远航公司以人民币为记账本位币，对外币交易采用交易日即期汇率折算。2017年6月10日，该公司持有效凭证从银行申请购入6万美元。银行当日美元买入价为1美元=6.78元人民币，中间价为1美元=6.80元人民币，卖出价为1美元=6.82元人民币。编制会计分录如下：

借：银行存款——美元户　　（USD60 000　6.80）408 000
　　财务费用——汇兑损益　　1 200
　　贷：银行存款——人民币户　　（USD60 000　6.82）409 200

3. 不同币种外币互相兑换的会计处理

不同币种外币互相兑换，可以认为是一种外币兑换成人民币后再将其兑入的人民币购买另一种外币，是卖出外汇与买入外汇的复合。此时两种外币的买入价或卖出价各自会与企业外币账户的入账汇率产生差额，该差额确认为汇兑损益。

【例2－3】厦门远航公司以人民币为记账本位币，对外币交易采用交易日即期汇率折算。2017年6月12日，该公司将10 000美元兑换成港元，当日银行港币买入价、卖出价、中间价分别为0.85、0.89、0.87，美元买入价、卖出价、中间价分别为6.78、6.83、6.80。编制会计分录如下：

$$USD10\ 000 \times 6.78 \div 0.89 = HKD76\ 179.78$$

借：银行存款——港币户　　（USD73 695.65 0.87）64 115.22
　　财务费用——汇兑损益　　3 884.78
　　贷：银行存款——美元户　　（USD10 000　6.80）68 000

（二）外汇购销业务的会计核算

企业从国外购进原材料、商品或引进设备时，按照交易发生日的即期汇率将支付的外汇或应支付的外汇折算为人民币金额记账，以确定购入原材料等货物的入账价值，同时按照外币的金额及汇率登记有关外币账户。

【例2－4】厦门远航公司以人民币为记账本位币，对外币交易采用交易日即期汇率折算。本期从境外购入原材料一批，材料价款1 000美元，购入材料时的即期汇率为1美元＝6.85元人民币，款项尚未支付。（为简化核算，关税及增值税略）会计分录如下：

借：在途物资——进口物资　　（USD1 000　6.85）6 850
　　贷：应付账款——应付外汇账款　　（USD1 000　6.85）6 850

企业向境外销售商品取得货款或债权，按照交易发生日的即期汇率将外币销售收入折算为人民币金额入账，以确定外销商品的入账价值，同时按照外币的金额及汇率登记有关外币账户。

【例2－5】厦门远航公司以人民币为记账本位币，对外币交易采用交易日即期汇率折算。本期向境外出售商品一批，价款10 000美元，销售商品时的即期汇率为1美元＝6.85元人民币，款项尚未收到。会计分录如下：

借：应收账款——应收外汇账款　　（USD10 000　6.85）68 500
　　贷：主营业务收入——自营出口销售收入　　（USD10 000　6.85）68 500

（三）外汇借款业务的会计核算

外贸企业向可以办理外汇借款的金融机构申请外汇借款的种类目前有外汇现汇贷款、外汇转贷款、外汇质押贷款、外汇打包贷款和备用信用证担保贷款等，贷款的币种主要有美元、欧元、日元、港元、英镑等。

外汇现汇贷款在整个外汇贷款中占有很大的比重，它是外贸企业在经营进出口业务中普遍选择的融资方式之一。外汇现汇贷款的种类既包括短期贷款，也包括中长期贷款。外汇贷款与人民币贷款比较而言具有以下特点：

（1）借外汇必须还外汇，用外汇偿还借款本息。

（2）申请外汇借款的必须是有外汇收入或外汇来源的单位，有可靠的外汇来源和按期偿还本息的能力，并提出有依据的归还贷款本息的计划。

（3）外汇借款主要用于引进国外先进技术、设备、进口原材料、辅料等；用于对外加工装配、补偿贸易、对外承包工程；以及其他出口创汇等生产经营活动中所需外汇资金。

企业借入外币时，按照借入外币时的即期汇率折算为记账本位币入账，并按照借入外币的金额及汇率登记相关的外币账户。

【例2-6】厦门远航公司以人民币为记账本位币，对外币交易采用交易日即期汇率折算。2017年1月1日借入半年期外汇现汇贷款500 000美元，年利率2.4%，到期一次还本付息。当天市场即期汇率1美元=6.92元人民币。2017年7月1日外汇贷款到期时的市场汇率1美元=6.78元人民币。则借款相关会计分录如下：

（1）2017年1月1日借入外汇：

借：银行存款——美元户　　（USD500 000　6.92）3 460 000

　　贷：短期借款——短期外汇借款　　（USD500 000　6.92）3 460 000

（2）远航公司用该批借款从国外进口原料：

借：在途物资——进口物资采购　　（USD500 000　6.92）3 460 000

　　贷：银行存款——短期外汇存款　　（USD500 000　6.92）3 460 000

（3）1月31日计提利息：

$$USD500\ 000 \times 2.4\% \times 1 \div 12 = USD1\ 000$$

借：财务费用——利息　　（USD1 000　6.92）6 920

　　贷：应付利息——应付外汇利息　　（USD1 000　6.92）6 920

2—6月末计提利息的相关处理同上。

（4）2017年7月1日外汇贷款到期归还借款本息：

借：短期借款——短期外汇借款　　（USD500 000　6.78）3 390 000

　　应付利息——应付外汇利息　　（USD6 000　6.78）40 680

　　贷：银行存款——美元户　　（USD506 000　6.78）3 430 680

### （四）接受外币资本投资的会计核算

企业接受投资者以外币投入的资本时，无论是否有合同约定汇率，均不得采用合同约定汇率，而是采用收到外币资本当天的即期汇率折算入账。这样，外币投入资本与相应的货币性项目的记账本位币金额相等，不产生外币资本折算差额。

【例2-7】厦门远航公司以人民币为记账本位币，对外币交易采用交易日即期汇率折算。2017年6月15日与某外商签订投资合同，当日收到外商投入资本100 000美元，当日即期汇率为1美元=6.79元人民币。假定投资合同约定汇率为1美元=6.85元人民币。远航公司应编制如下会计分录：

借：银行存款——美元户　　（USD100 000　6.79）679 000

　　贷：实收资本　　（USD100 000　6.79）679 000

### （五）汇兑损益的计算和会计核算

1. 汇兑损益的概念

汇兑损益是指企业发生的外币业务在折合为记账本位币时，由于汇率的变动而产生的记账本位币的折算差额以及不同外币兑换发生的收付差额给企业带来的收益或损失。

2. 汇兑损益的产生途径

汇兑损益的产生主要有两个途径，即外汇兑换差额和期末汇兑损益。

（1）外币兑换差额，是企业在兑换外币过程中发生的收付记账本位币时采用的买入价或卖出价与入账汇率（通常为中间汇率）不同而产生的差额。由于银行总是低价购入，高价卖出，企业总是产生汇兑损失。

（2）期末汇兑损益，是在持有外币货币性资产和负债期间，由于期末即期汇率与业务发生时的即期汇率不同而产生的记账本位币账户的期末余额之间的差额。

3. 汇兑损益的结转方法

外贸企业外币业务按汇兑损益计算和结转的时间不同可以分为逐笔结转法和集中结转法两种。

（1）逐笔结转法，是指企业对每一笔外汇业务，均按业务发生日市场汇率或期初汇率入账，每结算一次或收付一次，依据账面汇率计算一次汇兑损益，期末再按当日市场汇率进行调整，调整后的期末人民币余额与原账面人民币余额的差额作为当期期末汇兑损益。

账面汇率，亦称历史汇率，是指企业以往外币业务发生时，所采用的已经登记入账的汇率，即过去的记账汇率。会计账面上已入账的所有外币业务的汇率都是账面汇率。记账汇率，是企业发生外币业务，进行账面记录时所选用的汇率，我国以中国人民银行公布的当日人民币外汇牌价的中间价为记账汇率。

逐笔结转法的操作特点如下：

①外币资产和负债的增加采用企业选用的市场汇率折算；

②外币资产和负债的减少选用账面汇率进行折算（其账面汇率的计算可以采用先进先出法和加权平均法等方法确定）。

逐笔结转法能够分别反映各笔外币业务发生的汇兑损益和期末因汇率变动而发生的汇兑损益，但核算的工作量较大；此外，还需要随时查找或计算账面汇率，较为复杂。这种方法适用于外币业务不多，但每笔业务金额较大的企业。

（2）集中结转法，是指企业对外币账户平时一律按选用的市场汇率（业务发生日汇率或期初汇率）记账。平时不确认汇兑损益，期末将外币账户的余额按当日市场汇率调整，将调整后的期末人民币余额与原账面余额的差额集中计算一笔汇兑损益。

集中结转法平时不需计算汇兑损益，而是将汇兑损益的计算工作集中在期末，适用于外币业务较多的企业。

日常核算中，为了减少逐步结转法分次处理汇兑损益的烦琐，对于日常外汇业务的核算，建议采用集中结转法处理。

4. 期末汇兑损益的计算

期末，对外币账户的期末余额应按期末即期汇率进行调整，其计算过程如下：

（1）结出各外币账户期末外币余额；

（2）计算各外币账户期末外币余额应折合的记账本位币金额。

$$\begin{matrix}\text{某外币账户的期末外币余额}\\\text{应折合的记账本位币金额}\end{matrix}=\text{该外币账户的期末外币余额}\times\text{期末即期汇率}$$

（3）结出各外币账户的账面记账本位币期末余额。

$$\begin{matrix}\text{某外币账户账面}\\\text{记账本位币期末余额}\end{matrix}=\begin{matrix}\text{期初账面记账本}\\\text{位币余额}\end{matrix}+\begin{matrix}\text{本期外币}\\\text{增加发生额}\end{matrix}\times\begin{matrix}\text{交易日}\\\text{即期汇率}\end{matrix}-\begin{matrix}\text{本期外币}\\\text{减少发生额}\end{matrix}\times\begin{matrix}\text{交易日}\\\text{即期汇率}\end{matrix}$$

（4）计算各外币账户当期期末汇兑损益。

$$\begin{matrix}\text{某外币账户的}\\\text{期末汇兑损益}\end{matrix}=\begin{matrix}\text{该外币账户的期末外币余额}\\\text{应折合的记账本位币金额}\end{matrix}-\begin{matrix}\text{该外币账户的账面记账}\\\text{本位币期末余额}\end{matrix}$$

对资产类账户来说，得出的期末汇兑损益为正数，说明是汇兑收益，若为负数，则为汇兑损失；对于负债类账户来说，则正好相反。

**【例2-8】** 厦门文园企业“银行存款——美元户”本期期初余额为50 000美元，即期汇率为1美元=6.85元人民币，该企业本月10日将其中10 000美元在银行兑换为人民币，银行当日美元买入价为1美元=6.75元人民币，中间价为1美元=6.80元人民币，卖出价为1美元=6.85元人民币。该企业本期没有其他涉及美元账户的业务，期末即期汇率为1美元=6.80元人民币。试计算该企业“银行存款——美元户”的期末汇兑损益。

“银行存款——美元户”期末余额=50 000－10 000=40 000（美元）

“银行存款——美元户”期末余额折合的人民币金额=40 000×6.80=272 000（元）

“银行存款——美元户”账面记账本位币期末余额=50 000×6.85－10 000×6.80
=274 500（元）

“银行存款——美元户”期末汇兑损益=272 000－274 500=－2 500（元）

**【例2－9】** 厦门开禾企业以人民币为记账本位币，外币交易采用交易日即期汇率折算，该企业期末各外币账户余额如表2－1所示。

**表2－1　该企业期末各外币账户余额**

| 会计科目 | 美元 | 人民币 |
| --- | --- | --- |
| 银行存款 | 30 000 | 199 500 |
| 应收账款 | 210 000 | 1 344 000 |
| 应付账款 | 160 000 | 1 059 200 |

假定期末即期汇率为1美元=6.46元人民币。

要求：计算期末各外币账户的调整金额；并根据各账户调整金额，编制期末调整分录。

期末各外币账户的调整金额计算如下：

“银行存款——美元户”期末汇兑损益=30 000×6.46－199 500=－5 700（元）（资产损失）

“应收账款”期末汇兑损益=210 000×6.46－1 344 000=+12 600（元）（资产收益）

“应付账款”期末汇兑损益=160 000×6.46－1 059 200=－25 600（元）（负债收益）

编制期末调整分录如下：

借：应收账款　　12 600
　　应付账款　　25 600
　　贷：银行存款——美元户　　5 700
　　　　财务费用——汇兑损益　　32 500

5. 汇兑损益的会计处理

（1）与购建固定资产有关的外币专门借款产生的汇兑损益的处理：因专门借款而发生的利息、溢折价的摊销和汇兑损益，在符合资本化条件的情况下，应当予以资本化，计入有关固定资产的购建成本；其他的借款利息、溢折价的摊销和汇兑损益，在不符合资本化条件的情况下，应当于发生当期确认为费用。

（2）与购建无形资产有关的外币专门借款产生的汇兑损益计入无形资产的价值。

（3）项目筹建期间内发生的汇兑损益，属于开办费的应计入“长期待摊费用”。

（4）外币兑换产生的汇兑损益，应计入当期“财务费用——汇兑损益”。

**【例2－10】** 厦门正旗公司是一个具有进出口经营权的生产型公司，选择确定的记账本位币为人民币，该公司对外币业务采用交易日的即期汇率折算，2017年12月1日各外币账户的期初余额如表2－2所示。

**表2－2 各外币账户的期初余额**

| 账户名称 | 外币金额 | 汇率 | 人民币金额/元 |
|---|---|---|---|
| 银行存款——美元户 | USD 200 000 | 6.63 | 1 326 000 |
| 银行存款——港元户 | HKD 50 000 | 0.85 | 42 500 |
| 应收账款——A客户（美元） | USD 30 000 | 6.63 | 198 900 |
| 应付账款——B客户（美元） | USD 50 000 | 6.63 | 331 500 |

该公司11月份发生以下业务：

（1）11月2日，上月国外A公司所欠货款30 000美元今日收到入账，当日即期汇率为1美元＝6.60元。

（2）11月12日，今日又向国外A公司出口产品一批，CIF价为50 000美元，货款尚未收到，当日即期汇率为1美元＝6.63美元。

（3）11月13日，从美元存款户中支付上月所欠国外B公司货款25 000美元，当日即期汇率为1美元＝6.64元。

（4）11月15日，向国外C公司进口甲材料50吨，每吨单价3 000美元，当天即期汇率为1美元＝6.63元，货款尚未支付。

（5）11月16日，将20 000美元兑换成人民币，当日即期汇率为买入价为1美元＝6.59元，中间价为1美元＝6.61元，卖出价1美元＝6.63元。

（6）11月18日，从美元存款户中支付外方工作人员工资7 200美元，当日即期汇率为1美元＝6.62元。

（7）11月20日，收到本月12日向国外A公司销售产品的货款50 000美元，当日即期汇率为1美元＝6.63元。

（8）11月21日，从美元存款户中归还上月欠B公司货款25 000美元，当日即期汇率为1美元＝6.63元。

（9）11月26日，以40 000美元兑换成港币，当日港元即期汇率为买入价1港元＝0.84元，中间价为1港元＝0.85元，卖出价为1港元＝0.86元；美元即期汇率为买入价为1美元＝6.58元，中间价为1美元＝6.66元，卖出价为1美元＝6.62元人民币。

（10）11月28日，向香港D公司出售产品30 000港元，货款尚未收到，当日即期汇率为1港元＝0.85元。

（11）11月30日，当日美元即期汇率为1美元＝6.60元，港元即期汇率为1港元＝0.85元。

要求：根据以上经济业务编制相关会计分录，并计算调整月末各外币账户的期末汇兑损益并编制调整分录。

该公司11月份发生的外币业务的会计分录如下：

（1）借：银行存款——美元户　（USD30 000　6.60）198 000

　　贷：应收账款——应收外汇账款（A客户）（USD30 000　6.60）198 000

（2）借：应收账款——应收外汇账款（A客户）（USD50 000　6.63）331 500

　　贷：主营业务收入——自营出口销售收入　（USD50 000　6.63）331 500

（3）借：应付账款——应付外汇账款（B客户）（USD25 000　6. 64）166 000
　　贷：银行存款——美元户　（USD25 000　6. 64）166 000
（4）借：在途物资——甲材料　（USD150 000　6. 63）994 500
　　贷：应付账款——应付外汇账款（C公司）
　　（USD150 000　6. 63）994 500
（5）借：银行存款——人民币户　（USD20 000　6. 59）131 800
　　财务费用——汇兑损益　400
　　贷：银行存款——美元户　（USD20 000　6. 61）132 200
（6）借：应付职工薪酬　（USD7 200　6. 62）47 592
　　贷：银行存款——美元户　（USD7 200　6. 62）47 592
（7）借：银行存款——美元户　（USD50 000　6. 63）331 500
　　贷：应收账款——应收外汇账款（A客户）（USD50 000　6. 63）331 500
（8）借：应付账款——应付外汇账款（B客户）（USD25 000　6. 63）165 750
　　贷：银行存款——美元户　（USD25 000　6. 63）165 750
（9）USD40 000 × 6. 58 ÷ 0. 86 = HKD306 046. 51
借：银行存款——港元户　（HKD306 046. 51 0. 85）260 139. 53
　　财务费用——汇兑损益　3 860. 47
　　贷：银行存款——美元户　（USD40 000　6. 60）264 000
（10）借：应收账款——应收外汇账款（D公司）（HKD30 000 0. 85）25 500
　　贷：主营业务收入——自营出口销售收入　（HKD30 000 0. 85）25 500
现将上列业务登入账户后，汇兑损益的计算如下：

**银行存款——美元户**

| | | | | | |
|---|---|---|---|---|---|
| USD200 000 | 6. 63 | 1 326 000 | （3）USD25 000 | 6. 64 | 166 000 |
| （1）USD30 000 | 6. 60 | 198 000 | （5）USD20 000 | 6. 61 | 132 200 |
| （7）USD50 000 | 6. 63 | 331 500 | （6）USD7 200 | 6. 62 | 47 592 |
| | | | （8）USD25 000 | 6. 63 | 165 750 |
| | | | （9）USD40 000 | 6. 60 | 264 000 |
| USD162 800 | | 1 079 958 | | | |

“银行存款——美元户”期末汇兑损益 = USD162 800 × 6. 60 − 1 079 958 = −5 478（元）
（资产损失）

**银行存款——港元户**

| | | | |
|---|---|---|---|
| HKD50 000 | 0. 85 | 42 500 | |
| （9）HKD306 046. 51 | 0. 85 | 260 139. 53 | |
| HKD356 046. 51 | | 302 639. 53 | |

“银行存款——港元户”期末汇兑损益 = HKD356 046. 51 × 0. 85 − 302 639. 53 = 0

**应收账款——A**

| USD30 000 | 6.63 | 198 900 | (1) USD30 000 | 6.60 | 198 000 |
|---|---|---|---|---|---|
| (2) USD50 000 | 6.63 | 331 500 | (7) USD50 000 | 6.63 | 331 500 |
| 0 | | 900 | | | |

“应收账款——A”期末汇兑损益 = 0 × 6.60 − 900 = −900（元）（资产损失）

**应收账款——D**

| (10) HKD30 000 | 0.85 | 25 500 | | | |
|---|---|---|---|---|---|
| HKD30 000 | | 25 500 | | | |

“应收账款——D”期末汇兑损益 = HKD30 000 × 0.85 − 25 500 = 0

**应付账款——B**

| (3) USD25 000 | 6.64 | 166 000 | USD50 000 | 6.63 | 331 500 |
|---|---|---|---|---|---|
| (8) USD25 000 | 6.63 | 165 750 | | | |
| | | | 0 | | −250 |

“应付账款——B”期末汇兑损益 = 0 × 6.60 + 250 = 250（元）（负债损失）

**应付账款——C**

| | | | (4) USD150 000 | 6.63 | 994 500 |
|---|---|---|---|---|---|
| | | | USD150 000 | | 994 500 |

“应付账款——C”期末汇兑损益 = USD150 000 × 6.60 − 994 500 = −4 500（元）

（负债收益）

根据上列各账户所结出的汇兑损益，则在期末编制调整分录如下：

借：应付账款——C　　4 500

　　财务费用——汇兑损益　　2 128

　　贷：银行存款——美元户　　5478

　　　　应收账款——A　　900

　　　　应付账款——B　　250

## 复习思考题

### 一、单项选择题

1. 按照（　　）标准，外汇可以分为自由外汇和记账外汇。

A. 限制性　　B. 来源和用途

C. 交割期限　　D. 国家

2.（　　）是指不需要货币当局批准，可以自由兑换成任何一种外国货币或用于第三国支付的外国货币及其支付手段。

A. 记账外汇　　B. 自由外汇
C. 协定外汇　　D. 贸易外汇
3. （　　）是指本币和外币所有者相互交换货币所有权的行为。
A. 外贸　　B. 提款
C. 交割　　D. 买卖外汇
4. 即期外汇是指外汇买卖成交后在（　　）个工作日内交割完毕的外汇。
A. 3　　B. 7
C. 30　　D. 2
5. 境内机构因经营需要在注册地以外开立经常项目外汇账户的，应当向（　　）外汇管理局备案。
A. 经常居住地　　B. 所在地
C. 经营地　　D. 注册地
6. 外币折算汇率，是指会计准则规定的即期汇率，一般为当日中国人民银行公布的人民币汇率的（　　）。
A. 买入价　　B. 中间价
C. 卖出价　　D. 现钞买入价
7. 当出口收汇时所收外汇被结汇，是指（　　）。
A. 外汇兑人民币　　B. 人民币兑外汇
C. 外币兑外币　　D. 人民币兑外币
8. 外币计量的资产类账户，在汇率上升时会产生（　　）。
A. 汇兑收益　　B. 汇兑损失
C. 外币负债　　D. 外币费用
9. 外币计量的负债类账户，在汇率上升时会产生（　　）。
A. 汇兑收益　　B. 汇兑损失
C. 外币负债　　D. 外币费用
10. 筹建期内发生的汇兑损益，属于开办费的应计入（　　）。
A. 财务费用　　B. 销售费用
C. 管理费用　　D. 长期待摊费用
11. 当企业接受投资者以外币投入的资本时，应当采用（　　）。
A. 以收到外币资本时的期初即期汇率折算入账
B. 以收到外币资本时的当天即期汇率折算入账
C. 以收到外币资本时的期末即期汇率折算入账
D. 以收到外币资本时的协定即期汇率折算入账
12. 外贸企业借入外汇借款用于购建固定资产，其汇率变动产生的汇兑损益在办理竣工决算之后应计入（　　）。
A. 固定资产　　B. 财务费用
C. 汇兑损益　　D. 在建工程
13. 《企业会计准则》规定核算外币往来账款时，应采用（　　）折算入账。
A. 账面汇率　　B. 年初汇率

C. 实际汇率　　D. 即期汇率

14. 汇兑损益的产生主要有两个途径，即（　　）。

A. 外币折算及期末汇兑损益的计算　　B. 外币折算及外币差额的计算

C. 外币兑换及期末汇兑损益的计算　　D. 外币兑换及外币差额的计算

15. 因外币借款相关汇率变化所导致的汇兑损益（　　）。

A. 属于企业其他业务成本的有机组成部分

B. 属于企业对外销售费用的有机组成部分

C. 属于企业借款费用的有机组成部分

D. 属于企业内部管理费用的有机组成部分

16.（　　）是以一种货币表示的另一种货币的价格。

A. 外汇　　B. 汇率

C. 外币　　D. 交割

## 二、多项选择题

1. 外汇是指（　　）。

A. 外国货币　　B. 外币支付凭证

C. 外币有价证券　　D. 特别提款权

E. 其他外汇资产

2. 根据来源和用途不同，外汇可分为（　　）。

A. 贸易外汇　　B. 非贸易外汇

C. 自由外汇　　D. 记账外汇

E. 即期外汇

3. 在国家允许企业保留一定限额现汇的情况下，外贸企业对外支付外汇分为（　　）。

A. 人民币支付　　B. 从银行购汇后支付

C. 从企业现汇账户中直接支付　　D. 借款支付

E. 以外币债权抵偿

4. 为了进行外汇核算，必须相应地设置（　　）外汇核算账户。

A. 外汇货币资金类账户　　B. 外汇结算的债权账户

C. 外汇结算的债务账户　　D. 固定资产

E. 无形资产

5. 下列会产生汇兑损益的业务途径有（　　）。

A. 不同外币与记账本位币之间的兑换　　B. 不同外币之间的兑换

C. 不同汇率之间的折算　　D. 不同汇率之间的兑换

E. 各外币账户期末汇兑损益的结转

6. 外贸企业所发生的外汇业务，其主要内容包括（　　）。

A. 外贸企业购买或销售以外币计价的商品或劳务

B. 外贸企业从事的外币借贷业务

C. 外贸企业外汇合同订立业务

D. 外贸企业核算人员调动业务

E. 外贸企业拥有、承担、清算的外币债权、债务业务

7. 国际上通常采用的汇率标价方法主要有（　　）。

A. 直接标价法　　B. 间接标价法

C. 逐笔结转法　　D. 集中结转法

E. 加权平均法

8. 从银行买卖外汇的角度划分，汇率可分为（　　）。

A. 买入汇率　　B. 卖出汇率

C. 中间汇率　　D. 现钞汇率

E. 即期汇率

## 三、实务题

**【习题1】**

目的：练习外币账户期末汇兑损益的计算。

资料：厦门金源企业以人民币为记账本位币，外币交易采用交易日即期汇率折算。2017年11月30日各有关外币账户的余额如表2-3所示。

**表2-3　各有关外币账户的余额**

| 原币 | 外币金额 | 汇率/元 | 人民币金额/元 |
|---|---|---|---|
| 银行存款——美元户 | 760 000 美元 | 6.62 | 借方 5 031 200 |
| 银行存款——港元户 | 430 000 港元 | 0.81 | 借方 348 300 |
| 应收账款——A公司（美元） | 0 | 6.62 | 借方 34 000 |
| ——B公司（美元户） | 32 000 美元 | 6.62 | 借方 211 840 |
| 应付账款——甲公司（美元） | 78 000 美元 | 6.62 | 贷方 516 360 |
| ——乙公司（美元户） | 0 | 6.62 | 贷方 451.20 |

设11月30日期末即期汇率美元为1美元=6.60元人民币，港元为1港元=0.85元人民币。

要求：

计算上列各外币账户期末汇兑损益（应列示计算过程）并指明是收益还是损失。

**【习题2】**

目的：练习外汇业务的核算及外币账户期末汇兑损益的计算调整。

资料：厦门长青公司为一般纳税企业，以人民币为记账本位币，对外币交易采用交易日即期汇率折算，该公司2017年12月1日有关账户余额资料如下：

银行存款——美元户　USD910 000　6.90　RMB6 279 000

应付账款——利达公司　USD48 000　6.90　RMB331 200

该公司本月发生的有关业务如下：

（1）根据合同规定对外出口自产甲商品一批，共计20 000件，每件成本计人民币195元（不含增值税）。上列出口甲商品发票金额为每件外销价CIF50美元，在交单出口并结转了出口商品销售成本后已收到货款。上列业务当日即期汇率均为1美元=6.90元人民币。

（2）从日本国进口Y材料3 600吨，每吨CIF35美元，当日即期汇率为1美元=6.83元人民币，货款以美元支付。

(3) 以美元偿还前欠国外利达公司货款48 000美元，当日即期汇率为1美元=6.89元人民币。

(4) 11月30日，当日美元即期汇率为1美元=6.89元人民币。

要求：

1. 根据该公司上列各项业务，编制必要会计分录。

2. 计算上列各外币账户期末汇兑损益（应列示计算过程）并编制期末汇兑损益的调整分录。

**【习题3】**

目的：练习外汇记账的集中结转法。

资料：厦门鹭江企业以人民币为记账本位币，外币交易采用交易日即期汇率折算。2017年12月1日各有关外币记账的账户余额如表2-4所示。

**表2-4 各有关外币记账的账户余额**

| 账户名称 | 外币金额 | 汇率 | 人民币金额/元 |
|---|---|---|---|
| 银行存款——美元户 | USD300 000 | 6.85 | 2 055 000（借方） |
| 银行存款——港元户 | HKD60 000 | 0.85 | 54 600（借方） |
| 应收账款——A客户（美元） | USD40 000 | 6.85 | 274 000（借方） |
| 应付账款——B客户（美元） | USD30 000 | 6.85 | 205 500（贷方） |

12月发生的有关外币业务如下：

(1) 12月2日，上月A公司所欠货款40 000美元，今日收到，存入银行，当日即期汇率为1美元=6.86元。

(2) 12月5日，向A公司出口销售产品一批，价款70 000美元，货款尚未收到，当日即期汇率为1美元=6.85元。

(3) 12月10日，以美元银行存款支付上月欠B公司款项20 000美元，当日即期汇率为1美元=6.84元。

(4) 12月13日，向国外G公司购入材料一批，价款20 000美元，已收到发票和提货单，款项尚未支付，当日即期汇率为1美元=6.86元。

(5) 12月15日，以美元银行存款9 000美元兑换成人民币，银行当日美元即期汇率买入价为1美元=6.84元，中间价为1美元=6.85元。

(6) 12月20日，收到本月5日向A公司销售产品的销货款70 000美元，存入银行，当日即期汇率为1美元=6.84元。

(7) 12月26日，以7 000美元兑换成港币存入银行，银行当日港币即期汇率卖出价为1港元=0.86元，中间价为1港元=0.84元；美元即期汇率买入价为1美元=6.82元，中间价为1美元=6.85元。

(8) 12月31日，当日美元即期汇率为1美元=6.86元，港币即期汇率为1港元=0.86元。

要求：

1. 采用集中结转法，作出必要的会计分录；

2. 计算各外币账户的期末汇兑损益，并编制调整分录；

3. 开设“财务费用——汇兑损益”账户，结出本月月末余额。

**【习题4】**

目的：练习外汇记账的逐笔结转法。

资料：同习题3。

要求：

1. 采用逐笔结转法，作出必要的会计分录；
2. 计算各外币账户的期末汇兑损益并编制调整分录；
3. 开设“财务费用——汇兑损益”账户，结出本月月末余额。

# 第三章

# 进口业务会计

## 知识目标

1. 了解进口业务程序、进口业务单证审核及付款方式、进口物资国内销售的结算方式。

2. 理解进口物资采购成本的组成、进口业务会计账户设置、自营进口业务会计流程、自营进口业务的管理、代理进口业务核算的特点。

## 技能目标

学会自营进口商品购进的核算、自营进口商品实现内销的核算（即单到结算、货到结算、出库结算的核算）、进口业务各项费用的计算、代理进口业务的核算。

## 案例导入

某年10月，我国A公司从美国B公司进口一批美国东部黄松，共计6 942千板英寸（约35 404立方米），价值数百万美元，目的港上海。原合同规定："按美国西部标准检验。"但是在开立信用证前，美国B公司提出另一个标准即美国东部标准也可以作为验证标准。最后，A公司同意修改合同检验条款，将"按美国西部标准检验"改为"按美国西部标准或东部标准检验"，并开出了信用证。

货抵达上海港后，上海进出口商品检验局按我国进口美国黄松通用的美国西部标准检验，检验结果共短少材积3 948千板英尺[①]，短少率达到57%，价值100多万美元。进口美国黄松大量短少的主要原因是美国西部标准与美国东部标准计算材积的方法是完全不同的，两种标准计算材积之差达到40%以上。B公司正是钻了这个空子，使A公司遭受重大损失。

**分析：**

本案中造成我国A公司巨额损失的原因是国际贸易中货物检验标准的临时变更。在国际货物买卖中，卖方交货是否符合合同约定，是通过商品检验判明的。国际贸易商品检验是

---

① 1英尺=0.304 8米。

国际货物买卖合同的必备条款，也是国际货物买卖的一个重要环节。商品检验是买卖双方交付货物、结算货款、索赔及理赔的重要依据，对于保障买卖双方的利益，避免争议的发生，以及发生争议后分清责任和妥善处理具有十分重要的意义。

## 第一节　进口业务概述

进口业务的会计核算对象是进口业务各方面的经济活动。进口业务的核算是以进口业务合同为中心来进行的。进口方必须按合同的各项条款规定，准确、及时地履行其应尽的义务，接收与进口货物有关的单据并收妥货物，对外支付货款。围绕进口业务合同发生的各项经济业务活动，构成了进口业务的主要环节，对各环节的会计核算，是进口业务核算的主要内容。具体地说，是核算进口材料物资从进口采购到验收入库、进口商品国内销售的整个过程的会计事项。

### 一、进口业务程序

进口业务程序一般包括以下七个环节：编制进口计划、签订进口合同、履行进口合同、到货接运和海关报关、商品检验、索赔和理赔以及对内销售与结算。

#### （一）编制进口计划

外贸企业根据本年的利润指标要求，结合国内市场需求情况和国际市场上商品的价格、供应商的资信情况等，编制企业年度进口计划。对于国家规定必须申请许可证的进口商品，还须按规定申请许可证，然后与国内客户签订供货合同，明确进口商品的名称、规格、质量、价格、交货日期、结算方式等内容，做到以销定进。财会部门的重点是保证进口用汇需求。

#### （二）签订进口合同

外贸企业根据已编制的进口计划，在与国内客户协商签订供货合同的同时，与国外客户进行磋商，在磋商成功的基础上与国外客户签订进口合同。如属代理进口业务，还应与国内委托方签订代理合同或协议书。在会计核算上应加强对进口每美元赔赚的监督控制。

#### （三）履行进口合同

外贸企业在执行进口合同的过程中，一般要履行如下程序：

1. 进口开证

买方根据合同的规定及时申请、开立信用证。

进口合同签订后，进口企业应按合同中的有关规定，及时向银行提交开证申请书及进口合同副本，要求银行对外开证。银行在对进口企业所需的外汇进行核查后，还可能要求进口企业交付全额或一定比例的押金，或提供其他担保，然后才按开证申请书的指示对外开出信用证。

由于及时开立信用证是买方的主要责任之一，因此进口企业一定要在合同规定的期限内开出信用证，否则即构成违约，给自己带来被动。特别要注意，如果信用证规定进口方应在出口商取得出口许可证后开立信用证，或对开证时间有其他特殊规定，进口企业应照办，否则，一旦信用证开出而对方不能获得出口许可，将给进口企业造成损失。

进口企业在填写开证申请书时，应在其中列明各项交易条件，并应使这些条件与合同中的规定完全一致。这样才能保证银行开出的信用证的内容与合同一致。如果对方对与合同相符的信用证提出修改要求，进口企业有权选择同意或不同意。若同意改证，就要通知开证行办理改证手续。

2. 租船订舱、投保

买方按照合同规定派船接货，并办理货物在运输途中的保险。一般包括租船或订舱、投保两个具体环节，必要时还要做好催装工作。

在FOB合同下，进口方要负责派船到指定港口接货。通常情况下，卖方收到信用证后，应将预计装船日期通知买方，由买方向船公司租船或订舱。我国进口企业往往将这项工作委托给外运公司代办。在运输手续办妥后，进口方要将船名、船期通知国外卖方，以便对方备货并做好装船准备。同时，进口方还要做好催装工作，特别是对数量、金额较大的重要商品，最好委托自己在出口地的代理督促卖方按合同规定履行交货义务，保证船货衔接。

买方在收到卖方发出的装运通知后，须凭装运通知向保险公司办理保险手续，交纳保险费并从保险公司取得保险单或保险凭证。我国很多外贸企业同中国人民保险公司订立了“海运进口货物运输预约保险合同”，保险公司对进口货物统一承保，并对各种货物投保的险别、保险费率、适用条款、保险费及赔款的支付方法做了具体规定。外贸公司或外运机构收到卖方装船通知后，只要将进口商品的名称、数量、金额、装运港、目的港、装货船名、提单号、开航日期等通知保险公司，就视为办妥保险手续，中国人民保险公司从货物在装运港装船时起，自动对货物承担保险责任。

未与保险公司签订预约保险合同的企业，对进口货物须逐笔办理保险。

3. 审单和付款赎单

审单付汇，即买方对卖方寄来的全套单据进行认真审核，并在审单无误后向卖方付汇，结算货款。

国外卖方交单议付后，议付行将全套货运单据寄交进口方开证行，由银行同有关进口企业对单据的种类、份数、内容进行审核。审单无误后银行即对外付款，同时要求进口企业按国家外汇牌价以人民币购买外汇赎单，此后进口企业再凭银行的付款通知书向用货部门结算货款。

如果银行审单时发现单证不符或单单不符，应立即向国外议付行提出异议，并根据具体情况采取拒付、货到检验合格后付款、国外议付行改单后付款、国外银行出具书面担保后付款等不同的处理方法。

4. 报关、接货、检验

货到目的港后，进口企业要根据进口单据填写进口货物报关单，连同商业发票、提单、装箱单或重量单、保险单及其他必要文件向海关申报进口，并在海关对货物及各种单据查验合格后，按国家规定缴纳关税。在此之后，海关在货运单据上签章放行。

一般来说，买方在提取货物后，还要对货物进行检验。货物可以在港口申请检验，也可以在用货单位所在地检验。有下列情况之一的，应该在卸货港口向商检机构报验：

（1）属于法定检验的货物；

（2）合同规定应在卸货港检验的；

（3）发现货损货差情况的。

《公约》规定，卖方交货后，在买方有一个合理的机会对货物加以检验以前，不能认为买方已接受了货物。如果经买方检验，发现所交货物与合同不符，有权要求损害赔偿甚至拒收货物。因此，买方收到货物后，应在合同规定的索赔期限内对货物进行检验。

上述是以 FOB 价格条件成交、以信用证方式结算货款的进口合同履行的一般程序。除此之外，在进口合同履行过程中，如遇交易双方中一方违约，使另一方遭受损失，进口人还需要处理索赔或理赔等有关事宜。

进口业务工作流程如图 3－1 所示。

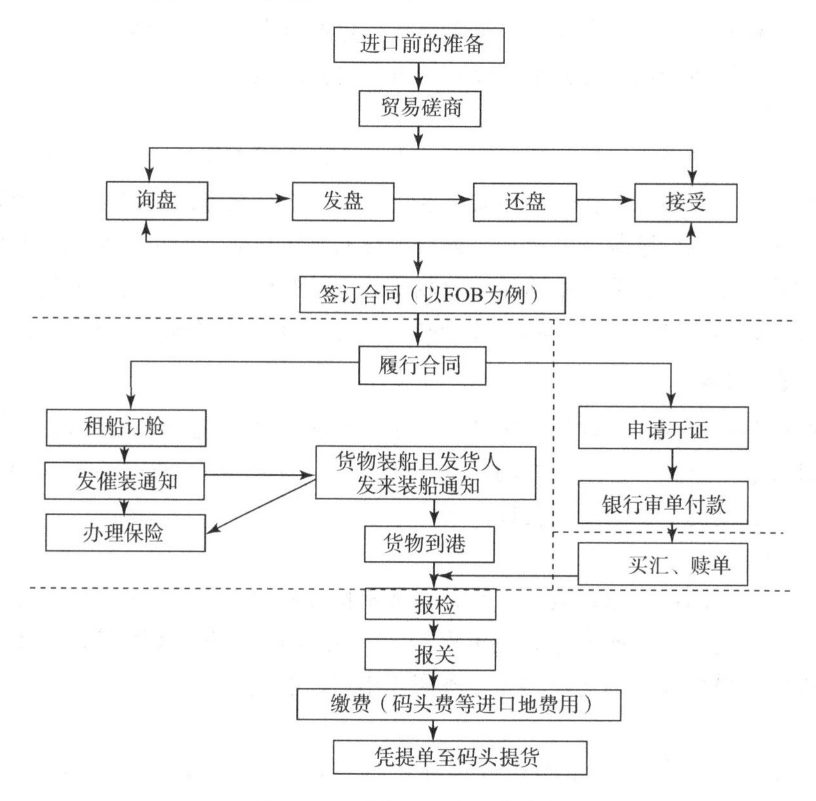


**图 3－1　进出口业务工作流程**

### （四）到货接运和海关报关

进口商在进口货物到港后，应及时办理到货接运和海关报关工作。按现行规定，进口货物在装载该货物的运输工具申报进口后 14 天内向海关申请报验，海关经查验并按规定办理纳税手续后才予以“结关”放行。进口税款由海关代为收取。在会计核算上主要是计算缴纳进口环节的各项税款和防止延误通关造成的港口压港、仓储等费用。

### （五）商品检验

国际货物买卖中的商品检验是指在货物离开或进入一个国家时，要由合同中约定或法律规定的商品检验机构（以下简称商检机构），对商品的品质、数量（重量）、包装、卫生指标、安全性能、残损情况、货物装运技术条件等进行检验和鉴定，从而确定货物的品质、数量（重量）和包装等是否与合同规定相一致，是否符合交易双方国家有关法律和法规规定的工作。

1. 检验机构及检验地点

检验机构的选定关系到交易双方的利益，故交易双方应商定检验机构，并在买卖合同中订明。检验机构有官方机构，如美国食品药物管理局；有非官方机构，如英国劳合社公证行；有私人或同业公会（协会）等开设的检验机构、工业工厂等。我国的商品检验机构为中华人民共和国出入境商品检验检疫局。

检验地点可分为在出口国检验、在进口国检验和在出口国检验、进口国复验三种。在当前的国际贸易中，广泛采用在出口国检验、在进口国复验的检验方法。

按照国际惯例，FOB、CIF、CFR 合同的复验地点是在目的港；如目的地不是港口而是内地，或不适宜检验，则合同中应规定复验地点可延伸至内地；当货物有用一般检验方法不能查出的瑕疵时，复验地点可延伸至可以有效进行检验的地方。

2. 检验与复验的时间、地点

按照国际上通行的做法，检验的时间由买卖双方在合同中约定。买方通常应在货物到达目的港或卸货后若干天内对货物进行检验，这个期限也就是买方的索赔期限。例如，在买卖合同中规定，双方同意以某制造厂或某公证行出具的品质与数量或重量检验证书作为有关信用证项下付款的单据之一，但货物的品质及数量或重量的检验按具体规定办理，如货到目的港 30 天内由出入境商品检验检疫局复验，如发现货损货差，买方凭商检证书可提出索赔。

### （六）索赔和理赔

进口商品因品质、规格、性能、包装、数量、交货方式、交货时间及装船通知等瑕疵，或运输、意外事故给进口人造成损失的，可凭商检证明书在合同规定的索赔期限内，根据造成损失的原因和程度的不同向相关责任人提出索赔。

1. 向出口商索赔

因商品的规格、品质、原装数量不符、包装不良致残等造成的与合同或信用证不符的情况，均属出口商的责任，应向出口商提出索赔。但在 FOB、CFR、CIF 等价格条件下，货物在越过接货船的船舷后发生的运输损失，不属于出口商的责任。

2. 向运输公司索赔

因商品数量与提单所载数量不符或运输过程中造成的商品残损，应向运输公司提出索赔。

3. 向保险公司索赔

凡属保险范围的因自然灾害、意外事故等原因使商品受损的，应向保险公司索赔。在 FOB、CFR、CIF 等价格条件下，运输责任险的投保人无论是谁，在运输过程中因人力不可抗力等造成的损失，可由进口商向保险公司索赔。

### （七）对内销售与结算

进口商品用于国内销售的，其销售与结算程序与国内产品基本相同。部分商品国内销售时需向购买方提供进口检验证明。如属代理进口，作为代理方的外贸企业在收到国外账单或到货通知后，应按照代理合同与委托方办理结算手续。

## 二、进口业务单证审核及付款方式

### （一）进口业务单证审核

进口业务单证包括出口商提供的一切单据，这些单据种类繁多，按其在交易中的作用不同，可分为两大类：基本单据和附属单据。基本单据包括：商业发票、运输单据、保险单据等；附属单据包括：装箱单、重量单及检验证书等。进口业务单证的审核主要包括对商业发票、海运提单、装箱单、重量单及检验证书的审核。在信用证条件下审核国外单证，主要是审核出口商是否完全按信用证要求提供完整的、准确的全套单证。在其他结算方式下，主要将单证与合同核对并尽可能与商品验收情况核对。

### （二）付款方式

目前，进口商品货款结算的主要方式有跟单信用证（L/C）、托收（D/P 或 D/A）以及汇款（T/T）三种，其中跟单信用证占90%以上。在结算过程中，如发现单证不符需对外拒付，必须于3～5天内将“拒付或部分拒付理由书”随同原全套单证全部退回银行（银行的合理审单期为7天，包括开证人审单时间），逾期，银行将自动扣款对外承付。

## 三、进口业务财务管理

### （一）外汇

进口所需外汇主要有三种来源：现汇外汇存款、购入外汇、境外投资。其中购入外汇需根据外汇管理局的规定，填制《购买外汇申请书》，向有经营权的银行购汇。

### （二）单据及国际结算

财务部门复核全套进口单证和业务部门的付款通知书，向银行办理付款或拒付手续。

### （三）进口物资采购成本的组成

（1）进口货值（即国外进价）。

（2）进口运费＋进口保险费＋佣金支出－佣金收入＋进口物资入库前的国内费用（如港务费、过港费、仓储费、入库前的挑选整理费等）。

（3）进口税金：进口关税＋进口消费税。

为了使进口采购成本的记账口径一致，我国进口采购成本的入账金额一律以到岸价（CIF）为基础。如以FOB价格或CFR价格成交，还应转化为CIF价进行入账。

### （四）进口商品的国内销售

进口商品的国内销售，是外贸企业将用外汇购进的各种商品物资，按照国内规定协商作价，销售给国内企业。

进口商品销售收入的入账时间，传统上习惯以开出进口结算单向国内用户办理货款结算的时间为准。进口商品销售结算主要有单到结算、货到结算和出库结算三种。

1. 单到结算

这是指外贸企业不管进口商品是否到达我国港口，只要收到银行转来的国外提货单等全套单据，经确认符合合同规定，就可向国内用户办理货款结算，确认销售实现。

2. 货到结算

这是指外贸企业收到外运公司转来的到港通知，就向国内用户办理货款结算，确认销售实现。

3. 出库结算

这是指外贸企业先将进口商品入库后，再将商品内销给国内企业。在此种情况下，进口企业的会计核算是当收到进口内销货物的出仓单据及销售发票时才对内实现销售。

具体采用单到结算、货到结算还是出库结算，由外贸企业和国内用户商定。通常，自营进口以货到结算为主。

### 四、进口业务核算的账户设置

进口业务会计核算经常涉及的会计账户主要有以下几种：

#### （一）资产类

银行存款、其他货币资金、应收账款、预付账款、应收票据、在途物资、原材料、库存商品等。

#### （二）负债类

短期借款、应付账款、预收账款、应付票据、应交税费等。

#### （三）损益类

主营业务收入、主营业务成本、税金及附加、销售费用、管理费用、财务费用、其他业务收入、其他业务成本等。

## 第二节　自营进口业务

自营进口，是指外贸企业根据自身经营的需要和可能的外汇来源自己经营的进口业务，盈亏由企业自行负责。

### 一、自营进口业务概述

#### （一）自营进口业务会计核算流程

自营进口业务会计核算流程一般为：进口采购核算、存货核算、加工核算、销售核算、税费核算、盈亏核算等。无论是否经过加工，进口业务会计核算都是从银行存款出发，形成商品，最终通过销售和货款回笼回归到银行存款。

进口业务会计确认以所有权的转移为准。

(1) 时点确认：进口单据审单通过后，确认进口物资的付款时点，作为会计入账时间。

(2) 初始成本计量：以实付货价和从属费用为准，即采用历史成本原则。进口材料物资会计上用“在途物资”或“材料采购”账户归集进口材料物资的全部成本，根据进口单证和运、保、佣、进口各项税费单据等入账。材料物资到货后，根据进口材料物资的性质和入库单将进口成本转入“原材料——进口材料”、“库存商品——进口库存商品”或“固定资产”、“在建工程”账户。领用或销售时，再根据出库单将成本转入相应的成本账户。

#### （二）自营进口业务的管理

(1) 自营进口是外贸企业自负盈亏经营的进口业务，因此，应加强对进口用汇的管理和加强自营进口盈亏的核算。

(2) 外贸企业自营进口的商品，以开出进口结算单、增值税专用发票向国内用户办理货款结算作为商品销售成立的条件。因此，应加强自营进口物资国内销售的货款结算。

(3) 外贸企业向国内用户销售自营进口商品，按照市场供求关系，由企业与国内用户协商定价。

(4) 外贸企业自营进口须如实准确地反映自营进口物资的采购成本，加强成本管理。

（5）外贸企业自营进口须加强自营进口物资国内销售环节中的税费管理。

## 二、自营进口业务的会计核算

### （一）进口开证预存保证金时

借：其他货币资金——信用证保证金

　　贷：银行存款——外汇存款

### （二）接到银行转来的国外单据，审单无异议，对外付款时

借：在途物资——进口物资

　　贷：其他货币资金——信用证保证金

　　　　银行存款——外汇存款

### （三）支付国外运输费、保险费、佣金时

借：在途物资——进口物资

　　贷：银行存款——外汇存款

若收到国外佣金，应作为进口采购成本的减少，冲减“在途物资”，应作如下会计分录：

借：银行存款——外汇存款

　　贷：在途物资——进口物资

### （四）报关时，根据海关缴款通知书计算确定并缴纳进口税金

借：在途物资——进口物资

　　贷：应交税费——应交消费税

　　　　　　　　——应交关税

借：应交税费——应交消费税

　　　　　　——应交关税

　　　　　　——应交增值税（进项税额）

　　贷：银行存款

### （五）支付进口物资抵达港口后挑选入库前的各项杂费时

借：在途物资——进口物资

　　贷：银行存款

### （六）进口物资验收入库时

借：库存商品——库存进口物资

　　贷：在途物资——进口物资

**【例3-1】** 厦门百利进出口公司以人民币为记账本位币，外币交易采用交易日即期汇率折算。本期从日本进口化妆品一批，国外进价为FOB160 000美元，进口关税税率为10%，进口增值税税率为17%，进口消费税税率为30%。相关业务如下：

（1）接到银行转来的国外单据，经审核无误支付国外货款，当日外汇牌价为1∶6.82。

（2）根据有关运保费结算清单和付款凭证支付进口化妆品国外运保费10 000美元。当日外汇牌价为1∶6.85。

(3) 收到进口佣金 8 200 美元，当日外汇牌价 1:6.84。

(4) 支付进口化妆品港务费 12 000 元，外运劳务费 8 700 元。

(5) 上述化妆品通关后验收入库。

要求：根据以上资料编制有关会计分录。

(1) 接到单据对外付款时：

借：在途物资——进口化妆品 (USD160 000 6.82) 1 091 200

　　贷：银行存款——美元户 (USD160 000 6.82) 1 091 200

(2) 支付运保费时：

借：在途物资——进口化妆品 (USD10 000 6.85) 68 500

　　贷：银行存款——美元户 (USD10 000 6.85) 68 500

(3) 收到佣金时：

借：银行存款——美元户 (USD8 200 6.84) 56 088

　　贷：在途物资——进口化妆品 (USD8 200 6.84) 56 088

(4) 报关时，根据海关缴款通知书计算确定并缴纳进口税金：

进口关税 = (1 091 200 + 68 500) × 10% = 115 970 (元)

进口消费税 = (1 091 200 + 68 500 + 115 970) ÷ (1 − 30%) × 30% = 546 715.71 (元)

进口增值税 = (1 091 200 + 68 500 + 115 970 + 546 715.71) × 17% = 309 805.57 (元)

借：在途物资——进口化妆 662 685.71

　　贷：应交税费——应交消费税 546 715.71

　　　　　　　　——应交关税 115 970

借：应交税费——应交消费税 546 715.71

　　　　　　——应交关税 115 970

　　　　　　——应交增值税 (进项税额) 309 805.57

　　贷：银行存款 972 491.28

(5) 支付进口港务费、劳务费时：

借：在途物资——进口化妆品 20 700

　　贷：银行存款——美元户 20 700

(6) 验收入库：

采购成本 = 1 091 200 + 68 500 − 56 088 + 662 685.71 + 20 700 = 1 792 397.71 (元)

借：库存商品——库存进口化妆品 1 792 397.71

　　贷：在途物资——进口化妆品 1 792 397.71

**(七) 进口商品实现销售时**

按增值税专用发票注明的金额确认销售收入：

借：应收账款——国内用户

　　贷：主营业务收入——自营进口销售收入

　　　　应交税费——应交增值税 (销项税额)

结转销售成本：

借：主营业务成本——自营进口销售成本

　　贷：库存商品——库存进口商品

结算货款：

借：银行存款

　　贷：应收账款——国内用户

**【例3-2】** 厦门开元进出口公司以人民币为记账本位币，外币交易采用交易日即期汇率折算。本期从美国进口甲机器一台，国外进价为FOB20 000美元，支付国外运费3 000美元，保险费1 000美元，进口关税税率为10%，进口增值税税率为17%，支付甲机器到达我国口岸后的费用10 000元。厦门开元进出口公司将甲机器销售给国内利达公司，增值税专用发票注明价款300 000元，增值税51 000元。假定外汇业务发生时即期汇率均为1美元=6.84元人民币。请分别采用单到结算、货到结算和出库结算编制有关的会计分录。

1. 单到结算

在单到结算的情况下，进口商品采购的核算和销售核算是同时进行的，但内销时因进口商品采购成本未归集核算完毕，因此不能同时结转成本。

（1）接到银行转来的国外单据，审单无异议，付款赎单时：

借：在途物资——进口甲机器　　（USD20 000　6.84）136 800

　　贷：银行存款——美元户　　（USD20 000　6.84）136 800

（2）向国内用户办理结算：

借：应收账款——利达公司　　351 000

　　贷：主营业务收入——自营进口销售收入　　300 000

　　　　应交税费——应交增值税（销项税额）　　51 000

（3）支付国外运费：

借：在途物资——进口甲机器　　（USD3 000　6.84）20 520

　　贷：银行存款——美元户　　（USD3 000　6.84）20 520

（4）支付国外保险费：

借：在途物资——进口商品　　（USD4 000　6.84）27 360

　　贷：银行存款——美元户　　（USD4 000　6.84）27 360

（5）甲机器到达口岸后计算确定并缴纳进口税金：

进口关税=(136 800+27 360)×10%=16 416（元）

进口增值税=(136 800+27 360+16 416)×17%=30 697.92（元）

借：在途物资——进口甲机器　　16 416

　　贷：应交税费——应交关税　　16 416

借：应交税费——应交关税　　16 416

　　　　　　——应交增值税（进项税额）　　30 697.92

　　贷：银行存款　　47 113.92

（6）支付口岸费用：

借：在途物资——进口甲机器　　10 000

　　贷：银行存款　　10 000

（7）结转进口甲机器销售成本：

甲机器采购成本=136 800+27 360+16 416+10 000=190 576（元）

借：主营业务成本——自营进口销售成本　　190 576

贷：在途物资——进口甲机器　　190 576

2. 货到结算

在货到结算的情况下，进口商品的采购成本已核算完毕，商品销售时可以同时结转成本。

（1）接到到货通知，即向国内用户结算：

借：应收账款——利达公司　　351 000

贷：主营业务收入——自营进口销售收入　　300 000

应交税费——应交增值税（销项税额）　　51 000

（2）同时结转进口甲机器销售成本：

甲机器采购成本 = 136 800 + 27 360 + 16 416 + 10 000 = 190 576（元）

借：主营业务成本——自营进口销售成本　　190 576

贷：在途物资——进口甲机器　　190 576

3. 出库结算

在出库结算的情况下，进口商品的采购成本已核算完毕，并已转入库存，故商品销售时可以同时结转成本。当接到进口商品销售的出库单后，按合同或协议的销售价格向国内用户办理结算。

（1）进口甲机器验收入库：

甲机器采购成本 = 136 800 + 27 360 + 16 416 + 10 000 = 190 576（元）

借：库存商品——库存进口甲机器　　190 576

贷：在途物资——进口甲机器　　190 576

（2）接到进口甲机器销售的出库单时，即向国内用户结算：

借：应收账款——利达公司　　351 000

贷：主营业务收入——自营进口销售收入　　300 000

应交税费——应交增值税（销项税额）　　51 000

（3）结转进口甲机器销售成本：

借：主营业务成本——自营进口销售成本　　190 576

贷：库存商品——库存进口甲机器　　190 576

**（八）索赔和理赔**

1. 对外索赔，冲减原自营进口销售成本

借：应收账款——应收外汇账款（进口索赔）/银行存款——外汇存款

贷：主营业务成本——自营进口销售成本

2. 向国内用户理赔，冲减销售收入

借：主营业务收入——自营进口销售收入

应交税费——应交增值税（销项税额）

贷：银行存款或应付账款

3. 若已对内理赔，但对外无索赔权，应将有关理赔款项计入“营业外支出”

（1）确认理赔时：

借：待处理财产损溢——待处理流动资产损溢

贷：银行存款或应付账款

（2）确定对外无索赔权后，转销理赔款项时：

借：营业外支出

　　贷：待处理财产损溢——待处理流动资产损溢

**【例 3-3】**厦门华源进出口公司以人民币为记账本位币，外币交易采用交易日即期汇率折算。本期从美国进口一批商品，国外进价为 CIF100 000 美元，交纳进口关税 20 000 元，进口增值税 77 000 元。这批商品采用单到结算，已全部销售给国内芙蓉公司，增值税专用发票注明价款 1 000 000 元，增值税 170 000 元，货款已收妥。商品到港后，经检验有一半已霉烂变质。假定外汇业务发生时即期汇率均为 1 美元 =6.84 元人民币。

（1）收到芙蓉公司公司转来商检部门出具的商品检验证书，霉烂变质商品系美国出口商的责任。经协商，外商同意赔偿 50 000 美元。因商品已卖出，厦门华源进出口公司应予以冲销商品销售成本，账务处理如下：

借：应收账款——应收外汇账款（进口索赔）　（USD50 000　6.84）342 000

　　贷：主营业务成本——自营进口销售成本　（USD50 000　6.84）342 000

（2）开出红字发票，做销售退回处理。应退款 500 000 元，增值税 85 000 元，账务处理如下：

借：主营业务收入——自营进口销售收入　500 000

　　应交税费——应交增值税（销项税额）　85 000

　　贷：应付账款——芙蓉公司　585 000

（3）收到美国出口商的赔偿款 50 000 美元，账务处理如下：

借：银行存款——美元户　（USD50 000　6.84）342 000

　　贷：应收账款——应收外汇账款（进口索赔）　（USD50 000　6.84）342 000

（4）支付芙蓉公司退货款共计 585 000 元，账务处理如下：

借：应付账款——芙蓉公司　585 000

　　贷：银行存款　585 000

## 第三节　代理进口业务

### 一、代理进口业务会计核算的特点

代理进口业务会计核算的最大特点是代理企业（即受托方）处于中介服务地位，纯粹是接受其他企业委托，以订立代理合同进口。代理企业应负责对外洽谈价格条款、技术条款、交货期及签订合同并办理运输、开证、付汇等全过程。如只代委托方办理对外成交，而不负责对外开证，均不属于代理进口业务。因此，对受托方而言，在代理过程中具有如下几个特点：

#### （一）不垫付资金

只是用委托方资金代理进口商品物资，进口后以原价转让给委托方。一般由委托方先预付人民币资金，待代理过程全部结束后，由代理方开列“代理进口物资结算单”，再进行最后结算。代理进口物资结算单如表 3-1 所示。

表 3-1 代理进口物资结算单

| 结算项目 | 外币 | 人民币 | 备注 |
| --- | --- | --- | --- |
| 货值（FOB） | | | |
| 国外运费 | | | |
| 国外保险费 | | | |
| 进口关税 | | | |
| 进口消费税 | | | |
| 进口增值税 | | | |
| 银行手续费 | | | |
| 代理手续费 | | | |
| 结算金额合计 | | | |

### （二）代理进口所发生的费用

一般由委托方负担境内外直接费用，包括海运费、保险费、银行手续费（通常按进口发票金额的一定比例收取）、代理手续费等。受托方承担发生的间接费用，包括开证费、电信费等。

### （三）受托方的代理开支及盈利情况通过向委托方收取的手续费来反映

一般手续费为 1% ~3%，一般按 CIF 价计算，代理方收取的代理手续费应按 6% 的税率计提增值税。

### （四）受托方不承担进口盈亏

外方支付的佣金、赔款等全部退还委托方。

### （五）代理进口所需外汇原则上由委托方解决

如需受托方代为购汇的，则手续费由委托方承担。

## 二、代理进口业务的会计核算

代理进口业务一般通过应收、应付账户进行账务处理。在代理进口业务中，各种费用的计算都比较专业，尤其是海运费、保险费的计算。此外，进口关税、进口消费税、进口增值税的计算也应注意其计算特点。

在进口代理中，作为受托方的代理企业的会计处理主要有如下一些环节：

### （一）收到委托单位预付款

借：银行存款

　　贷：预收账款/应收账款/应付账款

### （二）收到银行转来的进口单据，审单无误后对外支付代理进口商品款

借：预收账款/应收账款/应付账款

　　贷：银行存款——外汇存款

### （三）支付代理进口商品的海运费、保险费

借：预收账款/应收账款/应付账款

贷：银行存款——外汇存款

**（四）进口报关，计算确定并缴纳代理进口商品的进口税金**

借：预收账款/应收账款/应付账款

　　贷：应交税费——应交增值税

　　　　　　　　——应交消费税

　　　　　　　　——应交关税

借：应交税费——应交增值税

　　　　　　——应交消费税

　　　　　　——应交关税

　　贷：银行存款

或作如下会计分录：

借：预收账款/应收账款/应付账款

　　贷：银行存款

**（五）支付应由委托方负担的银行手续费**

借：预收账款/应收账款/应付账款

　　贷：银行存款

**（六）支付应由受托方承担的银行手续费**

借：财务费用

　　贷：银行存款

**（七）根据代理进口商品 CIF 价格收取代理手续费**

借：预收账款/应收账款/应付账款

　　贷：其他业务收入——代理进口收入

　　　　应交税费——应交增值税（销项税额）

**【例3－4】** 厦门同集进出口公司为一般纳税企业，选择确定的记账本位币为人民币，其外币交易采用交易日即期汇率折算。本期接受国内欣怡企业委托从德国代理进口甲商品共20箱，箱子尺码为120厘米×120厘米×80厘米，每只重75千克，进口价每千克FOB270美元。现假设：海运运费率W/M为每吨运费104美元，收费重量/体积比率为1立方米＝1 000千克，投保金额为发票金额110%，保险费率为2.7%，进口关税税率为12%，增值税税率为17%，银行手续费率为5‰，代理手续费率为1.2%（假定所有外汇业务发生日的即期汇率均为1美元＝6.80元人民币）。

要求：

（1）根据以上资料计算进口货值（FOB）、进口海运费、进口保险费、进口关税、进口增值税、银行手续费、代理手续费。

（2）根据上述资料编制厦门同集进出口公司代理进口相关会计分录。

（1）相关计算如下：

①进口甲商品货值＝20×75×270×6.80＝2 754 000（元）

②进口海运费的计算：

重量吨＝20×75＝1 500＝1.5（吨）

体积吨 =(20 × 120 × 120 × 80) ÷ 1 000 000 × 1 000/1 立方米 = 23 040 千克 = 23.04（吨）
进口海运费 = 23.04 × 104 × 6.80 = 16 293.89（元）
③进口保险费 = 2 754 000 × 110% × 2.7% = 81 793.80（元）
④进口关税 =(2 754 000 + 16 293.89 + 81 793.80) × 12% = 342 250.52（元）
⑤进口增值税 =(2 754 000 + 16 293.89 + 81 793.80 + 342 250.52) × 17%
= 543 037.50（元）
⑥银行手续费 = 2 754 000 × 5‰ = 13 770（元）
⑦代理手续费 =(2 754 000 + 16 293.89 + 81 793.80) × 1.2% = 34 225.05（元）
(2) 厦门同集进出口公司代理进口相关会计分录如下：
①收到欣怡企业汇来预付款：
预付款总额 = 2 754 000 + 16 293.89 + 81 793.80 + 342 250.52 + 543 037.50 + 13 770
+ 34 225.05 = 3 785 370.76（元）

借：银行存款　　3 785 370.76
　　贷：预收账款——欣怡企业　　3 785 370.76

②收到银行转来的进口单据，审单无误后对外支付代理进口商品款：

借：预收账款——欣怡企业　　(USD405 000　6.80) 2 754 000
　　贷：银行存款——美元户　　(USD405 000　6.80) 2 754 000

③支付代理进口商品的运输费：

借：预收账款——欣怡企业　　(USD2 396.16　6.80) 16 293.89
　　贷：银行存款——美元户　　(USD2 396.16　6.80) 16 293.89

④支付代理进口商品的保险费：

借：预收账款——欣怡企业　　(USD12 028.50　6.80) 81 793.80
　　贷：银行存款——美元户　　(USD12 028.50　6.80) 81 793.80

⑤进口报关，支付代理进口商品的进口税金：

借：预收账款——欣怡企业　　885 288.02
　　贷：银行存款　　885 288.02

⑥支付代理进口银行手续费：

借：预收账款——欣怡企业　　13 770
　　贷：银行存款　　13 770

⑦收取代理手续费：
增值税 = 34 225.05 × 6% = 2 053.50（元）

借：预收账款——欣怡企业　　36 278.55
　　贷：其他业务收入——代理进口收入　　34 225.05
　　　　应交税费——应交增值税（销项税额）　　2 053.50

**【例 3-5】** 厦门开元进出口公司为一般纳税企业，选择确定的记账本位币为人民币，其外币交易采用交易日即期汇率折算。现接受金科工厂的委托，以 FOB 价格进口设备一批，货款 USD105 000，代理手续费率为 3%。相关业务情况如下：

(1) 9 月 1 日，收到金科工厂汇来进口业务款项计 USD120 000，存入银行，当日银行即期汇率为 1 美元 = 6.67 元人民币。

（2）9月15日，接到银行转来设备全套进口单证，经审核无误后通过银行对外承付货款USD105 000，当日银行即期汇率同上。

（3）9月18日，根据有关运费、保险费凭证，支付进口设备国外运费USD2 000，保险费USD700，当日银行即期汇率同上。

（4）9月25日，设备运抵我国口岸，申报并支付进口税金。假定进口关税税率为10%，进口增值税税率为17%。

（5）9月26日，支付应由金科工厂承担的银行手续费8 600元。

（6）9月27日，收到按进口货价2%的进口佣金，当日银行即期汇率同上。

（7）9月30日，收取进口代理手续费并与金科工厂结清款项，当日银行即期汇率同上。

要求：根据以上经济业务，编制厦门开元进出口公司代理进口相关会计分录。

（1）收到金科工厂汇来款项：

借：银行存款——美元户　（USD120 000　6.67）800 400

　　贷：预收账款——金科工厂　（USD120 000　6.67）800 400

（2）收到进口单据，审单无误后付款：

借：预收账款——金科工厂　（USD105 000　6.67）700 350

　　贷：银行存款——美元户　（USD105 000　6.67）700 350

（3）支付运输费、保险费：

借：预收账款——金科工厂　（USD2 700　6.67）18 009

　　贷：银行存款——美元户　（USD2 700　6.67）18 009

（4）进口报关，支付进口税金：

进口关税＝（800 400＋18 009）×10%＝81 840.90（元）

进口增值税＝（800 400＋18 009＋81 840.90）×17%＝153 042.48（元）

借：预收账款——金科工厂　234 883.38

　　贷：银行存款　234 883.38

（5）支付应由金科工厂负担的银行财务费：

借：预收账款——金科工厂　8 600

　　贷：银行存款　8 600

（6）开运公司收到佣金，随即付给金科工厂：

佣金＝USD105 000×2%＝USD2 100（元）

借：银行存款——美元户　（USD2 100　6.67）14 007

　　贷：预收账款——金科工厂　（USD2 100　6.67）14 007

（7）收取代理手续费并与金科工厂结清款项：

代理手续费＝（USD105 000＋USD2 000＋USD700）×3%＝USD3 231（元）

增值税＝USD3 231×6.67×6%＝1 293.05（元）

借：预收账款——金科工厂　22 843.82

　　贷：其他业务收入——代理进口收入　（USD3 231　6.67）21 550.77

　　　　应交税费——应交增值税（销项税额）　1 293.05

借：银行存款　162 201.66

　　贷：预收账款——金科工厂　162 201.66

## 复习思考题

### 一、单项选择题

1. 进口业务的核算是以（　　）为中心来进行的。

A. 业务合同　　B. 结算单据

C. 汇率　　D. 支付货款

2. 进口货物在装载该货物的运输工具申报进口后（　　）天向海关申请报验。

A. 20　　B. 30

C. 5　　D. 14

3. 进口货物的税款由（　　）代为收取。

A. 海关　　B. 国家税务机关

C. 地方税务机关　　D. 税务机关

4. 自营进口业务会计确认以所有权的转移为准，其时点确认为（　　）的时点作为会计入账时间。

A. 收到货物　　B. 审单通过后，确认付款

C. 收到单据　　D. 办理结算

5. 我国进口业务以（　　）为入账价，主要是为了统一全国统计口径。

A. FOB 价　　B. CIF 价

C. CFR 价　　D. CIF 价或 FOB 价

6. 代理进口不垫付资金，代理进口所发生的费用，一般由委托方负担境内外直接费用，受托方承担间接费用、不承担盈亏，所以，代理进口业务账务处理一般用（　　）会计科目处理。

A. 应收、应付　　B. 在途物资

C. 库存商品　　D. 材料采购

7. 自营进口业务初始成本计量（　　）。

A. 以实付货价和从属费用为准　　B. 公允价值

C. 从属费用　　D. 实付货价

8. 进出口企业代理进口业务按进口（　　）的一定比例向委托方收取外汇代理手续费。

A. FOB 价　　B. CIF 价

C. CFR 价　　D. 商品国外进价

9. 代理进口业务代理企业（受托方）的代理责任应为（　　）。

A. 负责从对外洽谈价格条款、签订合同到代办运输、开证、付款等全过程

B. 仅负责对外成交，不负责开证付款

C. 仅负责开证付款，不负责对外成交

D. 仅负责对外成交，不负责签订合同

10. 在进口业务中，商业外贸企业在进口后内销中的“单到结算”是指（　　）。

A. 当进口企业收到银行转来的国外提货单等单据对外付款时即作为对国内用户的销售实现

B. 当进口企业收到运输部门转来的国外提货单等单据时即作为对国内用户的销售实现

C. 当进口企业收到保险公司转来的国外提货单等单据时即作为对国内用户的销售实现
D. 当进口企业收到内销货物的出仓单据及开出销售发票时即作为对国内用户的销售实现

11. 在进口业务中，商业外贸企业进口后内销的“货到结算”是指（　　）。
A. 即当进口企业收到运输部门转来的到港通知时即作为对国内用户的销售实现
B. 即当进口企业收到货款时即作为对国内用户的销售实现
C. 即当进口企业收到银行转来的国外提货单等单据对外付款时即作为对国内用户的销售实现
D. 即当进口企业收到银行进账单时即作为对国内用户的销售实现

12. 在进口业务中，商业外贸企业进口后内销的“出库结算”是指（　　）。
A. 即当进口企业收到运输部门转来的到港通知时即作为对国内用户的销售实现
B. 即当进口企业收到货款时即作为对国内用户的销售实现
C. 即当进口企业收到银行转来的国外提货单等单据对外付款时即作为对国内用户的销售实现
D. 即当进口企业收到进口内销货物的出仓单据及销售发票时才对内实现销售

13. 进口业务的会计核算是对进口方面的经济活动进行核算和监督。对商业进口企业来说，会计核算上应加强（　　）。
A. 对进口程序的监控　　B. 对进口单证的监控
C. 对进口佣金的监控　　D. 对进口每美元盈亏的监控

14. 在自营进口业务中，在 FOB、CFR、CIF 价格条件下，运输责任险的投保人无论是谁，在运输过程中因人力不可抗力等的损失（　　）。
A. 可由出口人向运输公司索赔　　B. 可由进口人向运输公司索赔
C. 可由出口人向保险公司索赔　　D. 可由进口人向保险公司索赔

16. 进口税金包括（　　）。
A. 关税、增值税　　B. 关税、消费税、增值税
C. 关税、消费税、增值税及其附加税　　D. 关税、消费税、增值税、所得税

## 二、多项选择题

1. 进口商品货款结算的主要方式有（　　）。
A. L/C　　B. D/P
C. D/A　　D. T/T
E. FOB

2. 进口商品因品质、规格、性能、包装、数量、交货方式、交货时间及装船通知等瑕疵，或运输、意外事故给进口人造成损失的，根据情况可向相关责任人提出索赔。具体可分为（　　）。
A. 属于出口商违约的，向出口商索赔
B. 运输过程中的残损、短少，由运输公司负责，可向运输公司索赔
C. 在 FOB、CFR、CIF 等价格条件下，货物在越过接货船的船舷后发生的运输损失，不属于出口商的责任
D. 凡属保险范围的因自然灾害、意外事故等原因使商品受损，应向保险公司索赔

E. 在FOB、CFR、CIF等价格条件下，运输责任险的投保人无论是谁，在运输过程中因人力不可抗力等的损失，可由进口商向保险公司索赔

3. 进口物资采购成本是由（　　）内容构成的。

A. 进口物资国外进价　　B. 进口运输费、保险费、佣金

C. 进口物资入库前国内直接费用　　D. 进口关税、消费税

E. 进口增值税

4. 关于单到结算、货到结算和出库结算，下列说法中正确的是（　　）。

A. 货到结算在销售实现的同时应结转销售成本

B. 出库结算在销售实现的同时应结转销售成本

C. 单到结算在销售实现的同时不能相应结转销售成本

D. 单到结算在销售实现的同时应结转销售成本

E. 出库结算在销售实现的同时不能相应结转销售成本

5. 对代理方（受托方）来说，代理进口业务核算的主要特点有（　　）。

A. 不垫付资金

B. 不承担盈亏

C. 只承担间接费用，境内外直接费用由委托方负担

D. 以所收取的手续费作为代理开支及盈利

E. 代理进口所需外汇原则上由委托方解决

6. 关于自营进口业务的管理，下列说法正确的有（　　）。

A. 加强对进口用汇的管理

B. 加强进口物资国内销售的货款结算

C. 加强自营进口盈亏的核算

D. 加强自营进口物资国内销售环节中的税费管理

E. 如实准确地反映自营进口物资的采购成本，加强成本管理

7. 外贸企业在执行进口合同的过程中，一般要履行如下程序（　　）。

A. 进口开证　　B. 租船订舱

C. 办理进口保险　　D. 审单和付款赎单

E. 到货接运和海关报关

## 三、实务题

**【习题1】**

目的：练习自营进口商品采购及销售的核算。

资料：厦门和祥进出口公司为一般纳税企业，选择确定的记账本位币为人民币，其外币交易采用交易日即期汇率折算。现从香港进口仪器一批，进货价格为FOB香港，货款共计240 000港元，该仪器以国内合同价365 000元（不含税）向国内用户进行销售，采用单到结算方式，该项进口业务的进行情况如下：

（1）1月3日，收到银行转来的全套进口单证审核无误后付款。当天银行即期汇率1港元=0.72元人民币，同时向国内订货单位开出进口结算单结算货款。

（2）1月10日，收到中国人民保险公司有关单据，为上述进口仪器支付保险费5 280港元，当即支付（当天银行即期汇率同上）。

(3) 1月14日，收到外运公司的有关单据，为上述进口仪器支付国外运费20 100港元（当天银行即期汇率同上）。

(4) 1月20日，进口商品到达口岸后支付进口关税24 000元及增值税17 800元。

(5) 1月21日，支付外运公司进口仪器抵达我国口岸后的港务费、装卸费等1 200元，并结转该进口商品的进口成本。

(6) 1月22日，国内订货单位验收时，发现上述进口仪器有10%部分质量不符合合同规定，要求退货。即日发函与外商交涉，由厦门和祥进出口公司向外商索赔进口发票金额的20%，并接受国内订货单位退货要求。

(7) 2月4日，接外商来电，同意按发票金额赔偿20%（当天银行即期汇率同上）。

(8) 2月10日，收到外商理赔款（当天银行即期汇率同上）。

(9) 2月11日，转账支付退货款项给国内购货单位。

要求：

根据以上经济业务编制有关会计分录。

**【习题2】**

目的：练习自营进口商品采购及销售的核算。

资料：厦门同利进出口有限公司为增值税一般纳税人，选择确定的记账本位币为人民币，其外币交易采用交易日即期汇率折算。现从美国奥尔良公司进口商品一批，采用信用证结算，进货价格FOB上海，总计货款480 000美元，该批商品以国内合同价5 000 000元（不含税）向国内客户进行销售，采用货到结算方式。假定该批商品的进口关税税率为10%，进口增值税税率为17%。该项进口业务的进行情况如下：

(1) 6月1日，接到银行转来的国外单据，经审核无误后购汇予以支付，当日美元汇率中间价为1美元=6.83元，卖出价为1美元=6.85元。

(2) 6月2日，购汇支付该批商品国外运保费5 000美元，当日美元汇率中间价为1美元=6.81元，卖出价为1美元=6.84元。

(3) 6月19日，进口商品运达我国口岸，向海关申报应纳进口关税、进口增值税。

(4) 6月20日，以银行存款支付该批商品的进口关税和增值税。

(5) 6月22日，美国奥尔良公司付来佣金10 000美元，当日美元汇率中间价为1美元=6.83元。

(6) 6月24日，支付该批商品抵达我国口岸后的港务费、通关费等3 000元。

(7) 6月25日，结转该批商品的采购成本。

要求：

根据以上资料编制有关会计分录。

**【习题3】**

目的：练习自营进口商品采购及销售的核算。

资料：厦门湖滨进出口公司为一般纳税企业，选择确定的记账本位币为人民币，其外币交易采用交易日即期汇率折算。本期从英国进口一批零件，进口价格为FOB310 000美元，进口后，该批零件以国内合同价2 700 000元（不含税）向国内用户进行销售，该项进口业务的进行情况如下：

(1) 收到银行转来的全套进口单证审核无误后支付货款。当天银行即期汇率1美元=

6.83 元人民币。

(2) 收到保险公司有关单据，为上列进口零件应支付保险费 9 300 美元，当天银行即期汇率为 1 美元 =6.81 元人民币。

(3) 收到外运公司的有关单据，上列进口零件的国外运费为 18 100 美元 当即以外汇银行存款支付，当天银行即期汇率为 1 美元 =6.84 元人民币。

(4) 上列进口零件到达我国口岸后，以银行存款支付进口关税 118 493 元及增值税 423 386.70 元。

(5) 进口零件抵达我国口岸后，结转该进口零件的进口成本。

(6) 现将上列进口零件全部销售给国内用户 H 公司，今根据内销合同开出增值税发票，金额为 2 700 000 元（不含税价），增值税税率为 17%，上列款项收到存入银行。今根据货物出仓单同时结转该批货物的销售成本。

(7) 国内订货单位 H 公司验收时，发现上述进口零件有部分质量不符合合同规定，要求按合同规定退赔货款 94 770 元（含税价）。现立即报商检局检验出证后决定先向 H 公司支付理赔款。

(8) 即日发函与外商交涉，由外贸公司根据进口合同及商检局检验证明向外商索赔 13 580 美元，于当日接到外商来电，同意按合同理赔，当天银行即期汇率 1 美元 =6.78 元人民币。

(9) 今收到外商理赔款存入银行（当天银行即期汇率同上）。

要求：

根据以上经济业务编制有关会计分录。

**【习题 4】**

目的：练习进口商品各项费用的计算。

资料：厦门通博进出口有限公司为一般纳税企业，选择确定的记账本位币为人民币，其外币交易采用交易日即期汇率折算。本期接受厦门振远企业委托代理进口 Y 商品共 5 箱，尺码为 150 厘米 ×150 厘米 ×60 厘米，每只重 20 千克，每千克 FOB300 美元，当日即期汇率为 1 美元 =6.80 元人民币，接到进口货物结算专用发票四联单，现假设：海运运费率为每吨 USD150，收费重量/体积比率为 1 立方米 =1 000 千克，投保金额为发票金额 110%，保险费率为 3.2%，进口关税税率为 15%，进口消费税税率为 5%，进口增值税税率为 17%，银行手续费率为 5‰，代理手续费率 1.8%。

要求：

根据以上资料计算进口商品货值、进口海运费、进口保险费、进口关税、进口消费税、进口增值税、银行手续费、代理手续费。(要求写出计算过程)

**【习题 5】**

目的：练习代理进口业务的核算。

资料：汇利商业进出口公司为一般纳税企业，以人民币为记账本位币，对外币交易采用交易日即期汇率折算，该公司 2017 年 12 月为本市 A 工厂从美国代理进口食用油料一批，价格条件为 FOB 上海 80 000 美元，设当月即期汇率均为 1 美元 =6.75 元人民币。

汇利商业进出口公司向 A 工厂开出的结算清单如表 3 -2 所示。

**表 3－2　结算清单**

| 结算项目 | 外币/美元 | 人民币金额/元 |
| --- | --- | --- |
| 进口货款 | 80 000 | 540 000 |
| 国外运费 | 19 000 | 128 250 |
| 国外保险费 | 2 480 | 16 740 |
| 进口到岸价 | 101 480 | 684 990 |
| 进口关税（税率 12%） | — | （A） |
| 进口增值税（税率 17%） | — | （B） |
| 银行手续费（手续费率 5‰） | — | （C） |
| 代理手续费（手续费率 1.5%） | — | （D） |
| 结算金额合计 | — | （E） |

要求：

1. 计算上列结算清单括号内的字母所代表的数值，要求写出计算过程。

2. 根据上列结算清单编制下列会计分录：

（1）寄出结算清单，向委托方收款后支付国外货款。

（2）支付国外运保费。

（3）支付银行手续费。

（4）支付进口税。

（5）按代理协议收取代理手续费，并根据所收取的手续费计提 6% 的增值税。

# 第四章

# 出口业务会计

## 知识目标

1. 了解出口商品的购进方式、交接方式、购进程序和要求，及出口商品购进的意义；
2. 了解出口业务程序、出口业务单证管理、自营出口和代理出口的概念；
3. 理解代理出口业务应遵循的原则。

## 技能目标

1. 学会出口商品购进的会计处理；
2. 学会自营出口销售业务的核算（包括商品托运及出口销售收入的核算、支付境内外费用的核算），自营出口其他业务的核算（包括销货退回的核算、索赔与理赔的核算）；
3. 学会代理出口销售业务的核算（包括代理出口商品收发的核算、代理出口商品销售收入的核算、垫付国内外直接费用的核算、代理出口销售收入以及税金的核算）。

## 案例导入

某粮油食品进出口公司出口一批驴肉到日本。合同规定，该批货物共25吨，装1 500箱，每箱净重16.6千克。如按规定装货，则总重量应为24.9吨，余下100千克可以不再补交。当货物运抵日本港口后，日本海关人员在抽查该批货物时，发现每箱净重不是16.6千克，而是20千克，即每箱多装了3.4千克。因此该批货物实际装了30吨。但在所有单据上都注明了24.9吨，议付货款时也按24.9吨计算，白送5.1吨驴肉给客户。此外，由于货物单据上的净重与实际重量不符，日本海关还认为我方少报重量有帮助客户逃税的嫌疑，向我方提出意见。经我方解释，才未予深究。但多装的5.1吨驴肉不再退还，也不补付货款。本案说明了什么问题？

**分析：**

世界上许多国家的海关一般对货物进口都实行严格的监管，如进口商申报进口货物的数量与到货数量不符，进口商必然受到询查，如属到货数量超过报关数量，就有走私舞弊之嫌，海关不仅可以扣留或没收货物，还可追究进口商的刑事责任。本案中，由于我方出口方的失误，不仅给自己造成损失，还给进口商带来麻烦。

# 第一节　出口商品购进的核算

## 一、出口商品购进的方式

出口商品的购进按照收购方式不同，可分为直接购进和委托代购两种。

### （一）直接购进

直接购进是指外贸企业直接向工矿企业、农场及有关单位直接签订购销合同或协议收购出口产品。它适用于收购大宗工矿产品、农副产品和土特产品。

### （二）委托代购

委托代购是指外贸企业以支付手续费的形式委托商业、粮食和供销社收购出口产品。它适用于收购货源零星分散的农副产品和土特产品。

## 二、出口商品购进的交接方式

出口商品购进的交接方式通常有送货制、提货制、发货制和厂商就地保管制四种。

### （一）送货制

它是供货单位将商品送到外贸企业指定的仓库或其他地点，由外贸企业验收入库的一种方式。

### （二）提货制

它又称取货制，是指外贸企业指派专人到供货单位指定的仓库或其他地点提取并验收商品的一种方式。

### （三）发货制

它是指供货单位根据购销合同规定的发货日期、品种、规格和数量等条件，将商品委托运输单位由铁路或公路、水路运送到所在地或其他指定地区，如车站或码头等，由外贸企业领取并验收入库的一种方式。

### （四）厂商就地保管制

它是指外贸企业委托供货厂商代为保管商品，到时凭保管凭证办理商品交接的一种方式。

## 三、出口商品购进的程序和要求

### （一）签订购销合同

明确规定商品的名称、规格、型号、商标、等级和质量标准，商品的数量、计量单位、单价和金额，商品的交货日期、方式、地点、运输和结算方式，以及费用的负担、违约责任和索赔条件等，以明确购销双方的权利和义务。

### （二）验收出口商品

外贸企业对购进的出口商品，应按照购销合同的规定内容，进行严格的检查验收。

### （三）结算货款

外贸企业除了经批准发放的农副产品预购订金，以及订购大型机器设备、船舶、特殊专用材料、设备可以预付订金或货款外，同城商品采购主要采用支票结算，外贸企业在收到商品后，就应支付货款；异地商品采购主要采用托收承付结算方式，外贸企业应根据合同的规定，验单或验货合格后立即付款，以维护购销双方的权益。

## 四、出口商品购进的意义

我国发展出口贸易，扩大对外交流的先决条件，就是要有质量好、技术新，能适应国际市场竞争要求的出口货源。因此，外贸企业要根据我国对外贸易的方针政策和出口商品流转计划的要求，积极促进扶持出口商品生产企业，不断提高出口商品的质量，增加花色品种，改进包装，逐步形成能提供符合国际市场需求，适销对路的出口商品货源基地。外贸企业组织出口货源的传统方式有收购和调拨两种方式。

收购是指外贸企业从外贸系统以外的工业、农业、商业等单位或个体户及个人购进商品。

调拨是指外贸企业内部企业与企业之间的出口商品购销结算业务。主要是内地无出口权的外贸企业，收购的出口商品要通过有计划的调拨，集中到口岸外贸企业出口。在我国以往的外贸体制中，收购和调拨业务有着明显的区别，但随着我国经济体制和外贸经营机制的改革深入，外贸系统内部行政控制性的调拨业务已不能适应新形势发展的要求，因此，调拨业务的数量越来越少，内容与形式也越来越趋向收购业务。外贸企业合理有效地组织出口商品购进业务，对完成出口创汇计划，扩大出口规模，加速资金周转，降低出口成本，提高经济效益，有着特别重要的意义。

## 五、出口商品购进的会计处理

### （一）采购成本构成及购进出口商品的入账时间

我国对销售货物要征收增值税，而增值税是价外税，不包括在商品货款之中。因此，国内购进的出口商品，一般应以进货原价（即增值税专用发票中的货价）和进货费用作为采购成本计价入账。

购进出口商品的入账时间应以取得出口商品所有权或支配权为准。在结算凭证先到、商品未到的情况下，以收到结算凭证或开出承兑汇票的时间为购进商品的入账时间。在购进的出口商品先到、结算凭证未到的情况下，为简化核算，仍以收到结算凭证的时间为入账时间。但是，对于月末结算凭证仍未到而无法付款或无法开出承兑商业汇票的入库商品，先按暂估价记入“库存商品”账户，下月初再用红字冲回。

### （二）出口商品购进业务的会计处理

1. 结算凭证和商品同时到达

此种购进不管是本地购进还是外地购进，也不管是送货制还是提货制，企业购进商品，应根据供应单位的发票账单及其他有关单据，借记“库存商品（或在途物资）”账户、“应交税费——应交增值税（进项税额）”账户，贷记“银行存款（或应付账款）”、“应付票据”等账户。

**【例4-1】** 甲公司购入出口用服装，买价15 000元，增值税2 550元，款项以支票付清，服装已验收入库。应作如下会计分录：

借：库存商品——库存出口商品（服装）　　15 000
　　应交税费——应交增值税（进项税额）　　2 550
　　贷：银行存款　　17 550

2. 结算凭证先到，商品后到

如先行支付购进货款，借记“材料采购（在途物资）”账户，根据增值税专用发票上注明的税额，借记“应交税费——应交增值税（进项税额）”账户，根据实际付款金额贷记“银行存款”、“应付票据”等账户；待日后商品到达并验收入库时，再根据收料单，借记“库存商品”账户，贷记“材料采购（在途物资）”账户。

**【例4-2】** 某外贸企业向北京某空调厂购进空调350台，每台价格2 000元，共计货款700 000元，增值税税率为17%，发生运杂费1 500元，采用托收承付结算方式，结算凭证已到，商品尚未到达，合同规定验单付款。该企业应作如下会计分录：

借：在途物资——出口商品采购（空调）　　701 500
　　应交税费——应交增值税（进项税额）　　119 000
　　贷：银行存款　　820 500

上述商品运到后，验收合格并入库，应作如下会计分录：

借：库存商品——库存出口商品　　701 500
　　贷：在途物资——出口商品采购　　701 500

3. 商品先到，结算凭证后到

对于这种经济业务，外贸企业在商品先到时不进行总分类核算，月末对仍未收到商品结算凭证的，先按暂估价入账，下月初用红字冲回。等结算凭证到达时，再按正常程序核算。

**【例4-3】** 某外贸企业6月25日从外地某企业购进出口用服装一批，商品已到，结算凭证于7月5日收到并通知开户银行付款，价款为50 000元，增值税税率为17%。该批商品的暂估价为52 000元，企业应作如下相关的会计分录：

（1）6月末按暂估价52 000元入账时：

借：库存商品——库存出口商品（服装）　　52 000
　　贷：应付账款——暂估应付款　　52 000

（2）7月初用红字冲回原暂估价时：

借：库存商品——库存出口商品（服装）　　[52 000]
　　贷：应付账款——暂估应付款　　[52 000]

（3）7月5日收到银行转来的托收凭证并支付货款时：

借：库存商品——库存出口商品　　50 000
　　应交税费——应交增值税（进项税额）　　8 500
　　贷：银行存款　　58 500

## 第二节 出口业务概述

### 一、出口业务程序

出口业务程序一般包括以下七个环节：出口前的准备工作、组织对外成交、出口交易磋商、签订出口合同、履行出口合同、出口收汇核销和出口退税。

#### （一）出口前的准备工作

外贸企业为了使出口贸易得以顺利进行，应进行调查研究，充分了解国外市场的情况，包括了解进口商所在国的自然条件、进出口贸易的规模、外贸政策、贸易管制状况、关税措施、贸易惯例、运输条件等；了解进口商或消费者对我国出口商品在品质、规格、包装等方面的反映和意见，研究国外市场的供求关系和市场价格的变化情况；了解进口商的资信情况、经营范围和经营能力等。

#### （二）组织对外成交

出口企业通过参加各种交易会、展览会、博览会等方式与外商取得联系，推销商品。随着互联网的发展，出口企业除了用传统的方式寻找客户、建立销售渠道外，还可以通过互联网组织对外成交。

#### （三）出口交易磋商

在做好出口前的准备工作组织对外成交后，便可通过书面或口头方式对外磋商具体的出口业务。出口交易磋商的过程通常分为询盘、发盘、还盘与反还盘、接受四个环节。其中，发盘与接受是必不可少的两个基本环节。

1. 询盘

询盘又称询价，是指交易的一方要购买或出售某种商品，而向另一方发出探询买卖该种商品有关交易条件的一种表示。其内容通常包括商品的品种、规格、性能、价格条件、交货日期和付款条件等。

2. 发盘

发盘又称报价，是指发盘人向受盘人提出一定的交易条件，并愿意按照这些条件成交订约的表示。

3. 还盘与反还盘

还盘又称还价，是指受盘人对发盘内容提出不同意见，或要求修改某些条件的表示；反还盘是指发盘人对还盘人再提出新的意见。一笔交易往往要经过多次的还盘和反还盘的过程才能成立。

4. 接受

接受是指受盘人在发盘的有效期内无条件地同意发盘人所提出的交易条件，愿意订立贸易合同的一种表示。

#### （四）签订出口合同

外贸企业与国外进口商在磋商成功的基础上签订出口合同。出口业务是以出口业务合同为中心进行的。出口业务合同是国际上销售货物的一种最基本的书面文件，一经依法订立，即具有法律约束力，并受到法律保护和监督。进出口双方必须严格按照合同条款所规定的权利和义务及时、正确地履行各方的责任。

### （五）履行出口合同

外贸企业履行出口合同可分为以下五个环节：

1. 组织出口货源

外贸企业应根据出口合同或信用证的规定准备好出口商品。在进、销、存平衡的基础上，按出口合同规定的商品的品种、质量、数量、包装要求及交货期等安排生产，衔接落实货源，组织出口。货物备齐后，如需中国进出口商品检验局检验出境的商品，则应向商检局申请检验，以取得由商检局填发的商检证书。

2. 催证或通知派船

成交不等于出口完成。外贸企业如未按时收到信用证，应及时催证，并对收到的信用证进行审查，如发现存在问题，应及时通知对方修改。审查或修改无误后，根据合同规定通知对方派船接运或租船托运。

3. 办理托运手续

外贸企业在审核信用证与合同一致、货证齐全，或接到进口商派船通知后，应备齐全套单据及时办理托运手续，同时向保险公司办理投保（由我方负责投保的），并向商检局和海关申请报验，手续备齐后，即行装船出运，以保证按时、按质、按量地履行合同。对按 CIF 价格或 CFR 价格条件成交的出口货物，应由出口方安排运输。

4. 交单收汇

外贸企业办妥出口商品装运手续，取得正本提单或运单后，应立即持全套出口收汇单证交银行审单收汇，并及时按合同规定向进口商发出装船通知和寄单手续。

5. 索赔与理赔

如进口商未按合同规定履约，造成经济损失的，外贸企业应向进口商提出索赔；反之，如进口商验收商品，发现有违反合同规定而提出索赔的，应根据其提供的合法证明，按照合同的条款，认真处理。如属供货单位责任的，外贸企业应与供货单位联系，予以解决；如不属供货单位责任范围，或不符合合同规定的索赔，应据理拒绝理赔。

### （六）出口收汇核销

为了完善出口收汇核销管理，防止外汇外流，1998 年 6 月 22 日国家外汇管理局颁布《出口收汇核销管理办法实施细则》，要求境内出口单位向境外出口货物均应办理出口收汇核销手续。

出口收汇核销是指企业在货物出口后的一定期限内向当地外汇管理部门办理收汇核销，证实该笔出口价款已经收回或按规定使用。

### （七）出口退税

为了增加我国出口产品在国际市场上的竞争能力，扩大产品出口，根据国际惯例，我国实行出口退税制。出口单位申请出口退税时应向国家税务机关提供原始单据，经税务机关审核无误后才能办理出口退税。

## 二、出口业务单证及其管理

### （一）出口业务单证的一般分类

出口业务单证必须根据合同及信用证有关规定进行制作。主要有以下几种单证：

1. 货运委托书

货运委托书由运输公司出具，由客户用英文填写如下项目：起运港、目的港、标记及编号、件数、中英文货名、毛重、长宽高及体积（立方米）、运费、发货人及收货人名称、地址、电话等。

2. 出口货物报关单

出口货物报关单是由海关总署规定统一格式和填制规范，由出口企业或其代理人填制并向海关提交的申报货物状况的法律文书，是海关依法监管货物出口、征收关税及其他税费、编制海关统计以及处理其他海关业务的重要凭证。报关单上需要填写的主要项目有：出口口岸、出口日期、经营单位、发货单位、许可证号、批准文号、合同协议号、运抵国别（地区）、运抵港以及成交方式、数量、包装种类、重量、税费征收情况等。

3. 外销商业发票

外销商业发票是卖方向买方开立的，对所装运货物做全面、详细说明，并凭以向买方收款的货款价目总清单。外销商业发票的主要项目有：出口人的代码、名称和地址、收货人名称和地址、唛头、包装件数、商品名称、商品数量、单价、总价、中国港口离岸价格、装运地、装运期及目的地等。

4. 装箱单

也称包装单、花色码单、码单，是用以说明货物包装细节的清单。装箱单的主要项目有：货号、箱号、装箱套数、花型色别、每箱尺寸搭配等。

5. 细码单

细码单主要是填写箱单中货物的具体尺寸、规格及每种尺寸、规格的货品的具体颜色等内容。

6. 原产地证书

原产地证书是证明商品原产地，即货物的生产或制造地的一种证明文件，是商品进入国际贸易领域的“经济国籍”，是进口国对货物确定税率待遇，进行贸易统计，实行数量限制（如配额、许可证等）和控制从特定国家进口（如反倾销税、反补贴税）的主要依据之一。原产地证书的主要项目有：进出口商的名称及地址、运输方式及航线、商品唛头和编号、商品名称、数量和重量、证明文字等。

7. 提货单

提货单是指收货人凭正本提单或副本提单随同有效的担保向船公司或其代理人换取的，可向港口装卸部门提取货物的凭证。提货单的主要项目有：承运人名称、提单号码、托运人、收货人和被通知人、收货地点、船名及航次号、装运港、卸货港、交货地点、唛头、集装箱号、件数、包装种类及货物描述、毛重和体积等。

8. 出口收汇核销单

出口收汇核销单，是由外汇局制发、出口单位凭以向海关出口报关、向外汇指定银行办理出口收汇、向外汇局办理出口收汇核销、向税务机关办理出口退税申报的有统一编号及使用期限的凭证。出口收汇核销单所需要填列的项目主要有：出口单位名称、单位代码、出口货物币种及总价、收汇方式、货物名称、货物数量、预计收款日期、报关日期等内容。

9. 出口许可证

出口许可证是由国家对外经贸行政管理部门代表国家统一签发的、批准某项商品出口的具有法律效力的证明文件，也是海关查验放行出口货物和银行办理结汇的依据。出口许可证的主要项目有：出口人代码、名称和地址、收货人名称和地址、许可证号码、协议年度、发票号码、装运期及目的地、中国港口离岸价值等。

10. （出口）商品检验证书

商品检验证书：是检验机构对进出口商品进行检验、鉴定后出具的证明文件，是卖方向银行办理议付的单据之一，是卖方所交货物是否与合同规定相符的证据，也是索赔和理赔必备的单据之一。在国际贸易中，由国家设置的检验机构或由经政府注册的、独立的，第三者身份的鉴定机构，对进出口商品的质量、规格、卫生、安全、检疫、包装、数量、重量、残损以及装运条件、装运技术等进行检验、鉴定和监督管理工作。进出口商品检验是货物交接过程中不可缺少的一个环节。经检验合格的，发给检验证书，出口方即可报关出运；经检验不合格的，可申请一次复验，复验仍不合格的，不得出口。

11. 其他单证

如银行结汇水单、增值税专用发票和专用缴款书，纺织品出口还需要纺织品出口证明申请书等。

### （二）出口业务单证按照不同的用途分类

1. 出口单证

合同、装箱单、外销商业发票、出口货物报关单、提货单、细码单、出口许可证、原产地证书、出口商品检验证书、出口收汇核销单、增值税专用发票和专用缴款书等。

2. 报关单证

出口货物报关单、外销商业发票、装箱单、出口收汇核销单、出口许可证（副本）、出口商品检验证书、纺织品出口证明申请书等。

3. 清关单证

出口许可证（正本）、提货单、外销商业发票、装箱单、细码单、原产地证书等。

4. 退税单证

出口货物报关单（退税联）、外销商品发票、增值税专用发票和专用缴款书、银行结汇水单及出口企业每半年提供一次经当地外汇管理部门出具的“已核销”证明。

出口业务单证涉及出口业务的全过程，加强对出口业务单证的管理，是提高会计核算工作质量的重要手段。就出口方而言，出口业务单证不仅是履行出口合同的重要手段，也是出口收汇的重要依据，发生纠纷又常常是处理争议的依据。因此，出口业务单证必须做到正确、完整、整洁、及时，否则就会严重影响安全、及时地收汇。

出口业务单证的重要性还在于它是办理出口退税的重要依据。《出口货物退（免）税管理办法》规定，办理出口退税必须提供的凭证，除购出口货物的增值税专用发票（税款抵扣联）或消费税的专用税票外，还必须提供盖有海关验讫章的出口货物报关单（出口退税联）、出口收汇核销单以及出口货物销售明细账。这就要求财会部门必须加强对出口业务单证的审核及管理，以及对出口销售金额、国外运输费、保险费、佣金等支出的核算，以免影响及时、正确地办理出口退税。

### 三、出口业务的种类

出口业务按其经营性质不同，可分为自营出口、代理出口、加工补偿出口、援外出口、易货贸易出口等。由于加工补偿出口、易货贸易出口在性质上有其独特之处，故专章予以介绍，本章只着重介绍自营出口和代理出口。

#### （一）自营出口业务

这是指外贸企业自己经营出口业务，并自负出口盈亏的业务。企业在取得出口销售收入、享受出口退税的同时，要承担出口商品的进价成本以及与出口业务有关的一切境内外费用、佣金支出，并且还要对索赔、理赔、罚款等事项加以处理。

#### （二）代理出口业务

这是指有进出口经营许可权的外贸企业接受国内其他单位的委托，代理对外销售、交单和结汇以及同时代办发运、制单等全过程的出口销售业务。代理企业仅收取一定比例的手续费。

## 第三节　自营出口业务

出口企业在一般贸易项下的出口包括直接出口、转口出口、托售出口、进料加工复出口、出售样展品小卖品的出口以及批准应境内销售（外轮和远洋国轮、贸易中心等）收取以外汇计价的商品经营业务，从大口径角度来说，以上这些都是自营出口，随着取得进出口经营权的企业越来越多，我国企业自营出口的份额占出口总额的比重也越来越大。

### 一、自营出口业务概述

#### （一）自营出口销售收入的确认

根据我国现行的《企业会计准则》，对销售商品收入的确认，必须同时满足以下五个条件：

（1）企业已将商品所有权上的主要风险和报酬转移给购货方。

（2）企业既没有保留通常与所有权相联系的继续管理权，也没有对已售出的商品实施有效控制。

（3）收入的金额能够可靠地计量。

（4）相关的经济利益很可能流入企业。

（5）相关的已发生或将发生的成本能够可靠地计量。

企业销售商品应同时满足上述五个条件，才能确认收入。上述五个条件在进出口贸易实务中，自营出口销售收入的实现，无论是海、陆、空、邮寄出口，原则上均应以取得装运提单并向银行办理交单后作为出口销售收入的实现。在一般情况下，出口企业开具销售发票并已将其与提货单等所有权凭证交给买方的同时，即意味着将商品所有权上的风险和报酬转移给了进口方。在外贸实践中，单证的交付，大多通过银行代替买方收受，称之为“交单”。这里的“单”指的是全套商业单据。应该包括外销发票、运输单据、保险单据等。在实际工作中，财会部门一般以取得业务部门或储运部门交来的盖有装船（车）日期或交单日期的出口发票作为出口销售收入入账的原始凭证，并作为确定入账日期的依据。

**（二）自营出口销售收入的计量**

企业实现的销售商品收入应按实际收到的或应收到的价款入账，在一般的贸易情况下，应遵循以下原则：

（1）在有合同协议的情况下，按合同协议金额确定。

（2）在无合同协议的情况下，按购销双方都同意或都能接受的价格确定。

（3）不考虑各种预计可能发生的现金折扣、销售折让。

不论以何种价格条件成交，出口销售收入均以外销发票所列货款的外币总金额折合记账本位币金额入账。

**（三）出口货物销售以FOB价为会计核算基础价**

我国为了使出口销售收入的记账口径一致，出口商品销售收入的入账金额一律以离岸价（FOB）为基础。若以CIF价格或CFR价格成交，还应转化为FOB价进行入账，其发生的国外有关外币费用一律冲减销售收入处理。

**（四）出口销售发生的外币费用**

在出口销售过程中发生的外币费用，如运费、保险费、佣金，冲减该项出口销售收入，不作为费用处理。

**（五）出口销售发生的理赔款**

如果出口销售发生理赔款，其实质是销售收入减少，故作冲减销售收入处理，不作为营业外支出处理。

**（六）出口退税**

申报出口退税应按批次计算、填表、申报、退税，税款是出口成本的组成部分，而退税是税款的减少，故作冲减成本处理。

**（七）自营出口业务会计账户设置**

在出口业务核算中，出口企业应按《企业会计准则》规定设置“主营业务收入——自营出口销售收入”、“主营业务成本——自营出口销售成本”一级及二级会计账户。为了加强对出口商品销售盈亏的核算和分析，出口企业可再行设置明细账户进行分批核算。除反映出口货物的数量、单价、销售收入及成本等内容外，还应反映发票及合同号码、货物的品种规格、价格条款、出口地区、外币原币金额以及所支付的境外运费、保险费及佣金等内容。

此外，出口企业还应设置“应收账款——应收外汇账款”、“预收账款——预收外汇账款”及“应付账款——应付外汇账款”等一级及二级会计科目。这些账户的二级账户、借方、贷方及余额，都应采用复币记账方式，并按不同国别地区、分客户、分币种进行三级明细核算。同时，为便于跟踪检查和督促出口收汇情况的变化，“应收账款——应收外汇账款”的客户明细账，还应反映合同号、发票号、收汇方式、交单日期、收汇日期、商品品名、数量等内容。

## 二、自营出口业务的会计核算

### （一）货物托运及出口

1. 出库待运

外贸企业出口销售通常采用信用证结算，业务部门根据贸易合同和信用证的规定，开具出库单，一式数联，由储运部门据以向运输单位办理托运，然后将出库单转给财会部门。财会部门根据出库单作如下会计分录：

借：发出商品

　　贷：库存商品——库存出口商品

2. 出口交单

（1）出口商品已经装船并取得全套货运单据时，即根据信用证或出口合同规定，将全套出口单证向银行办理交单手续，财会部门凭银行回单及出口发票副本作如下会计分录：

借：应收账款——应收外汇账款

　　贷：主营业务收入——自营出口销售收入

（2）财会部门将储运部门转来的出库单所列商品的品名、规格、数量与发票副本核对相符后，据以结转商品销售成本。编制如下会计分录：

借：主营业务成本——自营出口销售成本

　　贷：发出商品

3. 出口收汇

财会部门收到银行转来的收汇通知，收妥外汇后作如下会计分录：

借：银行存款——外汇存款

　　财务费用——汇兑损益（或借或贷）

　　贷：应收账款——应收外汇账款

**【例4－4】** 厦门金源进出口有限公司根据出口贸易合同规定，销售给日本神户公司一批商品，共计200吨，采用信用证结算。

（1）3月1日，收到储运部门转来的出库单，列明出库商品200吨，每吨2 500元。作会计分录如下：

借：发出商品　　500 000

　　贷：库存商品——库存出口商品　　500 000

（2）3月5日，收到业务部门转来销售商品的发票副本和银行回单，发票开列商品200吨，每吨CIF400美元，共计货款80 000美元，当日美元即期汇率为6.85元。作会计分录如下：

借：应收账款——应收外汇账款（神户公司）　　（USD80 000　6.85）548 000

　　贷：主营业务收入——自营出口销售收入　　（USD80 000　6.85）548 000

（3）3月5日，同时根据出库单结转出口商品销售成本，作会计分录如下：

借：主营业务成本——自营出口销售成本　　500 000

　　贷：发出商品　　500 000

（4）3月15日，收到银行收汇通知，80 000美元已收妥。银行扣除100美元手续费后，将其余部分存入企业外汇存款账户，当日美元即期汇率为6.83元。作会计分录如下：

借：银行存款——美元户　（USD79 900　6.83）545 717

　　财务费用——手续费　（USD100　6.83）683

　　贷：应收账款——应收外汇账款（日本神户公司）

　　　　（USD80 000　6.83）546 400

### （二）支付国内费用的核算

外贸企业在商品出口销售过程中，发生的商品自所在地发运至边境、口岸的各项运杂费、装船费等费用，应据实列入有关期间费用账户。

**【例4－5】** 承例4－4，3月4日，厦门金源进出口有限公司签发转账支票支付厦门运输公司将商品运送上海港的运杂费6 000元，并支付装船费1 500元。作会计分录如下：

借：销售费用——运杂费　6 000

　　　　　　——装卸费　1 500

　　贷：银行存款　7 500

### （三）支付国外费用的核算

国外费用主要有运费、保险费和佣金三项。

1. 支付国外运费和保险费的核算

外贸企业出口贸易有多种不同的价格条件，不同的价格条件所负担的费用是不同的。若以FOB价成交，外贸企业就不用承担国外运费和保险费；若以CFR价成交，外贸企业只承担国外运费；若以CIF成交，外贸企业将承担国外运费和保险费。

由于自营出口商品销售收入是按FOB价格计价的，因此外贸企业负担的国外运费和保险费应冲减“主营业务收入——自营出口销售收入”账户。

**【例4－6】** 承例4－4，厦门金源进出口有限公司出口销售给日本神户公司商品200吨，发生国外运费和保险费。

（1）3月2日，收到外轮运输公司发票1张，金额2 500美元，是200吨商品的运费，当即从外币账户汇付对方，当日美元即期汇率为6.85元。作会计分录如下：

借：主营业务收入——自营出口销售收入（运费）（USD2 500　6.85）17 125

　　贷：银行存款——美元户　（USD2 500　6.85）17 125

（2）3月3日，按商品销售发票全额80 000美元的110%向保险公司投保，保费率为2%，签发转账支票从外币账户支付，当日美元即期汇率为6.8元。作会计分录如下：

$$保险费 = USD80\ 000 \times 110\% \times 2\% = USD1\ 760$$

借：主营业务收入——自营出口销售收入（保险费）（USD1 760　6.80）11 968

　　贷：银行存款——美元户　（USD1 760　6.80）11 968

2. 支付国外佣金的核算

佣金是价格的组成部分，是支付给中间商的一种报酬。佣金的支付是根据出口合同规定的佣金率和付佣方式支付的。根据付佣方式的不同，佣金分为明佣、暗佣和累计佣金三种。

1）明佣

明佣又称发票内佣金，是在出口发票上注明的内扣佣金。采取明佣支付方式，出口商在销售发票上不但列明销售金额，而且列明佣金率、佣金以及扣除佣金后的销售净额。明佣由国外客户在支付货款时直接扣除，因而出口企业不再另行支付，但在确认外销收入的核算中，应单独反映，冲减外销收入。

发生明佣时，财会部门根据银行回单和销售发票作如下会计分录：

借：应收账款——应收外汇账款　　　　　　　　　　（扣除佣金后销售净额）

　　主营业务收入——自营出口销售收入（佣金）　　　　　　（明佣金额）

　　贷：主营业务收入——自营出口销售收入　　　　　　　　　（销售总额）

2）暗佣

暗佣又称发票外佣金，是在出口合同中规定而不在出口发票上注明的佣金。采取暗佣支付方式，出口商在销售发票上只列明销售金额。暗佣的支付方式有两种：议付佣金和汇付佣金。议付佣金是指在出口货物收汇或结汇时，由银行从货款总额中扣留佣金并付给国外中间商的佣金支付方式。汇付佣金是指按出口货物总额收汇，收汇后再将佣金另行支付给国外中间商的佣金支付方式。当财会部门收到对外付佣通知单时，经与合同的付佣率、付佣方式及应付金额等审核无误后，对应付的暗佣不论采用何种支付方式，应作会计分录如下：

若为议付佣金，则在收汇时作会计分录如下：

借：银行存款——外汇存款（货款净额）

　　应付账款——应付佣金

　　贷：应收账款——应收外汇账款（货款总额）

若为汇付佣金，则在收妥外销货款后对外支付佣金时作会计分录如下：

（1）销售时：

借：应收账款——应收外汇账款

　　贷：主营业务收入——自营出口销售收入

（2）预提应付佣金时：

借：主营业务收入——自营出口销售收入（佣金）

　　贷：应付账款——应付佣金

（3）收回货款时：

借：银行存款——外汇存款

　　贷：主营业务收入——自营出口销售收入

（4）支付佣金时：

借：应付账款——应付佣金

　　财务费用（或借或贷）

　　贷：银行存款——外汇存款

**【例4-7】** 承例4-4，厦门金源进出口有限公司向日本神户公司出口200吨商品，共计货款80 000美元，采取暗佣支付方式，佣金率为3%。

（1）3月5日，根据出口商品3%的佣金率，将应付客户暗佣入账，当日美元即期汇率为6.84元。作会计分录如下：

$$\text{暗佣} = \text{USD}80\ 000 \times 3\% = \text{USD}2\ 400$$

借：主营业务收入——自营出口销售收入（佣金）（USD2 400　6.84）16 416

　　贷：应付账款——应付佣金　　　　　　　　（USD2 400　6.84）16 416

（2）3月16日，货款已于15日收到，现将出口商品佣金汇付日本神户公司，当日美元即期汇率为6.83元。作会计分录如下：

借：应付账款——应付佣金　　　　　　　　　　　（USD2 400　6.84）16 416
　　贷：银行存款——美元户　　　　　　　　　　　（USD2 400　6.83）16 392
　　　　财务费用——汇兑损益　　　　　　　　　　　　　　　　　　　24

3）累计佣金

累计佣金是指出口商与国外包销商、代理商订立协议，规定在一定时期内推销一定数量或金额以上的某类商品后，按其累计销货金额及相应的佣金率支付给客户的佣金。累计佣金的佣金率通常是累进计算的，在到期汇付时入账。累计佣金倘若能认定到具体某笔出口销售收入的，则其核算方法与其他佣金一样，作冲减“主营业务收入——自营出口销售收入”处理；倘若不能认定到具体某笔出口销售额的，则应列作“销售费用”处理，作会计分录如下：

（1）若能认定到具体出口商品的，冲减主营业务收入：

借：主营业务收入——自营出口销售收入（佣金）
　　贷：应付账款——应付外汇账款

（2）若无法认定到某种具体商品的，作为“销售费用”处理：

借：销售费用
　　贷：应付账款——应付外汇账款

**（四）预估境外费用的核算**

为了符合权责发生制及配比原则，正确核算出口企业出口当期的损益，应在每季度结算或年终结算时，对已在财务上作了出口销售处理，但与该销售收入相对应的尚未支付的境外运输费、保险费以及应付的佣金等，应分别预估入账。

（1）期末预估境外费用时，作会计分录如下：

借：主营业务收入——自营出口销售收入
　　贷：应付账款——应付外汇账款

（2）下月初用红字冲销原预估境外费用。

（3）实际支付境外费用时，作会计分录如下：

借：主营业务收入——自营出口销售收入
　　贷：银行存款——外汇存款

**【例4-8】** 厦门东风食品进出口公司日前销售给美国路易斯公司红枣一批，已入账。

（1）12月31日，预估红枣国外运费1 800美元，保险费1 250美元，当日美元即期汇率为6.82元。作会计分录如下：

借：主营业务收入——自营出口销售收入（运费）（USD1 800　6.82）12 276
　　主营业务收入——自营出口销售收入（保险费）
　　　　　　　　　　　　　　　　　　　　　　　（USD1 250　6.82）8 525
　　贷：应付账款——应付外汇账款　　　　　　　　（USD3 050　6.82）20 801

（2）次年1月1日，红字冲销上年末预估费用。

借：主营业务收入——自营出口销售收入（运费）（USD1 800　6.82）12 276
　　主营业务收入——自营出口销售收入（保险费）
　　　　　　　　　　　　　　　　　　　　　　　（USD1 250　6.82）8 525
　　贷：应付账款——应付外汇账款　　　　　　　　（USD3 050　6.82）20 801

(3) 次年1月3日，签发转账支票支付运输公司国外运费1 825美元，支付保险公司保险费1 250美元，当日美元即期汇率为6.8元。作会计分录如下：

借：主营业务收入——自营出口销售收入（运费） （USD1 825 6.8）12 410

主营业务收入——自营出口销售收入（保险费）（USD1 250 6.8）8 500

贷：银行存款——美元户 （USD3 075 6.8）20 910

**（五）出口退关或销售退回的核算**

商品出口销售后，如因各种原因，经双方协商同意，退回原货或另换新货，或退货后就地委托客户寄售时，应分别按不同情况进行账务处理。

1. 退关

出口商品出库后，如因故未能出口，凭入库单被重新运回仓库，称退关。作会计分录如下：

借：库存商品——库存出口商品

贷：发出商品

2. 销售退回

商品出口销售后，因故遭到国外客户退回的，称为销售退回。要根据退货的原因并经与国外客户协商同意后，作出相应的账务处理。

(1) 若双方同意全部退货，业务部门在收到对方装运提单时，应立即交由储运部门办理接货及验收、入库等手续，财会部门应凭退货通知单，作会计分录如下：

①冲销原已确认的外销收入：

借：主营业务收入——自营出口销售收入

贷：应收账款——应收外汇账款

若货款已收回，应改以“应付账款——应付外汇账款”处理，待商品入库后，再通过银行将款项归还国外客户。

②冲销原结转的外销成本：

借：在途物资——国外退货

贷：主营业务成本——自营出口销售成本

③对退回商品发生的国内外一切费用，连同出口时支付的国内外费用，暂作为“待处理财产损溢”。查明原因，若属我方责任，经批准转入“营业外支出”；若属供货方责任，应责令其赔偿或支付；若属国外客户的责任，相关费用应由对方负担，如我方已支付，应从退回的货款中予以扣除。可作会计分录如下：

A. 冲销原已支付的国内外费用：

借：待处理财产损溢——待处理流动资产损溢

贷：销售费用

主营业务收入——自营出口销售收入（运费）

——自营出口销售收入（保费）

B. 支付退回货物发生的国内外费用：

借：待处理财产损溢——待处理流动资产损溢

贷：银行存款

C. 经批准后转销待决的新老费用：

借：营业外支出

　　贷：待处理财产损溢——待处理流动资产损溢

④退回商品入库：

借：库存商品——国外退货

　　贷：在途物资——国外退货

⑤如出口退回的是以前年度出口的商品，其涉及的收入、成本应在“以前年度损益调整”账户中进行处理。

**【例4-9】** 厦门精工服装进出口公司向日本广岛公司出口服装一批，销售金额CIF50 000美元，明佣900美元，该批服装的进价成本为375 000元，已支付国内运杂费1 200元，装卸费450元，国外运费1 200美元，保险费110美元，假定出口时所有外币业务的即期汇率均为6.85元。因服装的规格不符，商品被退回，假定上述出口款项尚未收回。

(1) 4月5日，收到出口退回商品提单、原发票复印件，当日美元即期汇率为6.85元。

①冲销商品销售收入：

借：主营业务收入——自营出口销售收入　　(USD50 000　6.85) 342 500

　　贷：主营业务收入——自营出口销售收入（佣金）　(USD900　6.85) 6 165

　　　　应收账款——应收外汇账款　　(USD49 000　6.85) 336 335

②冲销出口销售成本：

借：在途物资——国外退货　　375 000

　　贷：主营业务成本——自营出口销售成本　　375 000

③冲销商品出口时发生的国内外费用：

借：待处理财产损溢——待处理流动资产损溢　　1 650

　　贷：销售费用——运杂费　　1 200

　　　　　　　　——装卸费　　450

借：待处理财产损溢——待处理流动资产损溢　(USD1 310　6.85) 8 973.50

　　贷：主营业务收入——自营出口销售收入（运费）　(USD1 200　6.85) 8 220

　　　　主营业务收入——自营出口销售收入（保费）　(USD110　6.85) 753.50

(2) 4月7日，汇付退回服装的国外运费1 200美元，保险费110美元，当日美元即期汇率为6.84元。

借：待处理财产损溢——待处理流动资产损溢　(USD1 310　6.84) 8 960.40

　　贷：银行存款——美元户　(USD1 310　6.84) 8 960.40

(3) 4月8日，签发转账支票支付退回商品的国内运费及装卸费1 650元。

借：待处理财产损溢——待处理流动资产损溢　　1 650

　　贷：银行存款　　1 650

(4) 4月10日，收到储运部门转来的收货单，退回商品已验收入库。

借：库存商品——国外退货　　375 000

　　贷：在途物资——国外退货　　375 000

(5) 4月12日，上列待解决的新老费用经批准转作“营业外支出”处理。

借：营业外支出　　21 233.90

　　贷：待处理财产损溢——待处理流动资产损溢　　21 233.90

（2）若出口商品退回调换另一种商品，不论是部分调换还是全部调换，都应先按照上述（1）冲销原已确认的收入和成本，并对应由出口企业承担的一切费用作出相应处理；然后在重新发货时，应按自营出口同样的处理作确认收入及结转成本的账务处理（即先做销售退回处理，再重新作自营出口销售的处理）。

（3）若外销商品遭国外退货的产品不再运回国内，就地委托其他国外客户寄售或经销时，先冲销原销售收入和已结转的成本分录，再按寄售或经销的核算方法进行会计处理。

**（六）寄售方式出口的核算**

委托国外代销商品时以通过“委托代销商品”账户进行核算。

1. 若商品退回时

（1）冲销原销售收入：

借：主营业务收入——自营出口销售收入

　　贷：应收账款——应收外汇账款

（2）同时冲回原结转的成本：

借：委托代销商品

　　贷：主营业务成本——自营出口销售成本

2. 商品代销、寄售实现时

借：银行存款——外汇存款

　　主营业务收入——自营出口销售收入（佣金）

　　贷：主营业务收入——自营出口销售收入

同时转成本：

借：主营业务成本——自营出口销售成本

　　贷：委托代销商品

**（七）索赔、理赔的核算**

1. 索赔

这指遭受损失的一方在争议发生后，向违约的一方提出赔偿要求。

（1）国外客户违反合同规定致使出口商遭受损失时，出口企业根据合同规定向对方提出赔偿要求，对方同意赔偿时，应作会计分录如下：

借：应收账款——应收外汇账款（出口索赔）

　　贷：营业外收入——对外索赔收入

（2）收到索赔款时，应作会计分录如下：

借：银行存款——外汇存款

　　贷：应收账款——应收外汇账款（出口索赔）

2. 理赔

在出口业务中，如果境外客户发现出口商品的数量、品种、规格、质量与合同不符，或其他单证、运输等差错以及因出口商未履行出口合同提出的索赔，应根据对方提供的有关证明，确认情况属实后，认真进行理赔。

（1）境外客户提出索赔，经查确属我方违约，如质量问题、逾期出运或其他原因造成的损失，凡不属保险责任范围，又在合约规定索赔期限以内，境外客户也提供了合法的证明，确应由我方负责赔偿的，应先通过“待处理财产损溢”科目处理，经批准后，再转入

“营业外支出”科目处理，作会计分录如下：

①受理理赔时：

借：待处理财产损溢——待处理流动资产损溢

　　贷：应付账款——应付外汇账款（出口理赔）

②支付理赔款项时：

借：应付账款——应付外汇账款（出口理赔）

　　贷：银行存款——外汇存款

③经批准后，转入“营业外支出”处理：

借：营业外支出——出口理赔支出

　　贷：待处理财产损溢——待处理流动资产损溢

若境外客户提出索赔，经查属于保险公司、供货单位等责任人造成的，出口企业在向境外客户理赔后，应向相关责任人追偿。则应作会计分录如下：

借：应收账款——相关责任人

　　贷：待处理财产损溢——待处理流动资产损溢

（2）境外客户提出索赔，如属于我方少发商品，经核实后确认理赔，根据外销出仓凭证（红字）等，先按少发数量和原出口时所列单价分别冲回原收入和成本，作会计分录如下：

借：主营业务收入——自营出口销售收入

　　贷：应收账款——应收外汇账款/应付账款——应付外汇账款

借：待处理财产损溢——待处理流动资产损溢

　　贷：主营业务成本——自营出口销售成本

经查，如上述少发商品确在仓库时，根据仓库盘存溢余报告单，作会计分录如下：

借：库存商品——库存出口商品

　　贷：待处理财产损溢——待处理流动资产损溢

经查，如上述少发商品是供货单位造成的，经双方确认，向供货方追回少发商品的货款，作会计分录如下：

借：银行存款/应收账款——国内供应单位

　　贷：待处理财产损溢——待处理流动资产损溢

经查，如上述少发商品确实短缺，是我方责任，应按规定审批权限，报经批准后，列入“营业外支出”科目核算，作会计分录如下：

借：营业外支出——出口理赔支出

　　贷：待处理财产损溢——待处理流动资产损溢

**【例4-10】** 厦门海顺进出口公司20××年7月与香港某客户签订出口销售合同，按CIF价出口旅游鞋1 000打，共计货款560万港元，该合同发生下列业务：

（1）开出外销出仓单向外运公司办理托运手续，该批旅游鞋收购成本为360万元人民币。

| | 借 | 贷 |
|---|---|---|
| 借：发出商品 | 3 600 000 | |
| 　　贷：库存商品——库存出口商品 | | 3 600 000 |

（2）收齐上述出口货物海运提单等全套出库单据向银行交单，当日即期汇率为1港元＝

0.85 元。

借：应收账款——应收外汇账款　　（HKD5 600 000 0.85）4 760 000

　　贷：主营业务收入——自营出口销售收入　　（HKD5 600 000 0.85）4 760 000

同时结转成本：

借：主营业务成本——自营出口销售成本　　3 600 000

　　贷：发出商品　　3 600 000

（3）收到运输、保险费账单：国内运杂费 2 000 元人民币，境外运保费 3 500 港元，即日支付，当日即期汇率为 1 港元 =0.85 元。

借：销售费用　　2 000

　　贷：银行存款　　2 000

借：主营业务收入——自营出口销售收入　　（HKD3 500 0.85）2 975

　　贷：银行存款——港元户　　（HKD3 500 0.85）2 975

（4）收到银行通知单，上述外销款项 560 万港元已收妥，当日即期汇率为 1 港元 =0.85 元，另行支付银行手续费 1 200 元。

借：银行存款——港元户　　（HKD5 600 000 0.85）4 760 000

　　贷：应收账款——应收外汇账款　　（HKD5 600 000 0.85）4 760 000

借：财务费用——手续费　　1 200

　　贷：银行存款　　1 200

（5）接外商来电，出口商品短缺，索赔 10 000 港元，经查属海运途中丢失，予以理赔，款已汇出，当日即期汇率为 1 港元 =0.85 元。

借：待处理财产损溢——待处理流动资产损溢　　（HKD10 000 0.85）8 500

　　贷：银行存款——港元户　　（HKD10 000 0.85）8 500

（6）即日向保险公司提出索赔 10 000 港元，当日即期汇率为 1 港元 =0.85 元。

借：应收账款——应收外汇账款（保险公司）　　（HKD1 0 000 0.85）8 500

　　贷：待处理财产损溢——待处理流动资产损溢　　（HKD10 000 0.85）8 500

（7）若上述短缺经查属于国内供货单位的责任，应要求其赔偿，当日即期汇率为 1 港元 =0.85 元。

借：应收账款——国内供应单位　　（HKD10 000 0.85）8 500

　　贷：待处理财产损溢——待处理流动资产损溢　　（HKD10 000 0.85）8 500

（8）若上述短缺经查属于仓储部门少发货，经查明少发商品仍在本企业仓库里，少发商品成本为 9 000 元，当日即期汇率为 1 港元 =0.85 元。

借：主营业务收入——自营出口销售收入　　（HKD10 000 0.85）8 500

　　贷：应付账款——应付外汇账款　　（HKD10 000 0.85）8 500

借：待处理财产损溢——待处理流动资产损溢　　9 000

　　贷：主营业务成本——自营出口销售成本　　9 000

借：库存商品——库存出口商品　　9 000

　　贷：待处理财产损溢——待处理流动资产损溢　　9 000

（3）境外客户提出索赔，如属我方错发错运造成的，应在对方提供合法证明或查明情况的基础上，根据不同情况，区别处理。

①如双方同意以调换商品的方式处理，则不论是部分调换还是全部调换，应先冲销原已确认的收入和成本，并对应由出口企业承担的一切费用作出相应处理；然后在重新发货时，应按自营出口同样的处理作确认收入及结转成本的账务处理。

如果调换的是品种数量且成本相同的商品，在退回入库及调换商品发运时，也可简化处理。对退回的商品作入库处理，对调换发运的商品作出库处理，不对出口销售进行调整。但对运回及补发商品所发生的境内外费用，其处理方法与境外销货退回支付境外费用处理相同。

②如双方同意不再调换商品，以退补差价方式处理，根据有关进出库凭证，除作调整库存分录外，还应根据更改的出口发票调整销售收入。即根据错发商品与应发商品成本或售价的差额相应增加或冲减外销收入，结转或转销外销成本。

**【例4－11】**设有如表4－1所示两种出口产品（均按当日即期汇率折算为人民币价格），在出口时应发甲产品而误发了乙产品，国外客户收到货物后发现错发。

| 出口产品名称 | 成本价/元 | 外销价/元 |
|---|---|---|
| 甲产品 | 40 000 | 42 000 |
| 乙产品 | 45 000 | 50 000 |

要求：

分别作出错发商品退回调换及以退补差价方式处理的会计分录。

（1）双方协商后，国外客户要求调换商品，则相关处理如下：

若原来确认外销收入并结转成本时直接按甲产品进行了相关处理，即作如下账务处理：

借：发出商品——甲产品　　40 000
　　贷：库存商品——甲产品　　40 000
借：应收账款——应收外汇账款　　42 000
　　贷：主营业务收入——自营出口销售收入　　42 000
借：主营业务成本——自营出口销售成本　　40 000
　　贷：发出商品——甲产品　　40 000

当国外客户要求调换产品时，出口方不需另行再作账务处理，只要收回乙产品入库，再补发甲产品即可。但运回及补发商品所发生的境内外费用，其处理方法与境外销货退回支付境外费用处理相同。

（2）双方协商后，以退补差价方式处理，则相关处理如下：

若原来确认外销收入并结转成本时直接按甲产品进行了相关处理，则当国外客户不再调换产品，而是按乙产品成交时，编制的调整分录如下：

①调整出口销售收入：

借：主营业务收入——自营出口销售收入（甲产品）　　42 000
　　应收账款——应收外汇账款　　8 000
　　贷：主营业务收入——自营出口销售收入（乙产品）　　50 000

②调整出口销售成本：

借：库存商品——甲产品　　40 000

主营业务成本——自营出口销售成本　　5 000
贷：库存商品——乙产品　　45 000

## 第四节　代理出口业务

### 一、代理出口业务概述

代理出口是指有进出口经营许可权的外贸企业接受国内其他单位的委托，代理对外销售、交单和结汇以及同时代办发运、制单等全过程的出口销售业务。

#### （一）代理出口业务应遵循的原则

受托出口企业经办代理出口业务的原则是：不垫付商品资金，不负担基本费用，不承担出口销售盈亏，受托企业按出口销货发票的金额及规定的手续费率收取一定比例的代理出口手续费。也就是由委托方提供出口货源，负担一切境内外基本费用，承担出口销售盈亏，支付代理出口手续费。

外贸企业经营代理出口销售业务前，应与委托单位签订代理出口合同或协议，就经营商品、代理范围、商品交接、保管运输、费用负担、货款结算方式、手续费率、外汇划拨、索赔处理等有关业务内容，作出详细的规定，以明确各方的权利和责任。对于代理出口商品使用的凭证均应加盖“代理业务”戳记，以便于识别。

#### （二）代理出口业务的形式

目前，代理出口业务有以下两种形式。

1. 视同买断方式

视同买断方式是指由委托方和受托方签订协议，委托方按协议价收取所代销商品的货款，实际售价（出口价）可由受托方自定，实际售价与协议价之间的差额归受托方所有的销售方式。受托单位销售的委托代销商品收入的实现及账务处理，与本企业商品对外销售收入的实现及账务处理相同。

2. 收取手续费方式

收取手续费方式是指受托方根据所代销商品数量向委托方收取手续费的销售方式。在这种代销方式下，委托方应在受托方将商品销售后，向委托方开具代销清单时，确认收入；受托方在商品销售后，按应收取的手续费确认收入（这里主要是指企业的主要业务就是从事代理业务；如果企业的代理业务不是主要业务，其收入应按收取的手续费计入“其他业务收入”）。

### 二、代理出口业务的核算

#### （一）代理出口商品收发的核算

外贸企业根据合同规定收到委托单位发来的代理出口商品时，应根据储运部门转来的代理业务入库单上所列的金额，借记“受托代销商品”账户，贷记“代销商品款”账户。代理商品出库后，应根据储运部门转来的代理业务出库单上所列的金额，借记“发出商品——受托代销商品”账户，贷记“受托代销商品”账户。

**【例4－12】** 厦门服装进出口公司受翔安服装厂委托代理出口服装业务，男西服已运到。

（1）9月2日，收到储运部门转来的代理业务入库单，列明入库男西服800套，每套350元。作会计分录如下：

借：受托代销商品——翔安服装厂 280 000

　　贷：代销商品款——翔安服装厂 280 000

（2）9月5日，收到储运部门转来的代理业务出库单，列明出库男西服800套，每套350元。作会计分录如下：

借：发出商品——受托代销商品 280 000

　　贷：受托代销商品——翔安服装厂 280 000

### （二）代理出口商品销售收入的核算

代理出口商品办理交单手续，取得银行回单时就意味着销售已经确认，然而这是委托单位的销售收入，因此通过“应付账款”账户核算。届时根据代理出口商品的销售金额，借记“应收账款——应收外汇账款”账户，贷记“应付账款”账户；同时结转代理出口商品的销售成本，根据代理出口商品的出库金额，借记“代销商品款”账户，贷记“发出商品”账户。

**【例4－13】** 承例4－12，厦门服装进出口公司根据代理出口合同把男西服销售给美国波斯顿公司。

（1）9月6日，收到业务部转来的代理销售男西服的发票副本和银行回单，发票开列男西服800套，每套CIF价格62.50美元，共计货款50 000美元，明佣1 000美元，当日美元即期汇率为6.5元。作会计分录如下：

借：应收账款——应收外汇账款 （USD49 000　6.5）318 500

　　贷：应付账款——翔安服装厂 （USD49 000　6.5）318 500

（2）9月6日，同时根据代理业务出库单（转账联）结转代理出口男西服销售成本。作会计分录如下：

借：代销商品款——翔安服装厂 280 000

　　贷：发出商品——受托代销商品 280 000

### （三）垫付国内外直接费用的核算

外贸企业在垫付国内外直接费用时，应借记“应付账款”账户，贷记“银行存款”账户。

**【例4－14】** 承例4－12，厦门服装进出口公司代理销售男西服，发生国内外直接费用。

（1）9月7日，签发转账支票2张，分别支付厦门运输公司将西服运送至厦门港的运杂费956元，支付厦门港西服的装船费700元。作会计分录如下：

借：应付账款——翔安服装厂 1 656

　　贷：银行存款 1 656

（2）9月8日，签发转账支票2张，分别支付外轮运输公司的运费800美元，保险公司的保险费150美元，当日美元即期汇率为6.5元。作会计分录如下：

借：应付账款——翔安服装厂 （USD950　6.5）6 175

　　贷：银行存款——美元户 （USD950　6.5）6 175

### （四）代理出口商品收汇及税金的核算

根据收到的金额，借记“银行存款”账户，贷记“应收账款——应收外汇账款”账户。并根据业务部门转来的代理业务出库单，按代理出口销售收入金额的一定比例收取代理手续费，代理出口销售业务的退税由委托单位自行办理。营改增后，现代服务业按6%的税率交纳增值税，借记“应付账款”账户，贷记“其他业务收入”、“应交税费——应交增值税（销项税）”账户。

【例4－15】承例4－14，9月20日，厦门服装进出口公司收到银行转来的收账通知，按2%的比例收取代理手续费，并交纳增值税。假设当日美元即期汇率为6.85元。

（1）收汇时：

借：银行存款——美元户　　　　（USD49 000　6.85）335 650

　　贷：应收账款——应收外汇账款　　　　（USD49 000　6.85）335 650

（2）收取代理手续费时：

$$手续费 = USD50\ 000 \times 2\% = USD1\ 000$$

借：应付账款——翔安服装厂　　　　（USD1 000　6.85）6 850

　　贷：其他业务收入——代理出口收入　　　　6 850/(1＋6%) 6 462.26

　　　　应交税费——应交增值税（销项税）　　6 850/(1＋6%)×6% 387.74

（3）实际缴纳税金时：

借：应交税费——应交增值税（已交税金）　　387.74

　　贷：银行存款　　387.74

## 复习思考题

### 一、单项选择题

1. 在外贸实践中，单证的交付，大多通过银行代替买方收受，称之为“交单”。这里的“单”指的是（　　）。

A. 外销发票　　B. 运输单据

C. 全套商业单据　　D. 保险单据

2. 在进出口贸易实务中，自营出口销售收入的实现，海、陆、空邮寄出口，原则上均应以（　　）作为出口销售收入的实现。

A. 取得装运提单并向银行办理交单后　　B. 货交承运人并向银行办理交单后

C. 托运并向海关报关后　　D. 收汇并向税务机关办理退税后

3.（　　）是指出口企业与包销、代销客户签订合约，在一定时间内推销一定数量或金额以上的某类商品后，按其累计销货金额和佣金类支付给客户的佣金。

A. 累计佣金　　B. 明佣

C. 暗佣　　D. 明佣或暗佣

4.（　　）是在外销发票上注明的内扣佣金，其金额是根据外销发票上所列销售总额乘以规定的佣金率来计算的。

A. 累计佣金　　B. 明佣

C. 暗佣　　D. 明佣或暗佣

5.（　　）又称发票外佣金，是在出口合同中规定而不在出口发票上注明的佣金。

A. 累计佣金　　B. 明佣

C. 暗佣　　D. 明佣或暗佣

6. 对于累计佣金的账务处理正确的是（　　）。

A. 一律冲减销售收入

B. 一律作为销售费用

C. 如能认定到具体某笔出口销售收入的，则作冲减销售收入处理；如无法认定到具体某笔出口销售收入的，则应列作“销售费用”处理

D. 如能认定到具体某笔出口销售收入的，则应列作“销售费用”处理；如无法认定到具体某笔出口销售收入的，则作冲减销售收入处理

7. 外贸企业接受本埠或外地有关单位、企业的委托，代办对外销售业务及（　　）工作的，称为代理出口业务。

A. 出口商品出运　　B. 出口商品加工整理

C. 出口商品改装　　D. 出口制单

8. 进出口企业的库存商品发生短缺，经查属于企业管理不善时，应将这部分损失额计入（　　）。

A. 营业外支出　　B. 管理费用

C. 销售费用　　D. 库存商品

9. 出口商品的出库挑选整理费用应借记（　　）科目。

A. 管理费用　　B. 销售费用

C. 库存商品　　D. 主营业务成本

10. 对出口商品的应收外汇账款，不论什么原因造成无法收回外汇的，不得任意转销，财务部门应列入（　　）账户

A. 营业外支出　　B. 销售费用

C. 应收账款　　D. 待处理财产损溢

11. 出口贸易业务是以（　　）为中心进行的。

A. 外销商业发票　　B. 出口业务合同

C. 出口货物报关单　　D. 出口收汇核销单

12. 代理出口业务在“视同买断”方式之下，则实际的出口价格（　　）。

A. 应由委托方自行决定　　B. 应由受托方自行决定

C. 应由受托方按委托方要求决定　　D. 应由受托方与委托方协商决定

13. 在外贸实践中，出口单证的交付（　　）。

A. 大多数通过中间商代替买方收受，称之为“交单”

B. 大多数通过中间商代替卖方收受，称之为“交单”

C. 大多数通过银行代替买方收受，称之为“交单”

D. 大多数通过银行代替卖方收受，称之为“交单”

14. 由于销售价格条款的特殊性，我国为了使销售收入的记账口径一致，不论企业出口成交是使用哪一种价格条款，出口商品销售收入的入账金额一律以（　　）为基础。

A. FOB 价　　B. CIF 价

C. CFR 价　　D. DAF 价

## 二、多项选择题

1. 从广义角度来说，自营出口包括出口企业在一般贸易项下的（　　）。

A. 直接出口　　B. 转口出口

C. 托售出口　　D. 进料加工复出口

E. 出售样展品小卖品的出口

2. 购进出口商品所发生的各项进货税费，以下应当计入采购成本的有（　　）。

A. 消费税税额　　B. 运杂费

C. 手续费　　D. 入库前挑选整理

E. 增值税税额

3. 自营出口销售收入的确认，必须同时满足的条件有（　　）。

A. 企业已将商品所有权上的主要风险和报酬转移给购货方

B. 企业既没有保留通常与所有机构相联系的继续管理权，也没有对已售出的商品实施有效控制

C. 收入的金额能够可靠地计量

D. 相关的经济利益很可能流入企业

E. 相关的已发生或将发生的成本能够可靠地计量

4. 实现的自营出口销售收入应按实际收到的或应收到的价款入账，在一般的贸易情况下应遵循的计量原则有（　　）。

A. 在有合同协议的情况下，按合同协议金额确定

B. 在无合同协议的情况下，按购销双方都同意或都能接受的价格确定

C. 在有合同协议的情况下，按购销双方都同意或都能接受的价格确定

D. 不考虑各种预计可能发生的现金折扣、销售折让

E. 考虑各种预计可能发生的现金折扣、销售折让

5. 目前，我国代理出口业务的基本形式有（　　）。

A. 视同买断方式　　B. 收取手续费方式

C. 直接出口　　D. 托售出口

E. 其他

6. 出口业务涉及的主要单证有（　　）。

A. 货运委托书　　B. 出口货物报关单

C. 外销商业发票　　D. 装箱单

E. 出口收汇核销单

7. 我国会计准则规定对于库存出口的商品发出计价应采用（　　）。

A. 先进先出法　　B. 后进先出法

C. 移动加权平均法　　D. 个别计价法

E. 加权平均法

8. 委托代理出口方代理出口的原则主要有（　　）。

A. 一般不垫付资金　　B. 不承担基本费用

C. 不承担盈亏责任　　D. 不办理出口退税单证

E. 不承担索赔、理赔处理

9. 目前我国大多数进出口企业的出口业务都是以（　　）价格条件成交的。

A. FOB　　B. CFR

C. CIF　　D. CIF 与 FOB

E. CFR 与 FOB

10. 当出口企业根据与包销、代销客户签订的合约，向其支付累计佣金时，其账务处理是（　　）。

A. 不论能否认定到具体某笔出口销售收入的，均作冲减出口销售收入处理

B. 不论能否认定到具体某笔出口销售收入的，均作冲减“销售费用”处理

C. 不论能否认定到具体某笔出口销售收入的，均作冲减“管理费用”处理

D. 如能认定到具体某笔出口销售收入的，则作冲减出口销售收入处理

E. 如不能认定到具体某笔出口销售收入的，则应列作“销售费用”处理

## 三、实务题

**【习题1】**

目的：练习自营出口业务的核算。

资料：厦门建南进出口有限公司的记账本位币为人民币，对外币交易采用交易日即期汇率折算，该公司本期有以下业务：

（1）根据合同规定出口待运甲商品一批，共计10 000件，每件成本计人民币30元（不含增值税），财务部门今收到出仓凭证。

（2）上列出口甲商品发票金额为CIF价USD50 000，当日即期汇率为1美元=6.80元人民币，今出口交单，并结转出口商品成本。

（3）合同规定应付国外中间商2%佣金，当日即期汇率为1美元=6.79元人民币。

（4）银行收妥上述甲商品外汇，开具结汇水单，将款项划入厦门建南进出口有限公司账户，当日即期汇率中间价为1美元=6.82元人民币，买入价为1美元=6.78元人民币，公司据此入账并确认汇兑差额。

（5）应付上列出口甲商品海运费25 000港元，当日即期汇率为1港元=0.81元人民币。

（6）应付上列出口甲商品保险费500美元，当日即期汇率为1美元=6.81元人民币。

（7）该公司本年发生并支付无法认定具体出口商品的累计佣金USD100 000，当日即期汇率为1美元=6.80元人民币。

（8）以银行存款支付出口甲商品市内运杂费5 200元，邮电费1 500元。

（9）上列出口甲商品在对方收货后发现有200件因质量问题退货，经协商双方同意退货，今接到退货通知，该退货商品的每件售价为5美元，当日即期汇率为1美元=6.83元人民币。

（10）退回商品验收入库。

（11）假设应由我方承担责任的出口退货费用3 000元，后经批准转作营业外支出。

（12）假设上述出口的甲商品由于全部发错了（发成了乙商品）而外方索赔USD20 000，我方支付赔款后，错发商品不再退回调换而是按原价成交，后经查应发甲商品仍在仓库内，错发的乙商品进价每件人民币29元，当日即期汇率为1美元=6.80元人民币。

要求：

根据该公司上列各项业务，编制必要的会计分录。

**【习题2】**

目的：练习自营出口业务的核算。

资料：厦门芙蓉进出口有限公司的记账本位币为人民币，对外币交易采用交易日即期汇率折算，该公司本期出口甲商品一批，有关业务如下：

(1) 3月1日出口甲商品5 000单位，每单位原结转成本为200元人民币，出口售价为CIF每单位30美元，实际支付海运费为每单位3.20美元、保险费为每单位0.30美元，均按当日即期汇率为1美元=6.80元人民币结算清讫。

(2) 该商品运抵国外后，购货方认为与合约规定不符，要求退货或作其他处理。厦门芙蓉进出口有限公司经过清点库存，查明甲商品并未发出，而是错发了另一种乙商品（乙商品单位成本为160元人民币）。经双方洽商同意，其中50%退回，另换甲商品，其余50%按售价CIF每单位25.6美元成交。5月1日，厦门芙蓉进出口有限公司电告国外购货单位按上述协商结果处理，并附发票一份，商品数量2 500单位，当日即期汇率为1美元=6.80元人民币。

(3) 6月1日，收到购货方自国外退回错发商品2 500单位的全套单据（包括海运单、保险单及代垫退货的运费、保险费清单等），并将上述应予调换的商品开具出仓单，将商品发往国外。

(4) 6月20日，通过银行支付调换出口甲商品的运费每单位5美元，保险费每单位0.50美元，当日即期汇率为1美元=6.80元人民币。

(5) 6月25日，将国外退回的商品验收入库，并支付国内退库费用3 200元人民币。

(6) 6月26日，在上列调换甲商品的过程中待决的新老费用经批准转作“营业外支出”处理。

要求：

根据该公司上列各项业务，编制必要的会计分录。

**【习题3】**

目的：练习自营出口业务的核算。

资料：上海大宇公司是一家商业外贸公司，为一般纳税企业，以人民币为记账本位币，对外币交易采用交易日即期汇率折算，该公司本期发生以下业务：

(1) 向甲工厂购入外销服装2 000件，所取得的增值税专用发票注明金额为1 400 000元，进项税额为238 000元。上列款项以银行存款支付，所购服装已验收入库。

(2) 现根据外销合同对上列购入服装开出商品出库凭证，并连同外销发票、装箱单及其他出口凭证，通过储运部门交付对外运输公司办理托运，今财务部门接到出仓凭证。

(3) 当上列外销服装已经装船，上海大宇公司已取得装船提单后，即按信用证规定将全套出口单证向银行办理交单。上列出口服装外销发票总金额为CIF250 000美元，财务部门已确认外销收入并结转出口商品成本。当日即期汇率为1美元=6.72元人民币。

(4) 银行在收妥上列外汇后转入上海大宇公司的待核查账户，当日即期汇率为1美元=6.71元人民币。

(5) 上列出口甲商品合同规定应付国外中间商1.56%佣金，当日即期汇率为1美元=6.69元人民币。

（6）应付上列外销服装海运运费计 5 200 美元，当日即期汇率为 1 美元 =6.67 元人民币。

（7）应付上列出口服装保险费 1 420 美元，当日即期汇率为 1 美元 =6.66 元人民币。

（8）上列服装外销后，已按规定向公司所在地退税机关申报办理出口退税，上海大宇公司该批服装的退税率为 17%。

（9）今日收到税务机关退还的出口退税款。

（10）上列外销服装在外方接货以后发现其中 120 件服装有质量问题，要求退货，今接到退货通知后，根据合同及对方提供的商检证明，同意退货。该批外销服装每件外销价为 125 美元，成本进价为 700 元人民币，当日即期汇率 1 美元 =6.72 元人民币。

（11）对于退关的 120 件外销服装，上海大宇公司按原计算的应退增值税额补交应退税款。

要求：

根据该公司上列各项业务，编制必要会计分录。

**【习题 4】**

目的：练习代理出口业务的核算。

资料：厦门汇明进出口公司为一般纳税企业，以人民币为记账本位币，对外币交易采用交易日即期汇率折算，该公司 20××年 8 月接收国内立新工厂的委托，为其出口甲商品 500 打，其业务活动情况如下：

（1）收到立新工厂发来的甲商品 500 打，价值 250 元/打，经验收入库代为保管。

（2）甲商品代理出口发运，收到注明代为保管的出仓单。

（3）该项代理出口发票所列金额为 HKD100 000，价格条件 CIF，结算方式 L/C。对外合同规定给予中间商佣金 3%，当日即期汇率为 1 港元 =0.85 元，厦门汇明进出口公司与立新工厂商议的代理手续费率为 1%。

（4）该项代理出口业务，支付商品自出仓到离岸后的国内直接费用 250 元，通过银行向立新工厂办理托收。

（5）该项代理出口业务，发生境外运保费共计 HKD400，先予支付，并通知银行以后给予扣回，当日即期汇率为 1 港元 =0.85 元。

（6）接银行通知，该代理出口业务已收汇，并扣除已支付运保费、代垫费用及应付佣金和外汇手续费后，将外汇余额划付立新工厂（当日即期汇率为 1 港元 =0.85 元），同时申请将佣金汇付国外。

要求：

根据该公司上列各项业务，编制必要的会计分录。

第五章

# 出口货物、劳务和跨境应税行为退（免）税会计

### 知识目标

1. 了解出口货物、劳务和跨境应税行为退（免）税的概念、范围、应遵循的原则，生产企业免税、抵税、退税的操作流程；

2. 理解出口货物、劳务和跨境应税行为退（免）税的办法、营改增退（免）税政策和征税政策、退（免）税政策规定、申报退税所需凭证、退税管理。

### 技能目标

学会外贸企业、生产企业出口货物、服务行业退（免）税的计算与会计核算。

### 案例导入

某具有进出口经营权的生产企业，对自产货物经营出口销售及国内销售。该企业2017年1月购进所需原材料等货物，允许抵扣的进项税额85万元，内销产品取得销售额300万元，出口货物离岸价折合人民币2 400万元。假设上期留抵税款5万元，增值税税率为17%，退税率为13%，假设不涉及信息问题，请问如何办理出口退税？

## 第一节　出口货物、劳务和跨境应税行为退（免）税的概述

### 一、出口货物、劳务和跨境应税行为退（免）税的概念

我国的出口货物、劳务和跨境应税行为退（免）税是指在国际贸易业务中，对我国报关出口的货物、劳务和跨境应税行为退还或免征其在国内各生产和流转环节按税法规定缴纳的增值税和消费税，即对应征收增值税和消费税的出口货物、劳务和跨境应税行为实行零税率（国务院另有规定的除外）。

出口货物、劳务和跨境应税行为退（免）税是国际贸易中通常采用的并为世界各国普

遍接受的、目的在于鼓励各国出口货物公平竞争的一种退还或免征间接税（目前我国主要包括增值税、消费税）的税收措施，即对出口货物、劳务和跨境应税行为已承担或应承担的增值税和消费税等间接税实行退还或者免征。由于这项制度比较公平合理，因此它已成为国际社会通行的惯例。

出口货物退（免）税，从税法上理解有两层含义：一是对本道环节生产或销售货物、劳务和跨境应税行为免征增值税和消费税；二是对出口货物、劳务和跨境应税行为前道环节所含的增值税进项税额和消费税进行退付。当然，由于各种货物、劳务和跨境应税行为出口政策不同，出口前涉及征免税的情况也有所不同，且由于出口政策是国家调控经济的手段，因此，对货物、劳务和跨境应税行为出口的不同情况，国家在遵循“征多少、退多少”、“未征不退和彻底退税”基本原则的基础上，制定了不同的退（免）税处理办法。

## 二、出口货物、劳务和跨境应税行为退（免）税的条件

按现行出口退（免）税管理办法规定，除国家禁止出口的货物或因限制出口而取消出口退税的货物外，其他出口货物都可以办理退（免）税。

对出口的增值税和消费税应税货物，除国家明确规定不予退（免）税的货物外，都是出口货物退（免）税的货物范围。可以退（免）税的出口货物一般应具备以下四个条件：

### （一）必须是增值税、消费税征税范围的货物

这两种税的具体征收范围及其划分，《中华人民共和国增值税暂行条例》和《中华人民共和国消费税暂行条例》对其税目、税率（单位税额）均已明确。我国退税以征税为前提，退税只能是对已征税的出口货物退还其已征的增值税、消费税税额，不征税的出口货物则不能退还上述“两税”。免税也只能是对应税的货物免税，不属于应税的货物，则不存在免税问题。

### （二）必须是报关离境的货物

所谓报关离境，即出口，它包括自营出口和委托代理出口两种形式。区别货物是否报关离境，是确定货物是否属于退（免）税范围的主要标准之一。凡在国内销售、不报关离境的货物，除另有规定者外，不论出口企业是以外汇还是以人民币结算，也不论出口企业在财务上如何处理，均不得视为出口货物予以退税。

### （三）必须是在财务上作销售处理的货物

出口货物只有在财务上作出销售处理后，才能办理退（免）税。也就是说，出口退（免）税的规定只适用于贸易性的出口货物，而对非贸易性的出口货物，如捐赠的礼品、在国内个人购买并自带出境的货物（另有规定者除外）、样品、展品、邮寄品等，因其一般在财务上不作销售处理，故按照现行规定不能退（免）税。

### （四）必须是出口收汇并已核销的货物

按照现行规定，出口企业申请办理退（免）税的出口货物，必须是已收外汇并经外汇管理部门核销的货物。将出口退税与出口收汇核销挂钩，可以有效地防止出口企业高报出口价格骗取退税，有助于提高出口收汇率，强化出口收汇核销制度。

出口货物只有在同时具备上述四个条件的情况下，才能向税务部门申报办理退（免）税，否则，不予办理退（免）税。

## 三、营改增出口货物、劳务和跨境应税行为退（免）税的政策

### （一）适用增值税退（免）税政策的范围

对下列出口货物、劳务和跨境应税行为，除适用《关于出口货物劳务增值税和消费税政策的通知》（以下简称《通知》）第六条（适用增值税免税政策的出口货物和劳务）和第七条（适用增值税征税政策的出口货物和劳务）规定的外，实行免征和退还增值税［以下称增值税退（免）税］政策：

1. 出口企业出口货物

《通知》所称出口企业，是指依法办理工商登记、税务登记、对外贸易经营者备案登记，自营或委托出口货物的单位或个体工商户，以及依法办理工商登记、税务登记但未办理对外贸易经营者备案登记，委托出口货物的生产企业。《通知》所称出口货物，是指向海关报关后实际离境并销售给境外单位或个人的货物，分为自营出口货物和委托出口货物两类。《通知》所称生产企业，是指具有生产能力（包括加工修理修配能力）的单位或个体工商户。

根据《关于企业出口集装箱有关退（免）税问题的公告》（国家税务总局公告2014年第59号），企业出口给外商的新造集装箱，交付到境内指定堆场，并取得出口货物报关单（出口退税专用），同时符合其他出口退（免）税规定的，准予按照现行规定办理出口退（免）税。

自2017年1月1日起，生产企业销售自产的海洋工程结构物，或者融资租赁企业及其设立的项目子公司、金融租赁公司及其设立的项目子公司购买并以融资租赁方式出租的国内生产企业生产的海洋工程结构物，应按规定缴纳增值税，不再适用《财政部国家税务总局关于出口货物劳务增值税和消费税政策的通知》（财税〔2012〕39号）或者《财政部国家税务总局关于在全国开展融资租赁货物出口退税政策试点的通知》（财税〔2014〕62号）规定的增值税出口退税政策，但购买方或者承租方为按实物征收增值税的中外合作油（气）田开采企业的除外。

2. 出口企业或其他单位视同出口的货物

出口企业或其他单位视同出口的货物具体是指：

（1）出口企业对外援助、对外承包、境外投资的出口货物。

（2）出口企业经海关报关进入国家批准的出口加工区、保税物流园区、保税港区、综合保税区、珠澳跨境工业区（珠海园区）、中哈霍尔果斯国际边境合作中心（中方配套区域）、保税物流中心（B型）（以下统称特殊区域）并销售给特殊区域内单位或境外单位、个人的货物。

（3）免税品经营企业销售的货物（国家规定不允许经营和限制出口的货物、卷烟和超出免税品经营企业的《企业法人营业执照》中规定经营范围的货物除外）。具体是指：

①中国免税品（集团）有限责任公司向海关报关运入海关监管仓库，专供其经国家批准设立的统一经营、统一组织进货、统一制定零售价格、统一管理的免税店销售的货物。

②国家批准的除中国免税品（集团）有限责任公司外的免税品经营企业，向海关报关运入海关监管仓库，专供其所属的首都机场口岸海关隔离区内的免税店销售的货物。

③国家批准的除中国免税品（集团）有限责任公司外的免税品经营企业所属的上海虹

桥、浦东机场海关隔离区内的免税店销售的货物。

④出口企业或其他单位销售给用于国际金融组织或外国政府贷款国际招标建设项目的中标机电产品（以下称中标机电产品）。

上述中标机电产品，包括外国企业中标再分包给出口企业或其他单位的机电产品。

⑤出口企业或其他单位销售给国际运输企业用于国际运输工具上的货物。

上述规定暂仅适用于外轮供应公司、远洋运输供应公司销售给外轮、远洋国轮的货物，国内航空供应公司生产销售给国内和国外航空公司国际航班的航空食品。

⑥出口企业或其他单位销售给特殊区域内生产企业生产耗用且不向海关报关而输入特殊区域的水（包括蒸汽）、电力、燃气（以下称输入特殊区域的水电气）。

3. 生产企业视同出口货物的满足条件

持续经营以来从未发生骗取出口退税、虚开增值税专用发票或农产品收购发票、接受虚开增值税专用发票（善意取得虚开增值税专用发票除外）行为且同时符合下列条件的生产企业出口的外购货物，可视同自产货物适用增值税退（免）税政策：

（1）已取得增值税一般纳税人资格。

（2）已持续经营 2 年及 2 年以上。

（3）纳税信用等级 A 级。

（4）一年度销售额 5 亿元以上。

（5）外购出口的货物与本企业自产货物同类型或具有相关性。

持续经营以来从未发生骗取出口退税、虚开增值税专用发票或农产品收购发票，接受虚开增值税专用发票（善意取得虚开增值税专用发票除外）行为，但不能同时符合上述规定条件的生产企业，出口的外购货物符合下列条件之一的，可视同自产货物申报适用增值税退（免）税政策：

①同时符合下列条件的外购货物：与本企业生产的货物名称、性能相同；使用本企业注册商标或境外单位或个人提供给本企业使用的商标；出口给进口本企业自产货物的境外单位或个人。

②与本企业所生产的货物属于配套出口，且出口给进口本企业自产货物的境外单位或个人的外购货物，符合下列条件之一的：用于维修本企业出口的自产货物的工具、零部件、配件，或者不经过本企业加工或组装，出口后能直接与本企业自产货物组合成成套设备的货物。

③经集团公司总部所在地的地级以上国家税务局认定的集团公司，其控股的生产企业之间收购的自产货物以及集团公司与其控股的生产企业之间收购的自产货物。

④同时符合下列条件的委托加工货物：与本企业生产的货物名称、性能相同，或者是用本企业生产的货物再委托深加工的货物；出口给进口本企业自产货物的境外单位或个人；委托方与受托方必须签订委托加工协议，且主要原材料必须由委托方提供，受托方不垫付资金，只收取加工费，开具加工费（含代垫的辅助材料）的增值税专用发票。

⑤用于本企业中标项目下的机电产品。

⑥用于对外承包工程项目下的货物。

⑦用于境外投资的货物。

⑧用于对外援助的货物。

⑨生产自产货物的外购设备和原材料（农产品除外）。

4. 出口企业对外提供加工修理修配劳务

对外提供加工修理修配劳务，是指对进境复出口货物或从事国际运输的运输工具进行的加工修理修配。

5. 融资租赁货物出口退税

根据《关于在全国开展融资租赁货物出口退税政策试点的通知》的规定，对融资租赁出口货物试行退税政策。对融资租赁企业、金融租赁公司及其设立的项目子公司（以下统称融资租赁出租方），以融资租赁方式租赁给境外承租人且租赁期限在5年（含）以上，并向海关报关后实际离境的货物，实行增值税、消费税出口退税政策。

融资租赁出口货物的范围，包括飞机、飞机发动机、铁道机车、铁道客车车厢、船舶及其他货物。

**（二）出口货物、劳务及应税行为免税政策**

对符合下列条件的出口货物、劳务和应税行为，按下列规定实行免征增值税政策。

1. 适用增值税免税政策的出口货物、劳务和应税行为

（1）出口企业或其他单位出口规定的货物，具体是指：

①增值税小规模纳税人出口的货物。

②避孕药品和用具、古旧图书。

③软件产品。其具体范围是指海关税则号前四位为“9803”的货物。

④含黄金、铂金成分的货物，钻石及其饰品。

⑤国家计划内出口的卷烟。

⑥非出口企业委托出口的货物。

⑦非列名生产企业出口的非视同自产货物。

⑧农业生产者自产的农产品（农产品的具体范围按照《农业产品征税范围注释》）。

⑨来料加工复出的货物。

⑩外贸企业取得普通发票、废旧物资收购凭证、农产品收购发票、政府非税收入票据的货物。

（2）出口企业或其他单位视同出口的下列货物和劳务：

①国家批准设立的免税店销售的免税货物，包括进口免税货物和已实现退（免）税的货物。

②特殊区域内的企业为境外的单位或个人提供加工修理修配劳务。

③同一特殊区域、不同特殊区域内的企业之间销售特殊区域内的货物。

2. 出口企业或其他单位未按规定申报或未补齐增值税退（免）税凭证的出口货物和劳务

具体是指：

（1）未在国家税务总局规定的期限内申报增值税退（免）税的出口货物和劳务。

（2）未在规定期限内申报开具《代理出口货物证明》的出口货物和劳务。

（3）已申报增值税退（免）税，却未在国家税务总局规定的期限内向税务机关补齐增值税退（免）税凭证的出口货物和劳务。对于适用增值税免税政策的出口货物和劳务，出口企业或其他单位可以依照现行增值税有关规定放弃免税，并依照《通知》第七条（适用增值税免税政策的出口货物和劳务）的规定缴纳增值税。

3. 境内的单位和个人销售的下列服务和无形资产免征增值税，但财政部和国家税务总局规定适用增值税零税率的除外

（1）下列服务：

①工程项目在境外的建筑服务。

②工程项目在境外的工程监理服务。

③工程、矿产资源在境外的工程勘察勘探服务。

④会议展览地点在境外的会议展览服务。

⑤存储地点在境外的仓储服务。

⑥标的物在境外使用的有形动产租赁服务。

⑦在境外提供的广播影视节目（作品）的播映服务。

⑧在境外提供的文化体育服务、教育医疗服务、旅游服务。

（2）为出口货物提供的邮政服务、收派服务、保险服务。为出口货物提供的保险服务，包括出口货物保险和出口信用保险。

（3）向境外单位提供的完全在境外消费的服务和无形资产。

（4）为境外单位之间的货币资金融通及其他金融业务提供的直接收费金融服务，且该服务与境内的货物、无形资产和不动产无关。

（5）按照国家有关规定应取得相关资质的国际运输服务项目，纳税人未取得相关资质的，适用增值税免税政策。

（6）境内单位和个人以无运输工具承运方式提供的国际运输服务，无运输工具承运业务的经营者适用增值税免税政策。

（7）境内的单位和个人提供适用增值税零税率的服务或者无形资产，如果属于适用简易计税方法的，实行免征增值税办法。

（8）财政部和国家税务总局规定的其他服务。

上述所称服务完全在境外消费，是指：

①服务的实际接受方在境外，且与境内的货物和不动产无关。

②无形资产完全在境外使用，且与境内的货物和不动产无关。

③财政部和国家税务总局规定的其他情形。

4. 市场经营户自营或委托市场采购贸易经营者以市场采购贸易方式出口的货物免征增值税

“市场采购贸易方式出口货物”，是指经国家批准的专业市场集聚区内的市场经营户自营或委托从事市场采购贸易经营的单位，按照海关总署规定的市场采购贸易监管办法办理通关手续，并纳入涵盖市场采购贸易各方经营主体和贸易全流程的市场采购贸易综合管理系统管理的货物（国家规定不适用市场采购贸易方式出口的商品除外）。

## 四、营改增出口货物、劳务和应税行为征税政策

### （一）不适用增值税退（免）税政策的货物

出口的产品退税率为零的，不视为出口，而视为国内销售，按出口销售额为含税销售额计算征收增值税。

下列出口货物和劳务，不适用增值税退（免）税和免税政策，按下列规定及视同内销

货物征税的其他规定征收增值税（以下称增值税征税）。

**（二）适用增值税征税政策的范围**

适用增值税征税政策的出口货物、劳务和应税行为，是指：

（1）出口企业出口视同出口财政部和国家税务总局根据国务院决定明确的取消出口退（免）税的货物（不包括来料加工复出口货物、中标机电产品、列名原材料、输入特殊区域的水电气、海洋工程结构物）。

（2）出口企业或其他单位销售给特殊区域内的生活消费用品和交通运输工具。

（3）出口企业或其他单位因骗取出口退税被税务机关停止办理增值税退（免）税期间出口的货物。

（4）出口企业或其他单位提供虚假备案单证的货物。

（5）出口企业或其他单位增值税退（免）税凭证有伪造或内容不实的货物。

（6）出口企业或其他单位未在国家税务总局规定期限内申报免税核销以及经主管税务机关审核不予免税核销的出口卷烟。

（7）出口企业或其他单位具有以下情形之一的出口货物和劳务：

①将空白的出口货物报关单、出口收汇核销单等退（免）税凭证交由除签有委托合同的货代公司、报关行，或由境外进口方指定的货代公司（提供合同约定或者其他相关证明）以外的其他单位或个人使用的。

②以自营名义出口，其出口业务实质上是由本企业及其投资的企业以外的单位或个人借该出口企业名义操作完成的。

③以自营名义出口，其出口的同一批货物既签订购货合同，又签订代理出口合同（或协议）的。

④出口货物在海关验收后，自己或委托货代承运人对该笔货物的海运提单或其他运输单据等上的品名、规格等进行修改，造成出口货物报关单与海运提单或其他运输单据有关内容不符的。

⑤以自营名义出口，但不承担出口货物的质量、收款或退税风险之一的，即出口货物发生质量问题不承担购买方的索赔责任（合同中有约定质量责任承担者除外）；不承担未按期收款导致不能核销的责任（合同中有约定收款责任承担者除外）；不承担因申报出口退（免）税的资料、单证等出现问题造成不退税责任的。

⑥未实质参与出口经营活动、接受并从事由中间人介绍的其他出口业务，但仍以自营名义出口的。

（8）不适应跨境应税行为适用增值税零税率和免税政策规定的出口服务和无形资产。

## 五、出口货物、劳务和跨境应税行为退（免）税的原则

我国新一轮出口退税机制应遵循的原则如下：

**（一）公平税负原则**

即中央与地方、地方与地方、中资企业与外资企业在税负负担上应公平一致。

**（二）属地原则**

即企业出口退税在所在地出口退税机关办理申请手续。

### （三）宏观调控

由国家商务部及各级商务部门积极开展调查研究，及时发现并会同有关部门共同研究解决出口退税机制运行中出现的新情况、新问题，不断完善落实相关配套措施和办法。

## 六、出口货物、劳务和跨境应税行为退（免）税政策的规定

### （一）出口货物、劳务和跨境应税行为退（免）税政策的形式

1. 出口货物、劳务和跨境应税行为退（免）增值税基本形式

世界各国为了鼓励本国货物出口，在遵循 WTO 基本规则的前提下，一般都采取优惠的税收政策。有的国家采取对该货物出口前所包含的税金在出口后予以退还的政策（即出口退税）；有的国家采取对出口的货物在出口前即予以免税的政策。

我国则根据本国的实际，采取出口退税与免税相结合的政策。目前，我国的出口货物、劳务和跨境应税行为的增值税税收政策分为以下三种形式：

（1）出口免税并退税。出口免税是指对货物、劳务和跨境应税行为在出口销售环节免征增值税，这是把货物、劳务和跨境应税行为出口环节与出口前的销售环节都同样视为一个征税环节；出口退税是指对货物、劳务和跨境应税行为在出口前实际承担的税收负担，按规定的退税率计算后予以退还。

（2）出口免税不退税。出口免税与上述第（1）项含义相同。出口不退税是指适用这个政策的出口货物、劳务和跨境应税行为因在前一道生产、销售环节或进口环节是免税的，因此，出口时该货物、劳务和跨境应税行为的价格中本身就不含税，也无须退税。

（3）出口不免税也不退税。出口不免税是指对国家限制或禁止出口的某些货物、劳务和跨境应税行为的出口环节视同内销环节，照常征税；出口不退税是指对这些货物、劳务和跨境应税行为出口不退还出口前其所负担的税款。

2. 出口应税消费品退税的基本形式

出口应税消费品退（免）消费税的基本形式分为以下三种情况：

（1）出口免税并退税。

适用范围：有出口经营权的外贸企业购进应税消费品直接出口，以及外贸企业受其他外贸企业委托代理出口应税消费品。需要注意的是，外贸企业只有受其他外贸企业委托，代理出口应税消费品才可办理退税，外贸企业受其他企业（主要是非生产性的商贸企业）委托，代理出口应税消费品是不予退（免）税的。

（2）出口免税但不退税。

适用范围：有出口经营权的生产性企业自营出口或生产企业委托外贸企业代理出口自产的应税消费品，依据其实际出口数量免征消费税，不予办理退还消费税。免征消费税是指对生产性企业按其实际出口数量免征生产环节的消费税。不予办理退还消费税，是指因已免征生产环节的消费税，该应税消费品出口时，已不含有消费税，所以无须再办理退还消费税。这项政策规定与前述生产性企业自营出口或委托代理出口自产货物退（免）增值税的规定是不一样的。政策区别的原因是：消费税仅在生产企业的生产环节征收，生产环节免税了，出口的应税消费品就不含有消费税了；而增值税却在货物销售的各个环节征收，生产企业出口货物时，已纳的增值税就需退还。

（3）出口不免税也不退税。

适用范围：除生产企业、外贸企业外的其他企业，具体是指一般商贸企业，这类企业委托外贸企业代理出口应税消费品一律不予退（免）税。

**（二）出口货物、劳务和跨境应税行为退（免）的办法**

1. 现行出口货物增值税的退（免）税办法主要有三种

适用增值税退（免）税政策的出口货物、劳务和应税行为，按照下列规定实行增值税“免、抵、退”税或“免、退”税办法。

（1）“免、抵、退”税办法。适用增值税一般计税方法的生产企业出口自产货物与视同自产货物、对外提供加工修理修配劳务免征增值税，相应的进项税额抵减应纳增值税额（不包括适用增值税即征即退、先征后退政策的应纳增值税额），未抵减完的部分予以退还。

境内的单位和个人提供适用增值税零税率的服务或者无形资产，如果属于适用增值税一般计税方法的，生产企业实行“免、抵、退”税办法，外贸企业直接将服务或自行研发的无形资产出口，视同生产企业连同其出口货物统一实行“免、抵、退”税办法。

实行退（免）税办法的研发服务和设计服务，如果主管税务机关认定出口价格偏高的，有权按照核定的出口价格计算退（免）税，核定的出口价格低于外贸企业购进价格的，低于部分对应的进项税额不予退税，转入成本。

境内的单位和个人提供适用增值税零税率应税服务的，可以放弃适用增值税零税率，选择免税或按规定缴纳增值税。放弃适用增值税零税率后，36个月内不得再申请适用增值税零税率。

（2）“免、退”税办法。不具有生产能力的出口企业（以下称外贸企业）或其他单位出口货物、劳务，免征增值税，相应的进项税额予以退还。

适用增值税一般计税方法的外贸企业外购服务或者无形资产出口实行“免、退”税办法。

外贸企业外购研发服务和设计服务免征增值税，其对应的外购应税服务的进项税额予以退还。

2. 出口货物退（免）消费税的办法

现行出口货物消费税，除规定不退税的应税消费品外，分别采取免税和退税两种办法。

（1）对生产企业直接出口或委托外贸企业代理出口的应税消费品，一律免征消费税；

（2）对外贸企业收购后出口的应税消费品实行退税。其计算公式如下：

从价定率征收的：

应退消费税 = 出口销售数量 × 不含增值税购进单价 × 消费税税率

从量定额征收的：

应退消费税 = 出口销售数量 × 消费税单位税额

**（三）出口货物的退税率**

1. 出口货物增值税退税率

（1）退税率的一般规定。

除财政部和国家税务总局根据国务院决定而明确的增值税出口退税率（以下称退税率）

外，出口货物的退税率为其适用税率。国家税务总局根据上述规定将退税率通过出口货物劳务退税率文库予以发布，供征纳双方执行。退税率有调整的，除另有规定外，其执行时间以货物（包括被加工修理修配的货物）出口货物报关单（出口退税时用）上注明的出口日期为准。

应税服务退税率为应税服务适用的增值税税率。即有形动产租赁服务退税率为17%；交通运输业服务、邮政业服务退税率为11%；现代服务业服务（有形动产租赁服务除外）退税率为6%。

（2）增值税退税率的特殊规定。

①外贸企业购进按简易办法征税的出口货物、从小规模纳税人购进的出口货物，其退税率分别为简易办法执行的征收率、小规模纳税人征收率。上述出口货物取得增值税专用发票的，退税率按照增值税专用发票上的税率和出口货物退税率孰低的原则确定。

②出口企业委托加工修理修配货物，其加工修理修配费用的退税率，为出口货物的退税率。

③中标机电产品、出口企业向海关报关进入特殊区域销售给特殊区域内生产企业生产耗用的列名原材料、输入特殊区域的水电气，其退税率为适用税率。如果国家调整列名原材料的退税率，列名原材料应当自调整之日起按调整后的退税率执行。

适用不同退税率的货物、劳务及跨境应税行为，应分开报关、核算并申报退（免）税，未分开报关、核算或划分不清的，从低适用退税率。

2. 出口货物消费税的退税率

计算出口货物应退消费税的退税率或单位税额，依《中华人民共和国消费税暂行条例》所附《消费税税目税率（税额）表》执行。即外贸企业全额退还消费税，生产企业直接予以免税。

3. 农产品的退税

从农业生产者处直接购进的免税农产品不予办理退税，但从能出具发票的粮库、农副产品加工厂等部门购入的用于出口的农产品准予办理退税。

4. 不同税率的退税

出口企业应将不同税率的出口货物分开核算和申报退税，凡划分不清适用税率的，一律从低适用税率计算退税。

**（四）退（免）税的计税依据**

1. 增值税退（免）税的计税依据

出口货物、劳务的增值税退（免）税的计税依据，按出口货物、劳务的出口发票（外销发票）、其他普通发票或购进出口货物、劳务的增值税专用发票、海关进口增值税专用缴款书确定。

跨境应税行为的计税依据按照《适用增值税零税率应税服务退（免）税管理办法》（国家税务总局公告2014年第11号）执行。具体规定如下：

（1）生产企业出口货物、劳务（进料加工复出口货物除外）增值税退（免）税的计税依据，为出口货物、劳务的实际离岸价（FOB）；实际离岸价应以出口发票上的离岸价为准，但如果出口发票不能反映实际离岸价，主管税务机关有权予以核定。

（2）对进料加工出口货物，企业应以出口货物人民币离岸价扣除出口货物耗用的保税进口料件金额的余额为增值税退（免）税的计税依据。“保税进口料件”，是指海关以进料加工贸易方式监管的出口企业从境外和特殊区域等进口的料件。包括出口企业从境外单位或个人购买并从海关保税仓库提取且办理海关进料加工手续的料件，以及保税区外的出口企业从保税区内的企业购进并办理海关进料加工手续的进口料件。

（3）生产企业从国内购进无进项税额且不计提进项税额的免税原材料加工后出口的货物的计税依据，按出口货物的离岸价（FOB）扣除出口货物所含的国内购进免税原材料的金额后确定。

（4）外贸企业出口货物（委托加工修理修配货物除外）增值税退（免）税的计税依据，为购进出口货物的增值税专用发票注明的金额或海关进口增值税专用缴款书注明的完税价格。

（5）外贸企业出口委托加工修理修配货物增值税退（免）税的计税依据，为加工修理修配费用增值税专用发票注明的金额。外贸企业应将加工修理修配使用的原材料（进料加工海关保税进口料件除外）作价销售给受托加工修理修配的生产企业，受托加工修理修配的生产企业应将原材料成本并入加工修理修配费用开具发票。

（6）出口进项税额未计算抵扣的已使用过的设备增值税退（免）税的计税依据，按下列公式确定：

$$\frac{\text{退（免）税}}{\text{计税依据}}=\frac{\text{增值税专用发票上的金额或海关进口}}{\text{增值税专用缴款书注明的完税价格}}\times\frac{\text{已使用过的设备}}{\text{固定资产净值}}\div\frac{\text{已使用过的}}{\text{设备原值}}$$

已使用过的设备固定资产净值 = 已使用过的设备原值 − 已使用过的设备已提累计折旧

“已使用过的设备”，是指出口企业根据财务会计制度已经计提折旧的固定资产。

（7）免税品经营企业销售的货物增值税退（免）税的计税依据，为购进货物的增值税专用发票注明的金额或海关进口增值税专用缴款书注明的完税价格。

（8）中标机电产品增值税退（免）税的计税依据，生产企业为销售机电产品的普通发票注明的金额，外贸企业为购进货物的增值税专用发票注明的金额或海关进口增值税专用缴款书注明的完税价格。

（9）输入特殊区域的水电气增值税退（免）税的计税依据，为作为购买方的特殊区域内生产企业购进水（包括蒸汽）、电力、燃气的增值税专用发票注明的金额。

（10）跨境应税行为的退（免）税计税依据按下列规定执行：

实行“免、抵、退”税办法的退（免）税计税依据：

①以铁路运输方式载运旅客的，为按照铁路合作组织清算规则清算后的实际运输收入。

②以铁路运输方式载运货物的，为按照铁路运输进款清算办法，对“发站”或“到站（局）”名称包含“境”字的货票上注明的运输费用以及直接相关的国际联运杂费清算后的实际运输收入。

③以航空运输方式载运货物或旅客的，如果国际运输或港、澳、台地区运输各航段由多个承运人承运的，为中国航空结算有限责任公司清算后的实际收入；如果国际运输或港、澳、台地区运输各航段由一个承运人承运的，为提供航空运输服务取得的收入。

④其他实行“免、抵、退”税办法的增值税零税率应税行为，为提供增值税零税率应税行为取得的收入。

实行免退税办法的退（免）税计税依据为购进应税服务的增值税专用发票或解缴税款的中华人民共和国税收缴款凭证上注明的金额。

实行退（免）税办法的服务和无形资产，如果主管税务机关认定出口价格偏高的，有权按照核定的出口价格计算退（免）税，核定的出口价格低于外贸企业购进价格的，低于部分对应的进项税额不予退税，转入成本。

2. 消费税退税的计税依据

出口货物的消费税应退税额的计税依据，按购进出口货物的消费税专用缴款书和海关进口消费税专用缴款书确定。

属于从价定率计征消费税的，为已征且未在内销应税消费品应纳税额中抵扣的购进出口货物金额；属于从量定额计征消费税的，为已征且未在内销应税消费品应纳税额中抵扣的购进出口货物数量；属于复合计征消费税的，按从价定率和从量定额的计税依据分别确定。

### （五）办理出口退税所需凭证

（1）增值税专用发票；

（2）出口货物报关单（出口退税专用）；

（3）出口收汇核销单（出口退税专用）；

（4）其他凭证资料：出口货物外销发票、出口货物销售明细账、代理出口货物证明、出口退税货物进货凭证申报明细表、进料加工贸易申请表、出口退税申报明细表、出口退税汇总申报表、主管出口退税的税务机关要求附送或提供的其他退税凭证资料，实行电算化管理且自行录入的出口企业，还需报送申报软盘。

### （六）生产企业“免、抵、退”税操作流程

1. 一般贸易出口货物业务流程

（1）在外经贸部门取得进出口自主经营权；

（2）向主管征税的税务机关申请取得一般纳税人资格；

（3）到外经贸部门办理备案登记；

（4）向主管退税部门办理出口货物退（免）税认定手续；

（5）向海关报关出口货物；

（6）向税务机关办理出口货物预申报、正式申报；

（7）从海关取得出口报关单；

（8）对出口货物收汇核销；

（9）从外汇管理局取得收汇核销单；

（10）凭有关单证向主管税务机关申报出口退税；

（11）主管出口退税的税务机关向国家金库开具收入退还书；

（12）出口企业从银行取得出口退税款。

2. 进料加工复出口货物业务流程

（1）在外经贸部门取得进出口自主经营权；

（2）向主管征税的税务机关申请取得一般纳税人资格；

（3）到外经贸部门办理备案登记；

（4）向主管退税部门办理出口货物退（免）税认定手续；

（5）进料加工手册的登记、进口料件的申报；

（6）向海关报关出口货物；

（7）进料加工免税证明的出具

(8) 向税务机关办理出口货物预申报、正式申报;

(9) 从海关取得出口报关单;

(10) 对出口货物收汇核销;

(11) 从外汇管理局取得收汇核销单;

(12) 凭有关单证向主管税务机关申报出口退税;

(13) 主管出口退税的税务机关向国家金库开具收入退还书;

(14) 出口企业从银行取得出口退税款;

(15) 进料加工手册的核销(需要注意的是取得主管海关核销证明后的下一个增值税申报期内向退税机关申报办理核销手续)。

## 第二节 出口货物、劳务和应税行为退(免)税的计算

### 一、外贸企业出口货物退(免)税的计算

#### (一) 应退增值税的计算

1. 外贸企业出口货物、劳务和应税行为增值税退(免)税的计算

应依据购进出口货物增值税专用发票上所注明的进项金额和出口货物所适用的退税率计算。其基本计算公式如下:

应退增值税 = 购进时的增值税专用发票货物价值 × 现行退税率

或:

应退增值税 = 出口货物数量 × 加权平均购进单价 × 现行退税率

应计入成本的税额 = 购进时的增值税专用发票税额 − 应退税额

= 出口货物不含增值税的购进金额 ×(征税率 − 退税率)

或:

应计入成本的税额 = 出口货物数量 × 加权平均购进单价 × 征税率 − 应退税额

2. 外贸企业兼营的零税率应税行为增值税退(免)税的计算

外贸企业兼营的零税率应税行为应退税额 = 外贸企业兼营的零税率应税行为免退税计税依据 × 零税率应税行为增值税退税率

**【例5-1】** 某外贸公司购进出口用普通机床,专用发票注明货值300万元,增值税税率为17%,进项税额51万元。该批机床出口销售折成人民币540万元。假定退税率为15%。

要求:计算应退税额。

应退增值税 = 3 000 000 × 15% = 450 000(元)

应计入成本的税额 = 510 000 − 450 000 = 60 000(元)

**【例5-2】** 某外贸企业库存和销售均采用加权平均价核算。该企业出口用甲商品6月初结余500件,单价10元;2日购入100件,单价11.5元;10日购入300件,单价11元;20日购入100件,单价10.5元;30日出口800件。假定甲商品征税率为17%,退税率为13%。

要求:计算该企业本月甲商品应退税额。

甲商品平均单价 = (500 × 10 + 100 × 11.5 + 300 × 11 + 100 × 10.5) ÷ (500 + 100 + 300 + 100)

= 10.5(元)

应退增值税 =800×10.5×13% =1 092（元）

应计入成本的税额 =800×10.5×17% −1 092 =336（元）

### （二）应退消费税的计算

1. 应退消费税的计算原则

外贸企业收购应税消费品出口，除退还其已纳增值税外，还应退还其已纳的消费税（即退还该消费品在生产环节实际缴纳的消费税）。消费税的纳税环节单一，出口时能够确认每一单位货物已交的消费税，退还消费税可以按该应税消费品所适用的消费税税率计算，充分实现“征多少、退多少”的原则。企业应将不同消费税税率的出口应税消费品分开核算和申报，凡是划分不清适用税率的，一律从低适用税率计算应退消费税税额。

2. 基本计算公式

（1）从价定率计征消费税退税的计算：

应退消费税 = 购进出口消费品的进货金额×消费税税率

（2）从量定额计征消费税退税的计算：

应退消费税 = 出口数量×单位税额

**【例5 −3】**2017 年2 月，某外贸企业从花炮厂收购花炮准备用于内销，取得花炮厂开具的增值税专用发票上注明的价款为25 万元，增值税税额为4.25 万元，并以银行存款支付。外贸企业收购后，因花炮国际市场形势好转，将该批发炮转为全部出口，该批花炮的出口销售额折合人民币30 万元。花炮的增值税税率为17%，增值税出口退税率为13%，消费税税率为15%。外贸企业将该批货物报关并出口后，相关单证齐全，并在主管税务机关办理了出口退税的审批手续。

要求：计算该批出口发花炮应退税额。

应退增值税 =250 000×13% =32 500（元）

不予退回的增值税 =42 500 −32 500 =10 000（元）

应退消费税 =250 000×15% =37 500（元）

## 二、生产企业一般贸易出口货物“免、抵、退”税的计算

生产企业出口货物“免、抵、退”税额应根据出口货物离岸价、出口货物退税率计算。出口货物离岸价（FOB）以出口发票上的离岸价为准（委托代理出口的，出口发票可以是委托方开具的或受托方开具的），若以其他价格条件成交的，应扣除按会计制度规定允许冲减出口销售收入的运费、保险费、佣金等。若申报数与实际支付数有差额的，在下次申报退税时调整（或年终清算时一并调整）。若出口发票不能如实反映离岸价，企业应按实际离岸价申报“免、抵、退”税，税务机关有权按照《中华人民共和国税收征收管理法》、《中华人民共和国增值税暂行条例》等有关规定予以核定。

### （一）“免、抵、退”税的概念

按“免、抵、退”税管理办法的规定，实行“免、抵、退”税的“免”税，是指对生产企业出口的自产货物，免征本企业生产销售环节的增值税；“抵”税，是指生产企业出口自产货物所耗用原材料、零部件、燃料、动力等所含应予退还的进项税额，抵顶内销货物的应纳税额；“退”税，是指生产企业出口的自产货物在当月内应抵顶的进项税额大于应纳税额而未抵顶完时，经主管出口退税机关批准，对未抵顶完的税额部分予以退税。

**（二）“免、抵、退”税管理办法的适用范围**

“免、抵、退”税管理办法适用于独立核算，经主管国税机关认定为增值税一般纳税人，并且具有实际生产能力的企业和企业集团，生产企业包括有出口经营权的生产企业和无出口经营权的生产企业及生产型外商投资企业。

**（三）实行“免、抵、退”税管理办法的出口货物**

实行“免、抵、退”税管理办法的出口货物包括：

（1）生产企业自营或委托外贸企业代理出口的自产货物；

（2）生产企业承接国外修理修配业务以及利用国际金融组织或外国政府贷款采用国际招标方式在国内企业中标或在外国企业中标后分包给国内企业的机电产品；

（3）生产企业出口视同自产产品的外购货物；

（4）国内航空供应公司生产并销售给国外航空公司的航空食品；

（5）国内生产企业与国内海上石油天然气开采企业签署的购销合同所涉及的海洋工程结构物产品。

**（四）生产企业出口货物“免、抵、退”税的特殊规定**

1. 单证不齐的处理

生产企业自货物出口之日起超过规定的期限未收齐有关出口退（免）税凭证或未向县区税务管理部门办理“免、抵、退”税申报手续的，主管税务机关视同内销货物计算提取增值税销项税额或计算应纳税额。

对生产企业逾期单证不齐的，应冲减当期外销收入，增加当期视同内销收入，并计提增值税销项税额或计算应纳税额。

2. 退关退运的处理

本年度出口货物发生退运的，可在下期用红字（或负数）冲减出口销售收入进行调整；以前年度出口货物发生退运的，应补缴原免抵退税款。

$$\text{应补税额}=\text{退运货物出口离岸价}\times\text{外汇人民币牌价}\times\text{出口货物退税率}$$

补税预算科目为“出口货物退增值税”，若退运货物由于单证等原因已视同内销货物征税，则不需补缴税款。

3. “不予免征、抵扣和退税的税额”抵扣进项税额后的余额处理

实行“免、抵、退”税的企业，必须严格按照规定的计算公式计算操作，对将“不予免征、抵扣和退税的税额”抵顶进项税额后的余额，应按规定计算并作为企业的应交税金处理，不得挂账结转，也不得按零计算。

**（五）“免、抵、退”税的计算**

“免、抵、退”税的具体计算公式如下：

1. 当期应纳税额的计算

$$\begin{matrix}\text{当期应}\\\text{纳税额}\end{matrix}=\begin{matrix}\text{当期内销货物}\\\text{的销项税额}\end{matrix}-\left(\begin{matrix}\text{当期全部}\\\text{进项税额}\end{matrix}-\begin{matrix}\text{当期免抵退税不得}\\\text{免征和抵扣税额}\end{matrix}\right)-\begin{matrix}\text{上期留}\\\text{抵税额}\end{matrix}$$

其中：

（1）

$$\begin{matrix}\text{当期免抵退税不得}\\\text{免征和抵扣税额}\end{matrix}=\begin{matrix}\text{出口货}\\\text{物离岸价}\end{matrix}\times\begin{matrix}\text{外汇人民}\\\text{币牌价}\end{matrix}\times\left(\begin{matrix}\text{出口货物}\\\text{征税率}\end{matrix}-\begin{matrix}\text{出口货物}\\\text{退税率}\end{matrix}\right)-\begin{matrix}\text{免抵退税不得免征}\\\text{和抵扣税额抵减额}\end{matrix}$$

出口货物离岸价以出口发票计算的离岸价为基础。

（2）

$$\text{免抵退税不得免征和抵扣税额抵减额}=\text{免税购进原材料价格}\times\left(\text{出口货物征税率}-\text{出口货物退税率}\right)$$

免税购进原材料包括从国外购进免税原材料和进口加工免税进口料件，其中进料加工免税进口料件的价格为组成计税价格。

进料加工免税进口料件的组成计税价格 = 货物到岸价 + 海关实征关税和消费税

2. 免抵退税的计算

免抵退税额 = 出口货物离岸价 × 外汇人民币牌价 × 出口货物退税率 − 免抵退税抵减额

其中：

免抵退税抵减额 = 免税购进原材料价格 × 出口货物退税率

3. 当期应退税额和免抵税额的计算

（1）如果当期期末留抵税额≤当期免抵退税额，则：

当期应退税额 = 当期期末留抵税额

当期免抵税额 = 当期免抵退税额 − 当期应退税额

（2）如果当期期末留抵税额 > 当期免抵退税额，则：

当期应退税额 = 当期免抵退税额

当期免抵税额 = 0

**【例5－4】**某自营出口的企业为增值税一般纳税人，出口货物的征税率为17%，退税率为13%。2017年4月的有关经营业务为：购进原材料一批，取得的增值税专用发票注明的价款200万元，外购货物准予抵扣的进项税额34万元通过认证，上月末留抵税款3万元，本月内销货物不含税销售额100万元，增值税17万元，款项已存入银行，本月出口货物的销售额折合人民币200万元，试计算当月的免抵退税额。

当期免抵退税不得免征和抵扣税额 = 200 ×（17% − 13%）= 8（万元）

当期应纳税额 = 17 −（34 − 8）− 3 = −12（万元）

当期免抵退税额 = 200 × 13% = 26（万元）

当期末留抵税额（12万元）< 当期免抵退税额（26万元）

当期应退税额 = 当期期末留抵税额 = 12（万元）

当期免抵税额 = 当期免抵退税额 − 当期应退税额 = 26 − 12 = 14（万元）

**【例5－5】**某自营出口的企业为增值税一般纳税人，出口货物的征税率为17%，退税税率为13%。2017年4月的有关经营业务为：购进原材料一批，取得的增值税专用发票注明的价款400万元，外购货物准予抵扣的进项税额68万元通过认证，上月末留抵税款3万元，本月内销货物不含销售额100万元，增值税17万元，款项已存入银行，本月出口货物的销售额折合人民币200万元，试计算当月的免抵退税额。

当期免抵退税不得免征和抵扣税额 = 200 ×（17% − 13%）= 8（万元）

当期应纳税额 = 17 −（68 − 8）− 3 = −46（万元）

出口货物免抵退税额 = 200 × 13% = 26（万元）

当期末留抵税额（46万元）> 当期免抵退税额（26万元）

当期应退税额 = 当期免抵退税额 = 26（万元）

当期免抵税额 = 当期免抵退税额 − 当期应退税额 = 26 − 26 = 0

**【例5-6】** 某自营出口的企业为增值税一般纳税人，出口货物的征税率为17%，退税税率为13%。2017年4月的有关经营业务为：购进原材料一批，取得的增值税专用发票注明的价款200万元，外购货物准予抵扣的进项税额34万元通过认证，当月进料加工免税进口料件的组成计税价格100万元，上月末留抵税款6万元，本月内销货物不含销售额100万元，增值税17万元，款项已存入银行，本月出口货物的销售额折合人民币200万元，试计算当月的免抵退税额。

免抵退税不得免征和抵扣税额抵减额＝100×(17%－13%)＝4（万元）

当期免抵退税不得免征和抵扣税额＝200×(17%－13%)－4＝4（万元）

当期应纳税额＝17－(34－4)－6＝－19（万元）

免抵退税抵减额＝100×13%＝13（万元）

当期免抵退税额＝200×13%－13＝13（万元）

当期末留抵税额（19万元）>当期免抵退税额（13万元）

当期应退税额＝当期免抵退税额＝13（万元）

当期免抵税额＝当期免抵退税额－当期应退税额＝13－13＝0

### 三、融资租赁出口货物退税的计算

融资租赁出租方将融资租赁出口货物租赁给境外承租方、将融资租赁海洋工程结构物租赁给海上石油天然气开采企业，向融资租赁出租方退还其购进租赁货物所含增值税。其计算公式如下：

增值税应退税额＝购进融资租赁货物的增值税专用发票注明的金额或海关（进口增值税）专用缴款书注明的完税价格×融资租赁货物适用的增值税退税率

**【例5-7】** 2016年8月某融资租赁公司根据合同规定将一设备以融资租赁方式出租给境外甲企业使用。融资租赁公司购进该设备的增值税专用发票上注明的金额为100万元人民币。假设增值税出口退税率为17%。

要求：计算该企业当期应退的增值税税额。

应退增值税税额＝100×17%＝17（万元）

融资租赁出口货物适用的增值税退税率，按照统一的出口货物适用退税率执行。从增值税一般纳税人购进的按简易办法征税的融资租赁货物和从小规模纳税人购进的融资租赁货物，其适用的增值税退税率，按照购进货物适用的征收率和退税率孰低的原则确定。

## 第三节　出口货物、劳务和应税行为的会计核算

### 一、外贸企业自营出口货物退（免）税的会计核算

#### （一）应退增值税的会计核算

1. 外贸企业购进货物时

借：库存商品

　　应交税费——应交增值税（进项税额）

　　贷：应付账款/应付票据/银行存款

2. 货物出口销售时

借：应收账款——应收外汇账款/银行存款——外汇存款

　　贷：主营业务收入——自营出口销售收入

3. 结转商品销售成本时

借：主营业务成本——自营出口销售成本

　　贷：库存商品

4. 准予退税部分申报退税时

借：应收出口退税款——应退增值税

　　贷：应交税费——应交增值税（出口退税）

5. 不予退税部分计入成本时

借：主营业务成本——自营出口销售成本

　　贷：应交税费——应交增值税（进项税额转出）

6. 收到税务机关退回的准予退税的税款时

借：银行存款

　　贷：应收出口退税款——应退增值税

**【例5-8】** 承例5-1，要求：计算应退税额，并编制相关的会计分录。

应退增值税 = 3 000 000 × 15% = 450 000（元）

应计入成本的税额 = 510 000 - 450 000 = 60 000（元）

（1）购进机床时：

|  |  |  |
|---|---|---|
| 借：库存商品——机床 | 3 000 000 | |
| 　　应交税费——应交增值税（进项税额） | 510 000 | |
| 　　贷：银行存款 | | 3 510 000 |

（2）机床出口销售时：

|  |  |  |
|---|---|---|
| 借：应收账款 | 5 400 000 | |
| 　　贷：主营业务收入——自营出口销售收入 | | 5 400 000 |

（3）结转出口机床销售成本时：

|  |  |  |
|---|---|---|
| 借：主营业务成本——自营出口销售成本 | 3 000 000 | |
| 　　贷：库存商品——机床 | | 3 000 000 |

（4）准予退税部分申报退税时：

|  |  |  |
|---|---|---|
| 借：应收出口退税款——应退增值税 | 450 000 | |
| 　　贷：应交税费——应交增值税（出口退税） | | 450 000 |

（5）不予退税部分计入成本时：

|  |  |  |
|---|---|---|
| 借：主营业务成本——自营出口销售成本 | 60 000 | |
| 　　贷：应交税费——应交增值税（进项税额转出） | | 60 000 |

（6）收到退税款时：

|  |  |  |
|---|---|---|
| 借：银行存款 | 450 000 | |
| 　　贷：应收出口退税款——应退增值税 | | 450 000 |

### （二）应退消费税的会计核算

外贸企业收购生产企业产品出口的，生产企业免征消费税，无须计提消费税。对于收购

商品中含消费税的，且符合退税规定的，外贸企业在物资报关出口后可以申请出口退税。

1. 申请退税时

借：应收出口退税款——应退消费税

　　贷：主营业务成本——自营出口销售成本

2. 实际收到退回的税金时

借：银行存款

　　贷：应收出口退税款——应退消费税

3. 发生退关或退货而补缴已退的消费税，作相反的会计分录

**【例5-9】** 承例5-3，要求：计算该批出口花炮应退税额，并作出相应的会计处理。

应退增值税 = 250 000 × 13% = 32 500（元）

不予退回的增值税 = 42 500 - 32 500 = 10 000（元）

应退消费税 = 250 000 × 15% = 37 500（元）

外贸企业会计处理如下：

（1）购进鞭炮、焰火时：

|  |  |  |
|---|---|---|
| 借：库存商品——花炮 | 250 000 | |
| 　　应交税费——应交增值税（进项税额） | 42 500 | |
| 　　贷：银行存款 | | 292 500 |

（2）外贸企业办理报关出口并办理退税手续后：

|  |  |  |
|---|---|---|
| 借：应收账款 | 300 000 | |
| 　　贷：主营业务收入——自营出口销售收入 | | 300 000 |

（3）结转出口商品成本时：

|  |  |  |
|---|---|---|
| 借：主营业务成本——自营出口销售成本 | 250 000 | |
| 　　贷：库存商品——花炮 | | 250 000 |

（4）结转不予退回的增值税：

|  |  |  |
|---|---|---|
| 借：主营业务成本——自营出口销售成本 | 10 000 | |
| 　　贷：应交税费——应交增值税（进项税额转出） | | 10 000 |

（5）申报出口退税：

|  |  |  |
|---|---|---|
| 借：应收出口退税款——应退增值税 | 32 500 | |
| 　　贷：应交税费——应交增值税（出口退税） | | 32 500 |
| 借：应收出口退税款——应退消费税 | 37 500 | |
| 　　贷：主营业务成本——自营出口销售成本 | | 37 500 |

（6）收到退税税额时：

|  |  |  |
|---|---|---|
| 借：银行存款 | 70 000 | |
| 　　贷：应收出口退税款——应退增值税 | | 32 500 |
| 　　　　　　　　　　　——应退消费税 | | 37 500 |

## 二、生产企业出口货物“免、抵、退”增值税的会计核算

### （一）凡有进出口经营权的生产企业自营出口或委托外贸企业出口，除另有规定外，一律实行“免、抵、退”税办法

其会计核算也按“免、抵、退”税程序进行。

1. 购进材料时

借：原材料

　　应交税费——应交增值税（进项税额）

　　贷：应付账款/应付票据/银行存款

2. 货物内销时

借：应收账款/银行存款

　　贷：主营业务收入——内销收入

　　　　应交税费——应交增值税（销项税额）

3. 货物出口销售时

借：应收账款/银行存款

　　贷：主营业务收入——自营出口销售收入

4. 结转商品销售成本时

借：主营业务成本

　　贷：库存商品

5. 将不予免征、抵扣和退税的税额计入出口物资成本

借：主营业务成本——自营出口销售成本

　　贷：应交税费——应交增值税（进项税额转出）

6. 准予抵扣的税额，即出口抵减内销产品应纳税额时

借：应交税费——应交增值税（出口抵减内销产品应纳税额）

　　贷：应交税费——应交增值税（出口退税）

7. 申报准予退回的税款

借：应收出口退税款——应退增值税

　　贷：应交税费——应交增值税（出口退税）

8. 收到出口退税款

借：银行存款

　　贷：应收出口退税款——应退增值税

**【例5-10】** 某自营出口生产企业为一般纳税人，实行“免、抵、退”税办法，该生产企业2017年某一季度的相关资料如下：

（1）第一个月出口商品折合人民币收入2 000 000元，内销商品收入4 000 000元，销项税额为680 000元，当月进货材料费用4 000 000元，进项税额为680 000元，月初未抵扣完的进项税额（留抵税额）为60 000元，若征税率为17%，退税率为13%。则：

当月免抵退税不得免征和抵扣税额=2 000 000×(17%-13%)=80 000（元）

当月应纳税额=4 000 000×17%-(680 000-80 000)-60 000=20 000（元）

当月免抵退税额=2 000 000×13%=260 000（元）

企业当期应纳税额为正数20 000元，故当月应退税额为0，当月免抵税额为260 000元。

①不予免抵退税额80 000元转入成本：

借：主营业务成本——自营出口销售成本　　80 000

　　贷：应交税费——应交增值税（进项税额转出）　　80 000

②当期出口抵减内销产品应纳税额：

借：应交税费——应交增值税（出口抵减内销产品应纳增值税）　　260 000

　　贷：应交税费——应交增值税（出口退税）　　260 000

（2）第二个月出口商品收入1 000 000元，内销商品收入1 000 000元，销项税额为170 000元，当月购进材料费用3 000 000元，进项税额为510 000元。则：

当月免抵退税不得免征和抵扣税额＝1 000 000×（17%－13%）＝40 000（元）

当月应纳税额＝1 000 000×17%－（510 000－40 000）＝－300 000（元）

当期免抵退税额＝1 000 000×13%＝130 000（元）

当期期末留抵税额（300 000万元）>当期免抵退税额（130 000万元）。

当期应退税额＝当期免抵退税额＝130 000（元）

当期免抵税额＝130 000－130 000＝0

①不予免抵退税额40 000元转入成本：

借：主营业务成本——自营出口销售成本　　40 000

　　贷：应交税费——应交增值税（进项税额转出）　　40 000

②申报本期应退增值税额130 000元：

借：应收出口退税款——应退增值税　　130 000

　　贷：应交税费——应交增值税（出口退税）　　130 000

③收到退税款时：

借：银行存款　　130 000

　　贷：应收出口退税款——应退增值税　　130 000

（3）第三个月出口商品收入3 000 000元，内销商品收入500 000元，销项税额为85 000元，当月购进材料费用2 000 000元，进项税额为340 000元。上月留抵增值税额170 000元。则：

当月免抵退税不得免征和抵扣税额＝3 000 000×（17%－13%）＝120 000（元）

当月应纳税额＝500 000×17%－（340 000－120 000）－170 000 ＝－305 000（元）

当期免抵退税额＝3 000 000×13%＝390 000（元）

当期期末留抵税额（305 000万元）<当期免抵退税额（390 000万元）。

当期应退税额＝当期期末留抵税额＝305 000（元）

当期免抵税额＝当期免抵退税额－当期应退税额＝390 000－305 000＝85 000（元）

①不予免抵退税额120 000元转入成本：

借：主营业务成本——自营出口销售成本　　120 000

　　贷：应交税费——应交增值税（进项税额转出）　　120 000

②当期出口抵减内销产品应纳税额85 000元：

借：应交税费——应交增值税（出口抵减内销产品应纳增值税）　　85 000

　　贷：应交税费——应交增值税（出口退税）　　85 000

③申报本期应退增值税额305 000元：

借：应收出口退税款——应退增值税　　305 000

　　贷：应交税费——应交增值税（出口退税）　　305 000

④收到退税款时：

借：银行存款　　　　　　　　　　　　　　　　　　　　　　　305 000

　　贷：应收出口退税款——应退增值税　　　　　　　　　　　　　305 000

### （二）生产企业从小规模纳税人购进出口货物的退税核算

生产企业从小规模纳税人购进出口货物的退税，应依据小规模纳税人向税务部门代开的增值税专用发票所列明的货值和税额计算退税款。

**【例5-11】** 某具有进出口经营权的生产企业（一般纳税人），上期未抵扣完的进项税额为320 000元，2017年2月经营情况如下：

（1）购入生产用A材料，取得的增值税专用发票中注明的价款100 000元，税款17 000元，取得承运部门开具的运费结算单据上注明金额8 000元（其中装卸费、保险费3 000元），款项以银行存款支付。

（2）企业从某工业企业（小规模纳税人）购进B材料一批，取得的普通发票上票面金额为10 600元，另外，从另一工业企业（小规模纳税人）购进A材料一批，取得税务部门代开的增值税专用发票上注明的金额为70 000元，税额2 100元。

（3）本月国内销售甲种产品取得不含税销售额200 000元，甲种产品适用税率为17%。出口销售甲种产品100 000美元（离岸价），当月外汇牌价100美元=670元人民币。甲种产品退税率为15%。单证齐全、信息齐全的销售额为80 000美元，收齐前期单证并且信息齐全的销售额为30 000美元（折合成人民币204 000元），上述款项均已收存银行。

进项税额计算：

运费当期进项税额=(8 000-3 000)×7%=350（元）

购进生产用材料进项税额=17 000+2 100=19 100（元）

进项税额合计=19 450（元）

销项税额计算：

当期内销甲种产品销项税额=200 000×17%=34 000（元）

免抵退出口销售额=100 000×6.7=670 000（元）

根据上述资料计算该企业应纳的增值税税额：

应抵扣税额合计=19 450+320 000=339 450（元）

免抵退不得免征和抵扣税额=100 000×6.7×(17%-15%)=13 400（元）

应纳税额=34 000-(339 450-13 400)=-292 050（元）

实际抵扣税额=34 000（元）

免抵退税额（只能计算单证齐全部分）：

免抵退税额=(80 000×6.7+204 000)×15%-0=111 000（元）

应退税额=111 000（元）

当期免抵税额=0

（1）购进材料时：

借：原材料——A材料　　　　　　　　　　　　　　　　　　　107 650

　　应交税费——应交增值税（进项税额）　　　　　（170 00+350）17 350

　　贷：银行存款　　　　　　　　　　　　　　　　　　　　　　125 000

借：原材料——B材料　　　　　　　　　　　　　　　　　　　10 600

　　　　　——A材料　　　　　　　　　　　　　　　　　　　70 000

应交税费——应交增值税（进项税额） 2 100
贷：银行存款 82 700

（2）货物内销时：

借：银行存款 234 000
贷：主营业务收入——内销收入 200 000
应交税费——应交增值税（销项税额） 34 000

（3）货物出口销售时：

借：银行存款 （USD100 000×6.7） 670 000
贷：主营业务收入——自营出口销售收入 670 000

（4）将免抵退不得免征和抵扣税额的税额计入出口物资成本：

借：主营业务成本——自营出口销售成本 13 400
贷：应交税费——应交增值税（进项税额转出） 13 400

（5）准予抵扣的税额，即出口抵减内销产品应纳税额时：

借：应交税费——应交增值税（出口抵减内销产品应纳税额） 34 000
贷：应交税费——应交增值税（出口退税） 34 000

（6）申报准予退回的税款：

借：应收出口退税款——应退增值税 111 000
贷：应交税费——应交增值税（出口退税） 111 000

#### （三）应退消费税的会计核算

生产企业自营出口应征消费税的产品，按规定直接予以免税，可不计算应交消费税，也不需进行账务处理。

## 三、代理出口货物退（免）税的会计核算

生产企业（包括1995年12月31日以后批准建立的外商投资企业）委托外贸企业代理出口的自产货物（含扩散产品、协作生产产品、国家规定的高税率产品、贵重产品）和外贸企业委托外贸企业代理出口的货物可以给予退（免）税，其他企业委托出口的货物不予退（免）税。

委托外贸企业代理出口的货物一律由受托方到主管其退税的税务机关开具《代理出口货物证明》，由受托方交委托方，在委托方所在地申请办理退（免）税。

#### （一）受托方申请办理《代理出口货物证明》时，须附送的单证

（1）代理出口合同。

（2）出口货物报关单（出口退税专用）。

（3）出口收汇核销单（出口退税专用）。

#### （二）委托方在申请办理退（免）税时，须附送的单证

（1）受托方税务机关开具的《代理出口货物证明》。

（2）受托方交来的《出口货物报关单（出口退税专用）》；如果受托方将代理出口货物与其他货物一并报关出口，无法提供原始凭证，受托方必须提供复印件。

（3）代理出口协议或合同的副本。

外贸企业委托外贸企业代理出口的货物，其出口退税的核算参见“外贸企业自营出口退（免）税的核算”部分。

生产企业委托外贸企业代理出口的自产货物，其出口退税的核算参见“生产企业自营出口退（免）税的核算”部分。

## 第四节 出口退（免）税特殊政策

### 一、外国驻华使（领）馆及其馆员在华购买货物和服务的退（免）税

根据《中华人民共和国外交特权与豁免条例》、《中华人民共和国领事特权与豁免条例》、《中华人民共和国税收征收管理法》及实施细则、《中华人民共和国增值税暂行条例》、《中华人民共和国发票管理办法》、《关于全面推开营业税改征增值税试点的通知》和《财政部 国家税务总局关于外国驻华使（领）馆及其馆员在华购买货物和服务增值税退税政策的通知》等有关规定，制定本办法。其主要内容如下：

**（一）适用范围**

外国驻华使（领）馆及其馆员（以下称享受退税的单位和人员）在中华人民共和国境内购买货物和服务增值税退税适用本办法。

享受退税的单位和人员，包括外国驻华使（领）馆的外交代表（领事官员）及行政技术人员，中国公民或者在中国永久居留的人员除外。外交代表（领事官员）和行政技术人员是指《中华人民共和国外交特权与豁免条例》第二十八条第五、六项和《中华人民共和国领事特权与豁免条例》第二十八条第四、五项规定的人员。

实行增值税退税政策的货物与服务范围，包括按规定征收增值税、属于合理自用范围内的生活办公类货物和服务（含修理修配劳务，下同）。生活办公类货物和服务，是指为满足日常生活、办公需求购买的货物和服务。工业用机器设备、金融服务以及财政部和国家税务总局规定的其他货物和服务，不属于生活办公类货物和服务。

**（二）下列情形不适用增值税退税政策**

（1）购买非合理自用范围内的生活办公类货物和服务；

（2）购买货物单张发票销售金额（含税价格）不足800元人民币（自来水、电、燃气、暖气、汽油、柴油除外），购买服务单张发票销售金额（含税价格）不足300元人民币；

（3）个人购买除车辆外的货物和服务，每人每年申报退税的销售金额（含税价格）超过12万元人民币的部分；

（4）增值税免税货物和服务。

**（三）退税的计算**

申报退税的应退税额，为增值税发票上注明的税额。增值税发票上未注明税额的，按下列公式计算应退税额：

应退税额＝发票或客运凭证上列明的金额÷(1＋增值税征收率)×增值税征收率

**（四）退税管理**

（1）申报退税期限。

享受退税的单位和人员，应按季度向外交部礼宾司报送退税凭证和资料申报退税，报送时间为每年的1月、4月、7月、10月；本年度购买的货物和服务（以发票开具日期为准），最迟申报不得迟于次年1月。逾期报送的，外交部礼宾司不予受理。

外交部礼宾司受理使（领）馆退税申报后，10个工作日内，对享受退税的单位和人员的范围进行确认，对申报时限及其他内容进行审核、签章，将各使（领）馆申报资料一并转送北京市国家税务局办理退税，并履行交接手续。

（2）对享受退税的单位和人员申报的货物与服务是否属于合理自用范围或者申报凭证真实性有疑问的，税务机关应暂缓办理退税，并通过外交部礼宾司对其进行问询。

（3）税务机关如发现享受退税的单位和人员申报的退税凭证虚假或所列内容与实际交易不符的，不予退税，并通过外交部礼宾司向其通报；情况严重的，外交部礼宾司将不再受理其申报。

（4）享受退税的单位和人员购买货物和服务办理退税后，如发生退货或转让所有权、使用权等情形，须经外交部礼宾司向北京市国家税务局办理补税手续。如转让需外交部礼宾司核准的货物，外交部礼宾司应在确认转让货物未办理退税或已办理补税手续后，办理核准转让手续。

## 二、新发生出口业务企业退（免）税

（1）新发生（新办的注册时间一年以内）出口业务的生产企业自发生首笔出口业务之日起12个月内出口的货物，应按统一的按月计算“免、抵、退”税的办法分别计算免抵税额和应退税额。税务机关对审核无误的免抵税额可按现行规定办理调库手续，对审核无误的应退税额暂不办理退库。对新发生出口业务的企业的应退税款，可在退税审核期（12个月）期满后的当月对上述各月的审核无误的应退税额一次性退给企业。

（2）注册开业时间在一年以上的新发生出口业务的企业（小型出口企业除外），经地市税务机关核实确有生产能力并无偷税行为及走私、逃套汇等违法行为的，可实行统一的按月计算办理“免、抵、退”税的办法。

## 三、小型出口企业退（免）税

根据《国家税务总局关于出口货物退（免）税若干问题的通知》国税发〔2006〕102号文件规定：

（1）自2006年7月1日起，小型出口企业在审核期间（12个月）出口的货物，应按统一的按月计算“免、抵、退”税的办法分别计算免抵税额和应退税额。

（2）税务机关对审核无误的免抵税额可按现行规定办理调库手续，对审核无误的应退税额暂不办理退库。

（3）对小型出口企业的各月累计的应退税款，可在次年1月一次性办理退税。

另外，小型出口企业的出口货物退（免）税工作流程与正常生产型出口企业出口货物退（免）税工作流程一致。

## 四、境外旅客购物离境退税政策

为落实《国务院关于促进旅游业改革发展的若干意见》（国发〔2014〕31号）中“研

究完善境外旅客购物离境退税政策，将实施范围扩大至全国符合条件的地区”的要求，完善增值税制度，促进旅游业发展，国家决定在全国符合条件的地区实施境外旅客购物离境退税政策（以下称离境退税政策）。

离境退税政策，是指境外旅客在离境口岸离境时，对其在退税商店购买的退税物品退还增值税的政策。境外旅客，是指在我国境内连续居住不超过183天的外国人和港澳台同胞。

离境口岸，是指实施离境退税政策的地区正式对外开放并设有退税代理机构的口岸，包括航空口岸、水运口岸和陆地口岸。

该政策的主要内容如下：

**（一）退税物品**

退税物品是指由境外旅客本人在退税商店购买且符合退税条件的个人物品，但不包括下列物品：

（1）《中华人民共和国禁止、限制进出境物品表》所列的禁止、限制出境物品；

（2）退税商店销售的适用增值税免税政策的物品；

（3）财政部、海关总署、国家税务总局规定的其他物品。

**（二）境外旅客申请退税，应当同时符合以下条件**

（1）同一境外旅客同一日在同一退税商店购买的退税物品金额达到500元人民币；

（2）退税物品尚未启用或消费；

（3）离境日距退税物品购买日不超过90天；

（4）所购退税物品由境外旅客本人随身携带或随行托运出境。

**（三）退税物品的退税率**

退税物品的退税率为11%。

**（四）应退增值税额的计算公式**

应退增值税额 = 退税物品销售发票金额（含增值税）× 退税率

**（五）离境退税的具体流程**

1. 退税物品购买

境外旅客在退税商店购买退税物品后，需要申请退税的，应当向退税商店索取境外旅客购物离境退税申请单和销售发票。

离境退税申请单、退税物品销售发票向海关申报并接受海关监管。海关验核无误后，在境外旅客购物离境退税申请单上签章。

2. 代理机构退税

无论是本地购物本地离境还是本地购物异地离境，离境退税均由设在办理境外旅客离境手续的离境口岸隔离区内的退税代理机构统一办理。境外旅客凭护照等本人有效身份证件、海关验核签章的境外旅客购物离境退税申请单、退税物品销售发票向退税代理机构申请办理增值税退税。

退税代理机构对相关信息审核无误后，为境外旅客办理增值税退税，并先行垫付退税资金。退税代理机构可在增值税退税款中扣减必要的退税手续费。

3. 税务部门结算

退税代理机构应定期向省级（即省、自治区、直辖市、计划单列市，下同）税务部门申请办理增值税退税结算。省级税务部门对退税代理机构提交的材料审核无误后，按规定向退税代理机构退付其垫付的增值税退税款，并将退付情况通报省级财政部门。

**（六）退税币种为人民币**

退税方式包括现金退税和银行转账退税两种方式。

退税额未超过10 000元的，可自行选择退税方式。退税额超过10 000元的，以银行转账方式退税。

# 第五节 出口退（免）税管理

根据国家税务总局关于印发《出口货物退（免）税管理办法（试行）》的通知（国税发〔2005〕51号）和2016年9月1日实施的《出口退（免）税企业分类管理办法》，出口货物、劳务和应税行为退（免）税管理的主要内容如下：

## 一、出口退（免）税企业分类管理

**（一）出口企业管理类别**

出口企业管理类别分为一类、二类、三类、四类。

1. 同时符合下列条件的出口生产企业，管理类别可评定为一类

（1）企业的生产能力与上一年度申报出口退（免）税规模相匹配。

（2）近3年（含评定当年，下同）未发生过虚开增值税专用发票或者其他增值税扣税凭证、骗取出口退税的行为。

（3）上一年度的年末净资产大于上一年度该企业已办理的出口退税额（不含免抵税额）。

（4）评定时纳税信用级别为A级或B级。

（5）企业内部建立了较为完善的出口退（免）税风险控制体系。

2. 同时符合下列条件的外贸企业，管理类别可评定为一类

（1）近3年未发生过虚开增值税专用发票或者其他增值税扣税凭证、骗取出口退税的行为。

（2）上一年度的年末净资产大于上一年度该企业已办理出口退税额的60%。

（3）持续经营5年以上（因合并、分立、改制重组等原因新设立企业的情况除外）。

（4）评定时纳税信用级别为A级或B级。

（5）评定时海关企业信用管理类别为高级认证企业或一般认证企业。

（6）评定时外汇管理的分类管理等级为A级。

（7）企业内部建立了较为完善的出口退（免）税风险控制体系。

3. 同时符合下列条件的外贸综合服务企业，管理类别可评定为一类

（1）近3年未发生过虚开增值税专用发票或者其他增值税扣税凭证、骗取出口退税的行为。

（2）上一年度的年末净资产大于上一年度该企业已办理出口退税额的30%。

（3）上一年度申报从事外贸综合服务业务的出口退税额大于该企业全部出口退税额的80%。

（4）评定时纳税信用级别为A级或B级。

（5）评定时海关企业信用管理类别为高级认证企业或一般认证企业。

（6）评定时外汇管理的分类管理等级为A级。

（7）企业内部建立了较为完善的出口退（免）税风险控制体系。

4. 符合下列条件之一的出口企业，管理类别应评定为三类

（1）自首笔申报出口退（免）税之日起至评定时未满12个月。

（2）评定时纳税信用级别为C级，或尚未评定纳税信用级别。

（3）上一年度累计6个月以上未申报出口退（免）税（从事对外援助、对外承包、境外投资业务的，以及出口季节性商品或出口生产周期较长的大型设备的出口企业除外）。

（4）上一年度发生过违反出口退（免）税有关规定的情形，但尚未达到税务机关行政处罚标准或司法机关处理标准的。

（5）存在国家税务局规定的其他失信或风险情形。

5. 符合下列条件之一的出口企业，管理类别应评定为四类

（1）评定时纳税信用级别为D级。

（2）上一年度发生过拒绝向国税机关提供有关出口退（免）税账簿、原始凭证、申报资料、备案单证等情形。

（3）上一年度因违反出口退（免）税有关规定，被税务机关行政处罚或被司法机关处理过的。

（4）评定时企业若骗取出口退税被停止出口退税权，或者停止出口退税权届满后未满2年。输入特殊区域的水电气，由作为购买方的特殊区域内生产企业申报退税。但是，输入特殊区域的水电气，区内生产企业用于出租、出让厂房的，不得申报退税，进项税额转入成本。

**（二）出口企业管理办法**

（1）在退（免）税申报期截止之日前，如果企业出口的货物、劳务及服务申报退（免）税的凭证仍没有对应的管理部门的电子信息或凭证的内容与电子信息比对不符，无法完成预申报的，企业应在退（免）税申报期截止之日前，向主管税务机关报送以下资料：

①《出口退（免）税凭证无相关电子信息申报表》及其电子数据；

②退（免）税申报凭证及资料。

经主管税务机关核实，企业报送的退（免）税凭证资料齐全，且《出口退（免）税凭证无相关电子信息申报表》及其电子数据与凭证内容一致的，企业退（免）税正式申报时间不受退（免）税申报期截止之日限制。未按上述规定在退（免）税申报期截止之日前向主管务机关报送退（免）税凭证资料的，企业在退（免）税申报期限截止之日后不得进行退（免）税申报，应按规定进行免税申报或纳税申报。

（2）符合《财政部 国家税务总局关于出口货物、劳务增值税和消费税政策的通知》（财税〔2012〕39号）第九条第四项规定的生产企业不适用本公告，其“免、抵、退”税申报仍按原办法执行。

（3）企业在申报铁路运输服务免抵退税时，属于客运的，应当提供《国际客运（含香港直通车）旅客、行李包裹运输清算函件明细表》；属于货运的，应当提供《中国铁路总公司国际货物运输明细表》，或者提供列明本企业清算后的国际联运运输收入的《清算资金通

知清单》。

(4) 出口企业从事来料加工委托加工业务的，应当在海关办理结算核销手续的次年5月15日前，办理来料加工出口货物免税核销手续；未按规定办理来料加工出口货物免税核销手续或者不符合办理免税核销规定的，委托方应按规定补缴增值税、消费税。

(5) 以双委托方式（生产企业进口料件、出口成品均委托出口企业办理）从事的进料加工出口业务，委托方在申报免抵退税前，应按《代理进口、出口协议及进料加工贸易手册》载明的计划进口总值和计划出口总值，向主管国税机关报送《进料加工企业计划分配率备案表》及其电子数据。

(6) 出口企业不再填报《出口企业预计出口情况报告表》。

(7) 2015年5月1日（含5月1日，以海关出口报关单电子信息注明的出口日期为准）以后出口的货物，出口企业申报出口退（免）税及相关业务时，免予提供纸质报关单。但申报适用启运港退税政策的货物除外。

免予提供纸质报关单后，出口企业申报办理上述货物出口退（免）税及相关业务时，原规定根据纸质报关单项目填写的申报内容，改按海关出口报关单电子信息对应项目填写，其申报的内容，视同申报海关出口报关单对应电子信息。

主管税务机关在审批免予提供纸质报关单的出口退（免）税申报时，必须在企业的申报数据与对应的海关出口货物报关单电子数据核对无误后，方可办理。

## 二、若干征、退（免）税规定

### （一）若干征、退（免）税规定

(1) 出口企业或其他单位退（免）税备案之前的出口货物、劳务，在办理退（免）税认定后，可按规定适用增值税退税或免税政策。

(2) 出口企业或其他单位出口货物、劳务适用免税政策的，除特殊区域内企业出口的特殊区域内货物、出口企业或其他单位视同出口的免征增值税的货物、劳务外，如果未按规定申报免税，应视同内销货物和加工修理修配劳务征收增值税。

(3) 开展进料加工业务的出口企业若发生未经海关批准将海关保税进口料件作价销售给其他企业加工的，应按规定征收增值税。

(4) 卷烟出口企业经主管税务机关批准按国家批准的免税出口卷烟计划购进的卷烟免征增值税。

(5) 发生增值税不应退税或免税但已实际退税或免税的，出口企业和其他单位应当补缴已退或已免税款。

(6) 国家批准的免税品经营企业销售给免税店的进口免税货物免征增值税。

(7) 融资租赁出租方应当按照主管税务机关的要求办理退税认定和申报增值税退税。用于融资租赁货物退税的增值税专用发票或海关进口增值税专用缴款书，不得用于抵扣内销货物应纳税额。对承租期未满而发生退租的融资租赁货物，融资租赁出租方应及时主动向税务机关报告，并按照规定补缴已退税款，对融资租赁出口货物再复进口时，融资租赁出租方应按照规定向海关办理复运进境手续并提供主管税务机关出具的货物已补税或未退税证明，海关不征收进口关税和进口环节税。

### （二）外贸企业核算要求

外贸企业应单独设账核算出口货物的购进金额和进项税额，若购进货物时不能确定是用于出口的，先记入出口库存账，用于其他用途时应从出口库存账转出。

符合条件的生产企业已签订出口合同的交通运输工具和机器设备，在其退税凭证尚未收集齐全的情况下，可凭出口合同、销售明细账等，向主管税务机关申报免抵退税。在货物向海关报关出口后，应按规定申报退（免）税，并办理已退（免）税的核销手续。多退（免）的税款，应予追回。

生产企业申请时应同时满足以下条件：

（1）已取得增值税一般纳税人资格。

（2）已持续经营2年及2年以上。

（3）生产的交通运输工具和机器设备生产周期在1年及1年以上。

（4）上一年度净资产大于同期出口货物增值税、消费税退税额之和的3倍。

（5）持续经营以来从未发生逃税、骗取出口退税、虚开增值税专用发票或农产品收购发票、接受虚开增值税专用发票（善意取得虚开增值税专用发票除外）的行为。

## 三、出口货物、劳务和应税行为退（免）税日常管理

### （一）出口货物、劳务和应税行为退（免）税日常管理

1. 出口企业退税登记管理

按有关税收法律法规规定，出口企业应当在获得出口经营权之日起30日内或者发生准予退税业务之日起30日内，向所在地主管出口退税的税务机关办理《出口企业退税登记证》，未办理退税登记证的企业一律不予办理出口退税。《出口企业退税登记证》不得转借、涂改、毁损、买卖或伪造。出口企业遗失退税登记证，应书面报告主管出口退税的税务机关，并登报公告声明作废，同时申请补发。

2. 办税员管理

出口企业应设专职或兼职办理出口退税的人员（以下简称办税员），经税务机关培训考核后，发给《办税员证》。没有《办税员证》的人员不得办理出口退税业务。企业更换办税员，要及时通知主管其退税业务的税务机关，注销原《办税员证》。凡未及时通知的，原办税员在被更换后与税务机关发生的一切退税活动和责任，均由企业负责。

3. 出口退税的申报期限

出口企业应在货物报关出口之日（以报关单上注明的出口日期为准）起90日内，向退税部门申报办理出口货物退（免）税手续，逾期不申报的，除另有规定者和确有特殊原因经市级以上的税务机关批准者外，不再受理该笔出口货物的退（免）税申报。

外贸企业将货物报关离境并按规定在财务上作出销售处理后，应按月填报出口货物退（免）税申报表，并按规定提供有关凭证，一般在次月的10日前申报，原则上一个月申报一次。生产企业将货物报关离境并按规定在财务上作出销售处理后，在增值税法定纳税申报期内向主管税务机关办理增值税纳税和“免、抵、退”税申报，在办理完增值税纳税申报后，应于每月15日前（逢节假日顺延），再向主管税务机关申报办理“免、抵、退”税。

4. 出口货物的退税地点

（1）外贸企业自营（委托）出口的货物，由外贸企业向其所在地主管出口退税的税务

机关申报办理。

（2）生产企业自营（委托）出口的货物，报经其主管征税的税务机关审核后，再向其主管出口退税的税务机关申报办理。

（3）两个以上企业联营出口的货物，由报关单上列明的经营单位向其所在地主管出口退税的税务机关申报办理。

（4）出口企业在异地设立独立核算的分支机构，须汇总到总机构所在地办理退（免）税；对于独立核算且有出口经营权的分支机构，可在其所在地申报办理退（免）税。

（5）其他特许准予以退（免）税的出口货物，如外轮供应公司等销售给外轮、远洋国轮而收取外汇的货物等，由企业向所在地主管出口退税的税务机关申报办理退（免）税。

## 四、违章处理

（1）出口企业和其他单位有下列行为之一的，主管税务机关应按照《税收征收管理法》第六十条规定予以处罚：

①未按规定设置、使用和保管有关出口货物退（免）税账簿、凭证、资料的；

②未按规定装订、存放和保管备案单证的。

（2）出口企业和其他单位拒绝税务机关检查或拒绝提供有关出口货物退（免）税账簿、凭证、资料的，税务机关应按照《税收征收管理法》第七十条规定予以处罚。

（3）出口企业提供虚假备案单证的，主管税务机关应按照《税收征收管理法》第七十条的规定处罚。

（4）从事进料加工业务的生产企业，未按规定期限办理进料加工登记、申报、核销手续的，主管税务机关在按照《税收征收管理法》第六十二条有关规定进行处理后再办理相关手续。

（5）出口企业和其他单位有违反发票管理规定行为的，主管税务机关应按照《发票管理办法》有关规定予以处罚。

（6）出口企业和其他单位以假报出口或者其他欺骗手段，骗取国家出口退税款，由主管税务机关追缴其骗取的退税款，并处骗取税款1倍以上5倍以下的罚款；构成犯罪的，依法追究刑事责任。

对骗取国家出口退税款的，由省级以上（含本级）税务机关批准，按下列规定停止其出口退（免）税资格：

①骗取国家出口退税款不满5万元的，可以停止为其办理出口退税半年以上一年以下。

②骗取国家出口退税款5万元以上不满50万元的，可以停止为其办理出口退税一年以上一年半以下。

③骗取国家出口退税款50万元以上不满250万元，或因骗取出口退税行为受过行政处罚、两年内又骗取国家出口退税款数额在30万元以上不满150万元的，停止为其办理出口退税一年半以上两年以下。

④骗取国家出口退税款250万元以上，或因骗取出口退税行为受过行政处罚、两年内又骗取国家出口退税款数额在150万元以上的，停止为其办理出口退税两年以上三年以下。

⑤停止办理出口退税的时间以省级以上（含本级）税务机关批准后作出《税务行政处罚决定书》的决定之日为起始日。

## 复习思考题

### 一、单项选择题

1. 对本环节增值部分免税，进项税额准予抵扣的部分在内销货物的应纳税额中抵扣，抵扣不完的部分实行退税。该办法简称为（　　）。

A. “免、退”税　　B. “免、抵、退”税

C. “免、抵”税　　D. 免税

2. “免、抵、退”税管理办法的适用范围是（　　）。

A. 生产企业　　B. 外贸企业

C. 外商投资企业　　D. 国有企业

3. 下列企业委托外贸企业代理出口货物，不予退（免）增值税和消费税的是（　　）。

A. 有出口经营权的生产企业

B. 无出口经营权的生产企业

C. 有出口经营权的外贸企业

D. 无出口经营权的一般商贸企业

4. 外贸企业从工厂购进应税消费品直接出口的，如果该货物是属于从价定率征收消费税的，其退税公式为（　　）。

A. 应退消费税税款 = 出口货物的离岸价 × 消费税税率

B. 应退消费税税款 = 出口货物的出口价 × 消费税税率

C. 应退消费税税款 = 出口货物的到岸价 × 消费税税率

D. 应退消费税税款 = 出口货物的工厂销售额 × 消费税税率

5. 外贸企业自营出口应税消费品，申请消费税退税时，会计分录为（　　）。

A. 借：应收出口退税款
　　贷：主营业务成本

B. 借：应收出口退税款
　　贷：营业税金及附加

C. 借：应收出口退税款
　　贷：应交税费——应交消费税

D. 借：应交税费——应交消费税
　　贷：主营业务成本

6. 出口企业应当在获得出口经营权或者发生准予退税业务之日起（　　）日内，向所在地主管出口退税的税务机关办理《出口企业退税登记证》。

A. 25　　B. 10

C. 5　　D. 30

7. 外贸企业将货物报关离境并按规定在财务上作出销售处理后，应按月填报出口货物退（免）税申报表，并按规定提供有关凭证，一般在次月的（　　）日前申报，原则上一个月申报一次。

A. 10　　B. 20

C. 30　　D. 5

8. 生产企业出口货物计算“免、抵、退”税时，如果当期期末留抵税额＞当期免抵退税额，则当期应退税额等于（　　）。

A. 0　　B. 当期免抵退税额

C. 当期期末留抵税额　　D. 当期进项税额

9. 生产企业出口货物计算“免、抵、退”税时，如果当期期末留抵税额≤当期免抵退税额，则当期应退税额等于（　　）。

A. 0　　B. 当期免抵退税额

C. 当期期末留抵税额　　D. 当期进项税额

10. 委托外贸企业代理出口的货物在办理退税时，《代理出口货物证明》是（　　）。

A. 由委托方填写并经主管退税机关签章后交受托方，由受托方转交委托方办理退税

B. 由受托方填写并经主管退税机关签章后交委托方，由委托方转交受托方办理退税

C. 由受托方填写并经主管退税机关签章后交受托方，由受托方转交委托方办理退税

D. 由委托方填写并经主管退税机关签章后交委托方，由委托方转交受托方办理退税

11. 对两个以上企业联营出口的货物，根据我国现行退税政策规定，应由（　　）。

A. 发票上列明的经营单位向其所在地主管出口货物退（免）税的税务机关申报办理

B. 核销单上列明的经营单位向其所在地主管出口货物退（免）税的税务机关申报办理

C. 报关单上列明的经营单位向其所在地主管出口货物退（免）税的税务机关申报办理

D. 外销合同上列明的经营单位向其所在地主管出口货物退（免）税的税务机关申报办理

12. 生产企业自营或委托出口的货物，其退税的地点为（　　）。

A. 直接到所在地退税机关申报办理退税

B. 直接到所在地征税机关申报办理退税

C. 先报其主管征税的税务机关审核后，再到所在地退税机关申报办理退税

D. 到海关指定地点申报办理退税

13. 生产企业出口自产的属于应征消费税的产品，其出口退税实行（　　）。

A. 先征后退的办法　　B. “免、抵、退”税的办法

C. 免征消费税的办法　　D. 抵免税办法

14. 外贸企业自营或委托出口的货物，在办理出口退税业务时应（　　）。

A. 向其所在地主管征税的税务机关申报办理退税

B. 先报经其主管征税的税务机关审核后，再向其所在地出口退税机关申报办理退税

C. 向其所在地出口退税机关申报办理退税

D. 先报经其所在地主管外贸的机关审核后，再向其所在地出口退税机关申报办理退税

15. 出口企业在进行出口退（免）税申报时，应在货物出口之日（以报关单上注明出口日期为准）起（　　）内，向退税部门申报办理退（免）税申报手续。

A. 30 日　　B. 60 日

C. 90 日　　D. 120 日

**二、多项选择题**

1. 出口退税货物必须具备的四个条件是（　　）。

A. 必须属于增值税、消费税征税范围的货物

B. 必须是财务上作对外销售处理的货物

C. 必须是出口收汇并已核销的货物

D. 必须是报关离境出口的货物

E. 必须是自营出口的货物

2. 出口货物退（免）税是对报关出口的货物（　　）。

A. 退还在国内生产环节按税法规定缴纳的增值税

B. 退还在国内生产环节按税法规定缴纳的消费税

C. 免征应纳税额

D. 退还在国内生产环节按税法规定缴纳的所得税

E. 退还在国内生产环节按税法规定缴纳的营业税

3. 退税即对出口本环节增值部分免税，进项税额退税。主要适用于（　　）。

A. 林业企业　　B. 农业企业

C. 外贸企业　　D. 生产企业

E. 工贸企业

4. 我国新一轮出口退税机制应遵循的原则有（　　）。

A. 调节税负原则　　B. 宏观调控原则

C. 统一规范原则　　D. 属地原则

E. 公平税负原则

5. 我国现行根据不同类型的企业出口货物退（免）税的办法有（　　）。

A. 退税　　B. “免、抵、退”税

C. “抵、退”税　　D. 免税

E. “免、抵”税

6. 现行出口货物退（免）增值税4种适用情况中的“免税”主要适用于（　　）。

A. 外贸企业购进出口商品业务

B. 国家列名的钢铁企业销售“以产顶进”钢材业务

C. 进料加工贸易的进料业务

D. 来料加工贸易业务

E. 出口有单项特殊规定的指定货物业务

7. 对于第一次办理出口退税的新企业来说，在申报出口退税时，必须提供下列凭证（　　）。

A. 外销商业发票　　B. 增值税专用发票（抵扣联）

C. 出口收汇核销单　　D. 出口货物报关单

E. 货运提单

## 三、计算题

**【习题1】**

目的：生产企业“免、抵、退”税计算。

资料：某自营出口的生产企业为增值税一般纳税人，出口货物的征税税率为17%，退税税率为13%。

2016年6月的有关经营业务为：购进原材料一批，取得的增值税专用发票注明的价款

200 万元，外购货物准予抵扣的进项税额 34 万元通过认证。上月末留抵税款 3 万元，本月内销货物不含税销售额 100 万元，收款 117 万元存入银行，本月出口货物的销售额折合人民币 200 万元。

要求：试计算该企业当期的“免、抵、退”税额。

**【习题 2】**

目的：生产企业“免、抵、退”税计算。

资料：某自营出口的生产企业为增值税一般纳税人，出口货物的征税税率为 17%，退税税率为 13%。

2016 年 8 月有关经营业务为：购原材料一批，取得的增值税专用发票注明的价款 400 万元，外购货物准予抵扣的进项税额 68 万元通过认证。上期末留抵税款 5 万元，本月内销货物不含税销售额 100 万元，收款 117 万元存入银行。本月出口货物的销售额折合人民币 200 万元。

要求：试计算该企业当期的“免、抵、退”税额。

**【习题 3】**

目的：生产企业“免、抵、退”税计算。

资料：某自营出口生产企业是增值税一般纳税人，出口货物的征税税率为 17%，退税税率为 13%。

2016 年 10 月的有关经营业务为：购原材料一批，取得的增值税专用发票注明的价款 200 万元，外购货物准予抵扣进项税额 34 万元通过认证。当月进料加工出口货物耗用的保税进口料件金额 100 万元。上期末留抵税款 6 万元，本月内销货物不含税销售额 100 万元。收款 117 万元存入银行。本月出口货物销售额折合人民币 200 万元。

要求：试计算该企业当期的“免、抵、退”税额。

**【习题 4】**

目的：生产企业“免、抵、退”税计算。

资料：某国际运输公司，已登记为一般纳税人，该企业实行“免、抵、退”税管理办法。该企业 2016 年 8 月实际发生如下业务：

(1) 该企业当月承接了 3 个国际运输业务，取得确认的收入 60 万元人民币。

(2) 企业在增值税纳税申报时，期末留抵税额为 15 万元人民币。

要求：计算该企业当月的退税额。

**【习题 5】**

目的：生产企业“免、抵、退”税计算。

资料：某进出口公司 2016 年 6 月出口美国平纹布 2 000 米，进货增值税专用发票列明单价 20 元/平方米，计税金额 40 000 元，增值税出口退税率为 17%。

要求：计算当期应退增值税税额。

**【习题 6】**

目的：生产企业“免、抵、退”税计算。

资料：某进出口公司 2016 年 6 月购进牛仔布委托给某企业加工成服装出口，取得牛仔布增值税发票一张，注明计税金额 10 000 元；取得服装加工费计税金额 2 000 元，受托方将原材料成本并入加工修理修配费用并开具了增值税专用发票。假设增值税出口退税率为17%。

要求：计算当期应退的增值税税额。

## 四、实务题

**【习题1】**

目的：练习外贸企业出口退（免）税的核算。

资料：宁波奥特森进出口公司是一家商业外贸公司，为一般纳税企业，以人民币为记账本位币，对外币交易采用交易日即期汇率折算，该公司本期发生以下业务：

(1) 该公司根据一份对日本出口的合同，向本市耀新玻璃厂购入8mm钢化玻璃500片，所取得的增值税专用发票注明该批玻璃的价款金额为56 000元，进项税额9 520元。上列款项以银行存款支付，所购商品已验收入库。

(2) 该公司将上列钢化玻璃全部向日本出口，当上列外销钢化玻璃已经装船并已取得装船提单后，该公司根据信用证规定将全套出口单证向银行办理交单手续。上列出口商品外销发票总金额为CFR大阪每片USD22，佣金3%，财务部门今确认外销收入并结转出口商品成本。当日即期汇率为1美元=6.215元人民币。

(3) 银行在收妥上列外汇后转入宁波奥特森进出口公司的待核查账户，当日即期汇率为1美元=6.213元人民币。

(4) 在该批出口商品出口过程中发生国内运费710元，今以银行存款支付。

(5) 今收到中信远洋货运公司开来的运费发票，应付上列外销玻璃海运运费计530美元，当日即期汇率为1美元=6.218元人民币。

(6) 上列商品外销后，已按规定填制了《出口货物退（免）税申报表》并收齐了有关单证，信息核对无误后，向公司所在地退税机关申报办理出口退税，宁波奥特森进出口公司该批外销钢化玻璃的退税率为13%。

(7) 今收到税务机关退还的出口退税款。

要求：根据该公司上列各项业务，编制必要的会计分录。

**【习题2】**

目的：练习生产企业出口退（免）税的核算。

资料：某生产型进出口公司为一般纳税企业，以人民币为记账本位币，对外币交易采用交易日即期汇率折算，该公司本期发生以下业务：

(1) 根据合同规定对外出口自产甲商品一批计3 000千克，每千克成本计人民币96元（不含增值税）。上列出口甲商品发票金额每公斤外销价为CIF19.20美元，今日交单出口并结转出口商品销售成本。当日即期汇率为1美元=6.85元人民币。

(2) 上列出口甲商品合同规定应付国外中间商2%佣金，当日即期汇率为1美元=6.87元人民币。

(3) 上列出口甲商品应付海运运费计1 470美元，当日即期汇率为1美元=6.85元人民币。

(4) 应付上列出口甲商品保险费1 900美元，当日即期汇率为1美元=6.85元人民币。

(5) 本期外购生产用材料一批，取得增值税发票进价580 000元，增值税税率为17%，材料已验收入库，价款未付。

(6) 本期内销产品一批，销售价620 000元，增值税税率为17%，开出增值税发票，上列价款尚未收到。

(7) 本期“应交税费——应交增值税”账户有期初留抵的金额79 800元。该公司在规定的申报期内备齐必要的凭证，经当地税务征税机关审核后向当地的税务退税部门申报出口退税，该公司退税率为9%。

要求：根据该公司上列各项业务，编制必要的会计分录。

**【习题3】**

目的：练习生产企业出口退（免）税的核算。

资料：厦门童心玩具厂是具有进出口经营权的生产企业，出口产品实行“免、抵、退”税办法，以人民币为记账本位币，对外币交易采用交易日即期汇率折算，销售和外购货物的增值税税率为17%，退税率为13%，该厂2010年有关业务如下：

1. 一月：

(1) 报关离境出口玩具FOB价30万美元，汇率6.80。

(2) 内销玩具销售额550万元。

(3) 外购材料取得的增值税专用发票上注明的价款600万元，材料已验收入库。

(4) 本厂福利部门领用玩具折合销售额10万元。

(5) 期初“应交税费——应交增值税”无待抵扣进项税金。

2. 二月：

(1) 报关离境出口玩具FOB价20万美元，汇率6.85。

(2) 内销玩具销售额500万元。

(3) 外购材料取得的增值税专用发票上注明的价款650万元，材料已验收入库。

(4) 本厂在建工程领用库存材料成本10万元。

3. 三月：

(1) 报关离境出口玩具FOB价40万美元，汇率6.90。

(2) 内销玩具销售额420万元。

(3) 外购材料取得的增值税专用发票上注明的价款600万元，材料已验收入库。

4. 四月：

(1) 报关离境出口玩具FOB价35万美元，汇率6.85。

(2) 内销玩具销售额180万元。

(3) 外购材料取得的增值税专用发票上注明的价款850万元，材料已验收入库。

(4) 库存外购材料遭受水灾报损成本50万元。

要求：计算各月应纳或应退增值税，并编制缴纳税款或申报退税的相关会计分录。

# 加工贸易会计

## 知识目标

1. 了解加工贸易的概念、形式、特征和作用，进料加工的概念和特点，来料加工的概念、方式和经营形式；

2. 熟悉进料加工与来料加工的区别、加工贸易管理规定，进料加工和来料加工的税收政策。

## 技能目标

1. 学会进料加工的会计核算；

2. 学会来料加工的会计核算。

## 案例导入

上海申华进出口公司（以下简称申华公司）（加工贸易A类管理企业）从境外购进价值100 000美元的涤纶长丝一批，委托浙江嘉兴嘉顺针织制品公司（加工贸易B类管理企业）加工生产出口袜子。该加工在合同履行期间，因境外发货有误，部分原料未能及时到货。为确保履行成品出口合同，申华公司报经主管海关核准，使用本企业其他进口非保税料件进行内部串换。合同执行完毕，尚有剩余料件，拟结转加工。根据上述案例，解答下列问题：

1. 本案例涉及的委托加工在海关管理中称为什么？

2. 该加工贸易合同在执行期间所发生的料件串换及处置，应符合哪些规定？

**分析：**

1. 称为跨关区异地加工。上海与浙江嘉兴属于不同的关区，所以上海的加工贸易企业委托浙江嘉兴的企业加工为跨关区异地加工。

2. 加工贸易串料应该满足下列规定：

（1）串换的料件必须是同品种、同规格、同数量；

（2）串换下来的同等数量料件，由企业自行处置。保税料件和进口非保税料件串换的料件必须是同品种、同规格、同数量。保税料件和国产料件之间的串换必须满足同品种、同规格、同数量、关税税率为零，并且串换的料件不涉及进出口许可证件管理。

# 第一节　加工贸易概述

## 一、加工贸易的概念

加工贸易又称为加工装配贸易，是指企业从境外保税进口全部或部分原辅材料、零部件、元器件、包装物料（以下称进口料件），经境内企业加工或装配后，将制成品复出口的经营活动。包括进料加工和来料加工。

### （一）保税

我国海关现行的法规对进口料件实施保税监管。何谓保税？保税是指经海关批准，对进口料件暂不征税，而采取保留征税予以监管的制度。保税制度，是关税制度的一个重要组成部分，也是一项具有简化手续、便利通关、促进经济发展的国际通行的海关制度，是指经海关批准的境内企业所进口的货物在海关监管下，在境内指定的场所储存、加工、装配，可免交、部分免交、缓交进口环节税收的一种海关监管业务制度。经海关批准未办理纳税手续进境，在境内储存、加工、装配后复运出境的货物则称为保税货物。

### （二）我国现行保税制度的主要形式

（1）为国际商品贸易服务的保税仓库、保税区（包括自由港）、寄售代销和免税品商店；

（2）为加工制造服务的进料、来料加工的保税工厂、保税集团。

## 二、加工贸易的特征

### （一）“两头在外”

加工贸易最基本的特征是“两头在外”，即用以加工产品的全部或部分料件来自境外，而加工成品又销往境外的（货物流向上的）特征。

### （二）加工增值

加工增值是企业方面加工贸易得以发生的根本动因。企业对外签订加工贸易合同的目的在于通过加工使进口料件增值，并从中赚取差价或加工费（又叫工缴费）。

### （三）料件保税

我国海关现行的法规规定，海关对进口料件实施保税监管。即对进口料件实施海关监管下的暂缓缴纳各种进口税费的制度。料件的保税可以降低企业的运行成本，增强出口成本的竞争力。

## 三、加工贸易与一般贸易的区别

### （一）从参与贸易的货物来源角度分析

一般贸易货物主要来自本国的要素资源，符合我国的原产地规则；而加工贸易的货物主要来自国外的要素资源，不符合我国的原产地规则，而只是在我国进行了加工或装配。

**（二）从参与贸易的企业收益分析**

从事一般贸易的企业获得的收益主要来自生产成本或收购成本与国际市场价格之间的差价；而从事加工贸易的企业实质上只收取了加工费。

**（三）从税收的角度分析**

一般贸易的进口要缴纳进口环节税，出口时在征收增值税后退还部分税收；加工贸易进口料件不征收进口环节税，而实行海关监管保税，出口时也不再征收增值税。

## 四、加工贸易的种类

加工贸易包括进料加工和来料加工。

**（一）进料加工**

进料加工是指进口料件由经营企业付汇进口，加工为成品或半成品，再外销出口的业务。这类业务中，经营企业以买主的身份与国外签订购买进口料件的合同，又以卖主的身份签订成品的出口合同。两个合同体现为两笔交易，它们都是以所有权转移为特征的货物买卖。因而进料加工贸易要承担价格风险和成品的销售风险。

经营企业是指负责对外签订加工贸易进出口合同的各类进出口企业和外商投资企业，以及经批准获得来料加工经营许可的对外加工装配服务公司。

**（二）来料加工**

来料加工是指进口料件由外商提供，由我国企业按照外商要求加工或装配成成品或半成品出口给外商，由外商在海外市场自行销售，我国企业收取外汇加工费的业务。

**（三）进料加工与来料加工的关系**

1. 来料加工和进口料件之间的区别

（1）料件付汇方式不同。来料加工料件由外商免费提供，不需付汇；进料加工料件必须由经营企业付汇购买进口。

（2）料件和产品的所有权不同。来料加工的料件和加工成品所有权归外商所有，进料加工的料件和加工成品所有权由经营企业拥有。

（3）经营企业所处的地位不同。在来料加工贸易业务中，外商与我国经营企业是委托与被委托的关系；而在进料加工贸易业务中，经营企业完全是自主经营，与销售料件的外商和购买产品的外商均是买卖关系。

（4）贸易性质不同。来料加工免费接受外商提供料件进行加工装配，纯属加工贸易性质；进料加工是经营企业自主经营的进口和出口业务，属于一般贸易的性质。

（5）经营方式不同。来料加工经营企业不负责盈亏，只赚取工缴费（加工费）；进料加工经营企业自主盈亏，自行采购料件，自行销售成品。

（6）承担风险不同。来料加工经营企业不必承担经营风险；进料加工经营企业必须承担经营过程中的所有风险。

2. 来料加工和进料加工的相同点

（1）都是利用国内的技术设备和劳动力。

（2）都属于“两头在外”的加工贸易方式。

（3）把国外提供的原材料、零部件加工装配成成品。

（4）受我国政府鼓励，享受相似的政策优惠。

（5）进口的料件都可以保税，加工成品在出口环节都可以享受免征关税。

## 五、加工贸易的作用

加工贸易由于“两头在外”，其优势和作用十分明显，有利于引进国外先进技术设备和管理经验，促进企业技术的更新换代，提高企业的管理水平和产品档次，增强产品在国际市场上的竞争力。同时，利用加工贸易的保税政策，还可节省资金、降低成本、扩大出口能力。因此，加工贸易对促进本国经济发展有着积极而重要的作用，在国际上被广泛采用，并被誉为“黄金之路”。

## 六、加工贸易管理规定

### （一）银行保证金台账制度

国家对加工贸易（包括进料加工、来料加工、外商投资企业从事的加工贸易）进口料件实行银行保证金台账制度。

加工贸易进口料件银行保证金台账制度是指经营加工贸易的单位或企业持商务主管部门批准的加工贸易合同，凭海关核准的手续（即加工贸易企业在海关办理合同登记备案手续），按合同备案金额向指定银行申请设立保证金台账，加工成品在规定的期限内全部出口，经海关核销合同后，由银行核销保证金台账。

指定银行是指加工生产企业主管海关所在地中国银行分（支）行，中国银行是唯一授权办理开设加工贸易进口料件银行保证金台账业务的银行。

加工贸易企业设立台账时分为“实转”和“空转”两种。

1. “实转”

这是指加工贸易企业在设立保证金台账时，海关对其加工贸易进口料件收取应征进口关税及增值税等值的保证金或由中国银行出具保函，企业在规定时限内加工出口，并办理核销后，中国银行凭海关开具的台账核销通知单退还保证金（并按活期存款利率计付利息）或核销保函。

2. “空转”

这是指加工贸易企业在办理银行保证金台账时，并不征收保证金，只在企业产品超过规定期限未复出口时，要追缴或从银行结算账户中强制划款入库，平时银行只在账面上进行监管。

### （二）商品分类

按照《国务院办公厅转发国家经贸委部门关于进一步完善加工贸易银行保证金台账制度意见的通知》精神，国家对加工贸易商品实施分类管理，即将加工贸易商品分为禁止类、限制类、允许类，海关按不同企业的管理级别，分别实施不同的监管方式。

1. 禁止类商品

禁止类商品是指《中华人民共和国对外贸易法》规定禁止进口的商品，以及海关无法实行保税监管的商品，禁止类商品不得开展加工贸易。

2. 限制类商品

限制类商品是指进口料件属国内外价差大且海关不易监管的敏感商品。

3. 允许类商品

允许类商品是指除禁止类商品和限制类商品以外的其他商品。

#### （三）企业分类

《国务院办公厅转发国家经贸委部门关于进一步完善加工贸易银行保证金台账制度意见的通知》规定，海关对加工贸易企业实施分类管理，将企业分为A、B、C、D四个等级。具体如下：

1. A类企业

A类企业指由海关派员驻厂监管或与主管地海关实行计算机联网监管以及其他经海关评定符合A类企业管理标准的加工贸易企业，A类企业由直属海关负责审批，报海关总署备案并通报外经贸部，在全国范围内组织实施。A类企业年进出口金额在3 000万美元以上，生产型自营进出口企业年出口额在1 000万美元以上或年加工贸易出口额在1 000万美元及以上，经海关评定为A类企业的，不实行银行保证金台账管理。

2. B类企业

B类企业是指依法开展加工贸易、无走私违规行为的企业。这类企业的范围包括除A、C、D类企业以外的所有加工贸易企业。B类企业从事允许类商品加工贸易，实行银行保证金台账“实转”制度，收取进口料件税款总额50%的台账保证金。

3. C类企业

C类企业是指依据外经贸部、海关总署有关规定，经海关认定有违规行为的企业。C类企业从事限制类商品或允许类商品加工贸易，均实行银行保证金台账“实转”制度，收取进口料件税款总额100%的台账保证金。

4. D类企业

D类企业是指经海关认定有走私行为或有三次以上违规行为的企业。D类企业不得从事加工贸易业务。

加工贸易进口料件或制成品因故需转为内销，企业应在取得外经贸主管部门批准后，向海关申请办理补税报关手续，属国家限制进口的商品，应同时提交相应许可证件。

## 第二节　进料加工的会计核算

### 一、进料加工概述

#### （一）进料加工的概念

进料加工是指我国具有进出口经营权的企业用外汇购买进口料件，加工成品或半成品后销往国外的一种贸易方式。

进料加工可分为进料加工对口合同和进料加工非对口合同。

进料加工对口合同是指经营企业对外签订进口料件合同和相应的出口成品合同（包括不同客户的对口联号合同），进口料件生产的成品、数量及销售流向都在进出口合同中予以确定。

进料加工非对口合同（也称备料加工合同）是指经营企业对外签订进口料件合同，在向海关备案时尚未签订出口成品合同，进口料件生产的成品、数量及销售流向均未确定。

### （二）进料加工的特点

进料加工的主要特点有以下几点：

1. 自付外汇、产品外销

从事进料加工贸易的经营企业用外汇从国外购买进口原料，加工成品后由经营企业负责外销。

2. 自行生产、自行销售

从事进料加工贸易的经营企业进口料件后自行决定产品生产的数量、规格、款式，根据国际市场情况自行选择产品销售对象和价格。

3. 自负盈亏、自担风险

由于进口料件是以对外买断的形式出现的，其产权归经营企业所有，因此，经营企业在完全自行决定进料、储存、生产、销售的同时，也自负盈亏，自担风险。

### （三）进料加工的税收政策

按国家税务总局《出口货物退（免）税管理办法》（国税发〔1994〕031 号）的规定，对生产企业从事进料加工贸易取得的外销收入实行免、抵、退税政策。

1. 保税工厂进料加工的税收政策

对特准设立的保税工厂，其料件进口时予以保税，加工后对实际出口部分予以免税，内销部分（不出口部分）予以征税。

2. 签有对口合同的进料加工的税收政策

对签有料件进口和加工成品出口的对口合同（包括不同客户的对口联号合同）的进料加工，经主管海关批准，可对其进口料件予以保税，加工后实际出口部分免税。

3. 对不具备上述 1、2 项条件的进料加工的税收政策（按比例征税）

对不具备上述 1、2 项条件的进料加工项下的进口料件，海关根据《进料加工进口料件征免税比例表》的规定，分别按 85% 或 95% 作为出口部分免税，15% 或 5% 作为不能出口部分照章征税，如实际不能出口部分多于或少于已征比例，经海关审核无误后，分别予以补税或退税。

## 二、进料加工的会计核算

进料加工实际上经历了三个过程，即进口、加工及复出口的过程。在会计核算上，也体现为进口过程的核算、加工过程的核算、复出口（也就是自营出口）的核算以及出口之后退税的处理。

### （一）进口料件业务的会计核算

进口料件业务的核算与一般进口业务的核算基本相同。

1. 报关进口

（1）企业应根据进口合约规定，凭全套进口单证，作如下会计分录：

借：在途物资——进口料件

　　贷：应付账款——应付外汇账款/银行存款

（2）支付进口原辅料件的各项国内外直接费用，作如下会计分录：

借：在途物资——进口料件

　　贷：银行存款

2. 交纳进口料件的税金

企业应根据海关出具的完税凭证，作如下会计分录：

借：在途物资——进口料件

　　贷：应交税费——应交进口关税

借：应交税费——应交进口关税

　　　　　　——应交增值税（进项税额）

　　贷：银行存款

注：对按税法规定，不需交纳进口关税、增值税的企业，不作上述会计分录。

3. 进口料件入库

进口料件入库后，财会部门应凭储运或业务部门开具的入库单，作如下会计分录：

借：原材料——进口料件

　　贷：在途物资——进口料件

**【例6－1】** 厦门逸飞外贸公司为增值税一般纳税人，某日与美国吉米公司签订进料加工复出口协议，进口原材料价值按照银行外汇牌价折合人民币10万元，款项已对外付出。该进口原材料按规定需执行减免85%、交纳15%的征税制度，进口关税税率为20%，进口增值税税率为17%。

要求：根据以上资料，编制进口该批原材料相关的会计分录。

（1）凭全套进口单据，做会计分录如下：

| |  |  |
|---|---|---|
| 借：在途物资——进口原材料 | 100 000 | |
| 　　贷：银行存款 | | 100 000 |

（2）进口报关时，根据海关出具的完税凭证，作如下会计分录：

进口关税＝关税的完税价格×关税税率×（1－免征率）

　　　　＝100 000×20%×15%＝3 000（元）

进口增值税＝（关税的完税价格＋关税）×增值税率×（1－免征率）

　　　　　＝（100 000＋3 000）×17%×15%＝2 626.50（元）

| |  |  |
|---|---|---|
| 借：在途物资——进口原材料 | 3 000 | |
| 　　贷：应交税费——应交进口关税 | | 3 000 |
| 借：应交税费——应交进口关税 | 3 000 | |
| 　　　　　　——应交增值税（进项税额） | 2 626.50 | |
| 　　贷：银行存款 | | 5 626.50 |

（3）进口原材料验收入库：

| |  |  |
|---|---|---|
| 借：原材料——进口原材料 | 103 000 | |
| 　　贷：在途物资——进口原材料 | | 103 000 |

### （二）进口料件加工业务的会计核算

进口料件加工方式主要有两种：一种是作价加工，另一种是委托加工，出口企业应根据不同的加工形式作账务处理。

1. 作价加工形式

出口企业采用作价加工形式的，必须持《进料加工登记手册》（以下简称《登记手册》）、增值税专用发票复印件等有关单证，向其主管的税务机关申请开具“进料加工贸易申请表”，出口企业凭税务机关开具的“进料加工贸易申请表”向加工企业收取的作价销售进口料件的销项税额不计征入库。

（1）出口企业根据所订加工合同，凭储运或业务部门开具的出库凭证，依开具的增值税专用发票，作如下会计分录：

借：银行存款/应收账款

　　贷：其他业务收入——进口料件

　　　　应交税费——应交增值税（销项税额）

同时结转作价加工材料成本：

借：其他业务成本

　　贷：原材料——进口料件

（2）收回加工成品后，财会部门应凭储运或业务部门开具的商品入库通知单及加工单位开具的加工产品的增值税专用发票，作如下会计分录：

借：库存商品

　　应交税费——应交增值税（进项税额）

　　贷：银行存款/应收账款

**【例6-2】** 承上例，假设厦门逸飞外贸公司将上述进口原材料按实际进料成本作价给国内精艺加工厂加工，加工完成后，收回成品，加工厂开具的增值税专用发票注明价款113 000元，增值税19 210元。假定以上款项均以银行存款结清。

要求：根据以上资料，编制该批进口原材料作价加工相关的会计分录。

（1）材料出库时：

| |  |  |
|---|---|---|
| 借：银行存款 | 120 510 | |
| 　　贷：其他业务收入——进口原材料 | | 103 000 |
| 　　　　应交税费——应交增值税（销项税额） | | 17 510 |

同时结转作价加工材料成本：

| |  |  |
|---|---|---|
| 借：其他业务成本 | 103 000 | |
| 　　贷：原材料——进口原材料 | | 103 000 |

（2）加工出口成品收回入库

| |  |  |
|---|---|---|
| 借：库存商品 | 113 000 | |
| 　　应交税费——应交增值税（进项税额） | 19 210 | |
| 　　贷：银行存款 | | 132 210 |

2. 委托加工形式

采用委托加工形式的，同样需要到其主管税务机关申请办理“进料加工贸易申请表”。

（1）出口企业将进口料件以委托形式进行加工，财会部门应根据所订加工合同，凭储运或业务部门开具的出库及加工凭证以及加工单位开具的实物收据，作如下会计分录：

借：委托加工物资——进口料件/加工商品

　　贷：原材料——进口料件

（2）支付加工单位加工费时，财会部门应根据加工单位开具的加工费增值税专用发票，作如下会计分录：

借：委托加工物资——进口料件/加工商品
　　应交税费——应交增值税（进项税额）
　　贷：银行存款

（3）收回加工成品后，财会部门应根据储运或业务部门开具的入库单，作如下会计分录：

借：库存商品
　　贷：委托加工物资——进口料件/加工商品（材料成本＋加工费）

**【例 6－3】** 承上例，将上述进口原材料无偿拨付给加工厂进行加工，双方签订的委托加工合同注明加工费 11 700 元（含税价），加工完成后，收回成品。

要求：根据以上资料，编制加工该批进口原材料相关的会计分录。

（1）材料出库时：

借：委托加工物资——进口原材料/加工商品　103 000
　　贷：原材料——进口原材料　103 000

（2）支付加工费时：

借：委托加工物资——进口原材料/加工商品　10 000
　　应交税费——应交增值税（进项税额）　1 700
　　贷：银行存款　11 700

（3）加工出口成品收回入库：

借：库存商品　113 000
　　贷：委托加工物资——进口原材料/加工商品　113 000

### （三）成品复出口业务的会计核算

成品复出口业务的核算与自营出口业务的核算基本相同。

出口交单时：

借：应收账款——应收外汇账款
　　贷：主营业务收入——自营出口销售收入
借：主营业务成本——自营出口销售成本
　　贷：库存商品

**【例 6－4】** 承上例，上述进口原材料加工成成品后，出口离岸价折合人民币 12 万元。

要求：

根据以上资料，编制成品复出口销售相关的会计分录。

借：应收账款——应收外汇账款　120 000
　　贷：主营业务收入——自营出口销售收入　120 000
借：主营业务成本——自营出口销售成本　113 000
　　贷：库存商品　113 000

### （四）进料加工复出口货物退（免）税的会计核算

1. 外贸企业进料加工复出口货物退（免）税的会计核算

1）作价加工形式

（1）基本计算公式。

①应退增值税 = 出口货物的应退税额 - 销售进口料件的应抵扣税额

$$\text{销售进口料件应抵扣税额}=\text{销售进口料件金额}\times\text{复出口货物退税率}-\text{海关已对进口料件实征的增值税款}$$

$$\text{当期不予退税的税额}=\left(\text{加工完成收回复出口货物增值税专用发票上注明的金额}-\text{进口料件作价加工时开具的增值税专用发票上注明的金额}\right)\times\left(\text{复出口货物的征税率}-\text{退税率}\right)$$

②当期应退消费税 = 复出口货物消费税专用缴款书上注明的税额

（2）办理退（免）税相关的账务处理。

①申报予以退税税额时：

借：应收出口退税款——应退增值税

  贷：应交税费——应交增值税（出口退税）

借：应收出口退税款——应退消费税

  贷：主营业务成本

②不予退税的税额计入成本时：

借：主营业务成本

  贷：应交税费——应交增值税（进项税额转出）

③实际收到退税款时：

借：银行存款

  贷：应收出口退税款——应退增值税

          ——应退消费税

**【例6-5】** 厦门建平外贸企业向美国大卫公司进口原料30 000千克，价值300 000美元，将其作价转给大宇工厂安排加工。原料作价人民币3 000 000元（不含税），加工完成后收回成品10 000件，每件按360元人民币收购（不含税）。厦门建平外贸企业同时与美国大卫公司谈妥，以每件60美元的价格全部出口（假定所有外汇业务发生日的即期汇率为1美元 = 6.80元人民币）。假设无对口合同，进口料件进口时免征85%的进口税金，关税税率为20%，增值税税率为17%，退税率为13%。

要求：

根据以上资料编制相关会计分录，并计算进料加工复出口货物应退税额。

（1）凭全套进口单据，做会计分录如下：

借：在途物资——进口原材料　　（USD300 000　6.80）2 040 000

  贷：银行存款——美元户　　（USD300 000　6.80）2 040 000

（2）进口报关时，根据海关出具的完税凭证，作如下会计分录：

进口关税 = 关税的完税价格 × 关税税率 ×（1 - 免征率）

= 2 040 000 × 20% ×（1 - 85%）

= 61 200（元）

进口增值税 =（关税的完税价格 + 关税）× 增值税税率 ×（1 - 免征率）

=（2 040 000 + 61 200）× 17% ×（1 - 85%）= 53 580.60（元）

借：在途物资——进口原材料　　61 200

贷：应交税费——应交进口关税　61 200
借：应交税费——应交进口关税　61 200
　　——应交增值税（进项税额）　53 580.60
　贷：银行存款　114 780.60

（3）进口原材料验收入库：
借：原材料——进口原材料　2 101 200
　贷：在途物资——进口原材料　2 101 200

（4）材料作价加工出库时：
借：银行存款　3 510 000
　贷：其他业务收入——进口原材料　3 000 000
　　应交税费——应交增值税（销项税额）　510 000

同时结转作价加工材料成本：
借：其他业务成本　2 101 200
　贷：原材料——进口原材料　2 101 200

（5）加工出口成品收回入库：
借：库存商品　3 600 000
　应交税费——应交增值税（进项税额）　612 000
　贷：银行存款　4 212 000

（6）出口交单时：
借：应收账款——应收外汇账款　（USD600 000　6.80）4 080 000
　贷：主营业务收入——自营出口销售收入　（USD600 000　6.80）4 080 000
借：主营业务成本——自营出口销售成本　3 600 000
　贷：库存商品　3 600 000

（7）申报出口退税：
销售进口料件应抵扣税额 = 3 000 000 × 13% − 53 580.60 = 336 419.40（元）
应退增值税 = 3 600 000 × 13% − 336 419.40 = 131 580.60（元）
不予退税的税额 = (3 600 000 − 3 000 000) × (17% − 13%) = 24 000（元）

①申报予以退税税额时：
借：应收出口退税款——应退增值税　131 580.60
　贷：应交税费——应交增值税（出口退税）　131 580.60

②不予退税的税额计入成本时：
借：主营业务成本　24 000
　贷：应交税费——应交增值税（进项税额转出）　24 000

③实际收到退税款时：
借：银行存款　131 580.60
　贷：应收出口退税款——应退增值税　131 580.60

2）委托加工形式

外贸企业采取委托加工方式收回出口货物的退税，按购进国内原辅材料增值税专用发票上注明的进项金额，依原辅材料适用的退税率计算原辅材料的应退税额，支付的加工费，凭受托方开具的增值税专用发票上注明的加工费金额，依复出口货物的退税率计算加工费的应退税额，对进口料件实征的进口环节增值税，凭海关完税凭证，计算调整进口料件的应退税额。

（1）基本计算公式。

①当期应退增值税 = 复出口货物加工费增值税专用发票上注明的金额 × 复出口货物退税率 + 委托方为加工复出口货物国内采购原辅材料增值税专用发票上注明的金额 × 原辅材料适用的退税率 + 进口料件交纳的进口环节增值税

$$\text{当期不予退税的税额} = \text{加工费增值税专用发票注明的金额} \times \left(\text{复出口货物征税率} - \text{退税率}\right) + \text{国内采购原辅料增值税专用发票上注明的金额} \times \left(\text{原辅料征税率} - \text{退税率}\right)$$

②当期应退消费税 = 复出口货物消费税专用缴款书上注明的税额

（2）办理退（免）税相关的账务处理。

①申报予以退税税额时：

借：应收出口退税款——应退增值税

　　贷：应交税费——应交增值税（出口退税）

借：应收出口退税款 - 应退消费税

　　贷：主营业务成本

②不予退税的税额计入成本时：

借：主营业务成本

　　贷：应交税费——应交增值税（进项税额转出）

③实际收到退税款时：

借：银行存款

　　贷：应收出口退税款——应退增值税

　　　　　　　　　　——应退消费税

**【例 6－6】** 厦门宏发外贸企业为一般纳税企业，以人民币为记账本位币，对外币交易采用交易日即期汇率折算，该公司 20××年 5 月发生以下业务：

（1）从飞鸿坯布厂（增值税一般纳税人）购进坯布 20 000 米，取得增值税专用发票注明价款 800 万元，税额 136 万元。上列款项以银行存款支付，货物已验收入库。

（2）以进料加工贸易方式免税进口坯布 2 000 米，组成计税价格折合人民币 164 万元，上列款项以银行存款支付，货物已验收入库。

（3）该公司将上列 22 000 米坯布以委托加工方式委托兴海服装厂加工成服装，今公司财务部门接到坯布出仓单据。

（4）取得该厂开来的增值税专用发票，该批委托加工的服装加工费为 400 万元，税款 68 万元。以银行存款支付上列款项后将加工完毕的服装验收入库。

（5）该公司于 8 月根据出口合同将该批服装全部向美国客户出口，出口销售额折合人民币 1 775 万元。当商品装船后，由公司业务部门向银行办理交单手续，财务部门已确认外销收入并结转出口商品成本。

（6）该公司根据税法规定，收齐有关单证并经信息核对无误后，向所在地退税机关申报办理出口退税，坯布的退税率为 15%，服装的退税率为 17%。

(7) 今收到税务机关退还的出口退税款。

要求：

根据该公司上列各项业务，编制必要会计分录。

(1) 从飞鸿坯布厂购进坯布时：

借：原材料　　8 000 000
　　应交税费——应交增值税（进项税额）　　1 360 000
　　贷：银行存款　　9 360 000

(2) 以进料加工免税进口坯布时：

借：原材料　　1 640 000
　　贷：银行存款　　1 640 000

(3) 发出坯布委托兴海服装厂加工时：

借：委托加工物资　　9 640 000
　　贷：原材料　　9 640 000

(4) 支付委托加工的服装加工费时：

借：委托加工物资　　4 000 000
　　应交税费——应交增值税（进项税额）　　680 000
　　贷：银行存款　　4 680 000

加工服装验收入库时

借：库存商品　　13 640 000
　　贷：委托加工物资　　13 640 000

(5) 出口服装确认收入并结转成本：

借：应收账款——应收外汇账款　　17 750 000
　　贷：主营业务收入——自营出口销售收入　　17 750 000
借：主营业务成本——自营出口销售成本　　13 640 000
　　贷：库存商品　　13 640 000

(6) 申报退税时：

应退增值税 $=800\times15\%+400\times17\%+0=68+120=188$（万元）

应计入成本的税额 $=800\times(17\%-15\%)+400\times(17\%-17\%)=16$（万元）

借：应收出口退税款——应退增值税　　1 880 000
　　贷：应交税费——应交增值税（出口退税）　　1 880 000
借：主营业务成本　　160 000
　　贷：应交税费——应交增值税（进项税额转出）　　160 000

(7) 收到退税款时：

借：银行存款　　1 880 000
　　贷：应收出口退税款——应退增值税　　1 880 000

2. 生产企业进料加工复出口货物退（免）税的会计核算

生产企业以“进料加工”贸易方式进口料件加工复出口时，对其进口料件应先根据海关核准的《进料加工登记手册》填具“进料加工贸易申请表”，报经主管出口退税的税务机关同意盖章后，再将此申请表报送主管其征税的税务机关，并准许其在计征加工成品的增值税时对这部分进口料件按规定征税税率计算的税额予以抵扣。

企业因故未能执行进料加工合同，需持原《登记手册》或海关证明到主管税务部门办理注销手续。货物出口后，主管退税的税务机关在计算其退税或抵免税额时，也应对进口料件部分按规定退税率计算税额并予以扣减。

**【例6－7】** 厦门鸿达自营出口生产企业，本月外购原材料支付价款600万元，支付进项税额102万元，本月海关核销免税进口料件价格100万元，本月内销货物销售额500万元、增值税85万元，自营进料加工复出口货物折合人民币金额600万元（按离岸价计算），该企业内销、外销货物适用增值税税率17%（非应税消费品），复出口货物的退税率为15%。假设上期无留抵税款，本月未发生其他进项税额。

要求：

计算该企业本月应纳或应退增值税额，并编制相关会计分录。

（1）外购原辅材料：

借：原材料　　6 000 000

　　应交税费——应交增值税（进项税额）　　1 020 000

　　贷：银行存款　　7 020 000

（2）免税进口料件：

借：原材料　　1 000 000

　　贷：银行存款　　1 000 000

（3）产品外销时：

借：应收账款——应收外汇账款　　6 000 000

　　贷：主营业务收入——自营出口销售收入　　6 000 000

（4）内销产品时：

借：银行存款　　5 850 000

　　贷：主营业务收入　　5 000 000

　　　　应交税费——应交增值税（销项税额）　　85 000

（5）申报退税时：

当月免抵退税不得免征和抵扣税额＝600×(17%－15%)－100×(17%－15%)

＝10（万元）

当月应纳税额＝85－(102－10)＝－7（万元）

当期免抵退税额＝600×15%－100×15%＝75（万元）

当期期末留抵税额（7万元）<当期免抵退税额（75万元）

当期应退税额＝当期期末留抵税额＝7（万元）

当期免抵税额＝75－7＝68（万元）

不予免抵退税额10万元转入成本：

借：主营业务成本　　100 000

　　贷：应交税费——应交增值税（进项税额转出）　　100 000

当期出口抵减内销产品应纳税额68万元：

借：应交税费——应交增值税（出口抵减内销产品应纳增值税）　　680 000

　　贷：应交税费——应交增值税（出口退税）　　680 000

申报本期应退增值税额7万元：

借：应收出口退税款——应退增值税 70 000

贷：应交税费——应交增值税（出口退税） 70 000

收到退税款时：

借：银行存款 70 000

贷：应收出口退税款——应退增值税 70 000

## 第三节 来料加工的会计核算

### 一、来料加工概述

#### （一）来料加工的概念

来料加工是指外商提供全部或部分原料、辅料、元器件及零部件，由中方企业按照外商提出的规格、质量、技术标准加工为成品或半成品，交由外商在国际市场上自行销售，并按照双方议定的费用标准向外商收取加工费。

来料加工主要是为了吸收外资，同时可以利用国内劳动力资源等方面的优势，它具有投资少、时间短、见效快的特点。

中国成立经济特区后，来料加工贸易发展迅速。中国自20世纪70年代末至80年代初，把对外加工装配业务作为利用外资的一种形式，在政策上加以保护和支持，因而发展迅速。加工装配贸易额在中国进出口总额中已占有相当大的比重。应该说，这一贸易方式，在增加就业机会、繁荣地方经济和推动出口贸易方面，起了很大的作用。

#### （二）来料加工的方式

来料加工贸易包括来料加工装配贸易和各作各价对口合同贸易。

1. 来料加工装配贸易

这是由外方提供全部或部分原材料、零部件，必要时提供某些设备，由我方按对方要求进行加工或装配，成品交对方销售，来料和成品均不计价，我方只收取加工费。

若外商要求加工装配的成品中有部分原辅料需由我方提供，我方除收取工缴费外，还应收取所提供的原辅料的价款。

2. 各作各价对口合同贸易

这是指我方与同一外商同时签订进口和出口合同，由外商提供全部或部分原辅料，我方按外商要求进行加工；加工成品的进口原辅料和出口成品各作各价，我方收取成品的出口值与外商来料进口值之间的差价。

各作各价对口合同贸易由于出口结算在前、进口结算在后，实际上我方不垫付资金。这种贸易所进口的原辅料不动用外汇，也不对开信用证。对开信用证的对口合同贸易按进料加工贸易统计。

在各作各价对口合同贸易中，我方与同一外商同时签订进口和出口合同，一份是外商提供的原辅材料的销售合同，一份是我方出口成品的合同。对于全部来料，两份合同的差价即为工缴费，对于部分来料的，两份合同的差价，既包括工缴费，也包括我方所提供的原辅料的价款。

### （三）来料加工的经营形式

按照对外签订合同和应承担的责任不同，来料加工业务有两种经营形式：自营形式和代理形式。

1. 自营形式

即由有进出口经营许可权的企业单独对外签约，承担加工业务，然后对内组织工厂进行生产，向外商交货时收取手续费。从事这种形式的来料加工企业需自行承担盈亏责任（包括交货违约赔偿责任等）。

2. 代理形式

这是指由加工企业会同外贸企业对外签订合同，由加工企业直接承担生产加工业务中所发生的国内外费用，通过外贸企业办理出口收汇，外贸企业作代理，收取代理手续费。在这种来料加工形式中，外贸企业不承担盈亏责任。

### （四）来料加工的税收政策

从事来料加工、来件装配业务的企业，按国家税务总局《出口货物退（免）税管理办法》（国税发〔1994〕031 号）的规定，凭《来料加工贸易免税证明》可以享受以下税收优惠政策：

（1）来料加工、来件装配的进口料件免税；

（2）来料加工、来件装配后的出口货物免征增值税、消费税；

（3）加工企业取得的工缴费收入免征增值税、消费税；

（4）在来料加工过程中所耗用的国内原辅材料所支付的进项税额不得抵扣，转入来料加工生产成本，其所耗用的国内原辅材料的已征税款也不予退税。

在加工过程中所耗用的国内原辅材料与其他非免税货物的进项税额划分不清的，按免税与非免税货物的销售收入比例划分各自耗用的当期进项税额。

## 二、来料加工的会计核算

结合来料加工的实际情况，我们只对各作各价对口合同贸易代理形式的来料加工作讲解。

（1）外贸企业收到外商的原辅材料时，应根据业务或储运部门开具的加盖“来料加工”戳记的入库单，编制如下会计分录：

借：原材料——来料加工

　　贷：应付账款——应付外汇账款

（2）外贸企业将外商来料拨给加工厂时，应根据业务或储运部门开具的加盖“来料加工”戳记的出库单，编制如下会计分录：

借：应收账款——国内加工厂

　　贷：原材料——来料加工

（3）收回加工成品时，应按合约价格及耗用原料，以及规定的工缴费，根据业务或储运部门开具的加盖“来料加工”戳记的入库单验收入库，并编制如下会计分录：

借：库存商品——来料加工出口商品

　　贷：应收账款——国内加工厂（按规定应耗用原料成本）

　　　　应付账款——国内加工厂（应付加工厂工缴费）

（4）办理加工成品出口托运时，应根据业务或储运部门开具的加盖“来料加工”戳记的出库单，编制如下会计分录：

借：发出商品——来料加工出口商品

　　贷：库存商品——来料加工出口商品

（5）收到业务或储运部门交来成品已出运的有关出口单证及向银行交单后的回单，核算进口原辅料价款和工缴费，编制如下会计分录：

借：应收账款——应收外汇账款（工缴费）

　　应付账款——应付外汇账款（冲抵原辅料款）

　　贷：其他业务收入——来料加工出口销售收入（原辅料款＋工缴费）

同时结转销售成本：

借：其他业务成本——来料加工出口销售成本

　　贷：发出商品——来料加工出口商品

（6）支付国外的运保费，凭有关单据冲减收入，编制如下会计分录：

借：其他业务收入

　　贷：银行存款——外汇存款

同时调整成本：

借：应付账款——国内加工厂

　　贷：其他业务成本——来料加工出口销售成本

（7）代加工厂支付各项国内费用，编制如下会计分录：

借：应付账款——国内加工厂

　　贷：银行存款

（8）收到外商的外汇工缴费时，编制如下会计分录：

借：银行存款——外汇存款

　　贷：应收账款——应收外汇账款

若收回外汇工缴费由外贸企业负责办理结汇，则结汇过程中的汇兑差额应由国内加工厂负担，即应编制如下会计分录：

借：银行存款——人民币（外汇工缴费×买入价）

　　应付账款——国内加工厂（汇兑损失）

　　贷：应收账款——应收外汇账款（外汇工缴费×中间价）

（9）与加工厂结算并收取工缴费，收取的代理手续费按6%的税率计算增值税，编制如下会计分录：

借：应付账款——国内加工厂

　　贷：其他业务收入——代理手续费

　　　　应交税费——应交增值税（销项税额）

　　　　银行存款

（10）缴纳增值税，编制如下会计分录：

借：应交税费——应交增值税（已交税金）

　　贷：银行存款

**【例6－8】**厦门盛美进出口有限公司是一家商业外贸公司，为一般纳税企业，以人民币为记账本位币，对外币交易采用交易日即期汇率折算，该公司20××年4月会同国内佳佳服装厂与美国KK服装公司（以下简称KK公司）签订一份服装来料加工合同。根据合同约定，接受美国KK服装公司来料360 000米，加工生产10 000打成衣。相关业务情况如下：

（1）4月3日，收到美国KK服装公司发来的布料360 000米，每米4美元，计14 400 000美元，布料已验收入库，当日美元即期汇率为1美元=6.84元人民币。

（2）4月4日，将360 000米布料全部拨付佳佳服装厂加工生产成衣。

（3）4月30日，佳佳服装厂将10 000打成衣全部加工完毕，每打加工费30美元，储运部门转来加工商品验收单，10 000打成衣已验收入库。当日美元即期汇率为1美元=6.84元人民币。

（4）5月4日，储运部门转来加工成衣出库单，列明10 000打成衣已出库装船。

（5）5月5日，签发转账支票支付国内各项费用共计5 000元。

（6）5月6日，收到储运部门交来的成衣已出运的有关出口单证，出口发票列明工缴费共计300 000美元。当日美元即期汇率为1美元=6.84元人民币。

（7）5月6日，同时结转销售成本。

（8）5月7日，签发转账支票用美元存款支付国外运保费20 000美元，当日美元即期汇率为1美元=6.82元人民币。

（9）5月15日，收到银行转来收账通知，300 000美元已收妥并已结汇，当日美元买入价为1美元=6.83元人民币，中间价为1美元=6.84元人民币。

（10）5月16日，与佳佳服装厂结清款项并按工缴费3%收取代理手续费。

要求：根据以上资料编制相关会计分录。

编制会计分录如下：

（1）外商来料时，根据入库单编制如下会计分录：

借：原材料——布料（来料加工）　　（USD1 440 000　6.84）9 849 600

　　贷：应付账款——应付外汇账款（KK公司）

　　　　　　　　　　　　　　　　　（USD1 440 000　6.84）9 849 600

（2）拨料给工厂加工时，根据出库单编制如下会计分录：

借：应收账款——佳佳服装厂　　（USD1 440 000　6.84）9 849 600

　　贷：原材料——布料（来料加工）　　（USD1 440 000　6.84）9 849 600

（3）佳佳服装厂交来产成品时，按合同约定的成衣价款，编制如下会计分录：

借：库存商品——来料加工出口商品　　（USD1 740 000　6.84）11 901 600

　　贷：应收账款——佳佳服装厂　　（USD1 440 000　6.84）9 849 600

　　　　应付账款——佳佳服装厂　　（USD300 000　6.84）2 052 000

（4）成衣出库待运，编制如下会计分录：

借：发出商品——来料加工出口商品　　（USD1 740 000　6.84）11 901 600

　　贷：库存商品——来料加工出口商品　　（USD1 740 000　6.84）11 901 600

（5）代佳佳工厂支付国内各项费用时，编制如下会计分录：

借：应付账款——佳佳服装厂　　5 000

　　贷：银行存款　　5 000

（6）加工的成衣出运后向银行交单，编制如下会计分录：

借：应收账款——应收外汇账款（KK 公司）　（USD300 000　6.84）2 052 000
　　应付账款——应付外汇账款（KK 公司）
　　　　　　　　　　　　　　　　　　　　（USD1 440 000　6.84）9 849 600
　　贷：其他业务收入——来料加工销售收入　（USD1 740 000　6.84）11 901 600

（7）结转销售成本，编制如下会计分录：

借：其他业务成本——来料加工销售成本　（USD1 740 000　6.84）11 901 600
　　贷：发出商品——来料加工出口商品　　（USD1 740 000　6.84）11 901 600

（8）代佳佳服装厂支付国外运保费时，编制如下会计分录：

借：其他业务收入——来料加工出口销售收入　（USD20 000　6.82）136 400
　　贷：银行存款——美元户　　　　　　　（USD20 000　6.82）136 400

同时调整成本：

借：应付账款——佳佳服装厂　　　　　　（USD20 000　6.82）136 400
　　贷：其他业务成本——来料加工出口销售成本　（USD20 000　6.82）136 400

（9）收到成衣的外汇工缴费，凭银行收汇通知单，编制如下会计分录：

借：银行存款——人民币户　　　　　　（USD300 000　6.83）2 049 000
　　应付账款——佳佳服装厂　　　　　　　　　　　　　3 000
　　贷：应收账款——应收外汇账款（KK 公司）（USD300 000　6.84）2 052 000

（10）盛美进出口有限公司与佳佳服装厂结算，收取代理手续费，将应付工厂的工缴费划拨给工厂后，编制如下会计分录：

代理手续费 =2 052 000 ×3% =61 560（元）

借：应付账款——佳佳服装厂　　　　　　　　　　　1 907 600
　　贷：其他业务收入——代理手续费　　　　61 560/(1 +6%) 58 075.47
　　　　应交税费——应交增值税（销项税额）　　　　　　3 484.53
　　　　银行存款　　　　　　　　　　　　　　　　　　1 846 040

计算收取的代理手续费并缴纳增值税：

$$增值税 =61\ 560/(1 +6\%) \times 6\% =3\ 484.53 元$$

借：应交税费——应交增值税（已交税金）　　　　　3 484.53
　　贷：银行存款　　　　　　　　　　　　　　　　3 484.53

## 复习思考题

### 一、单项选择题

1.（　　）是指我国具有进出口经营权的企业用外汇进口原料、材料、元器件、配套件和包装材料，加工成成品或半成品再复出口的业务。

A. 进料加工　　　　　　B. 来料加工
C. 来料装配　　　　　　D. 来件维修

2.（　　）是指外商提供全部或部分原料、辅料、元器件和零部件，由中方企业按照外商提出的规格、质量、技术标准加工为成品或半成品，提交外商在海外市场自行销售，并按照双方议定的费用标准向外商收取工缴费。

A. 进料加工　　　　　　B. 来料加工

C. 来料装配　　　　D. 来件维修

3. （　　）是指经海关核准的专门存放保税货物的专用仓库。

A. 保税仓库　　　　B. 保税区（包括自由港）

C. 保税工厂　　　　D. 保税集团

4. （　　）指由外方提供原材料、零部件，必要时提供某些设备，由我方按对方要求进行加工或装配，成品交对方销售，我方只收取工缴费。

A. 进料加工　　　　B. 补偿贸易

C. 各作各价对口合同贸易　　　　D. 来料加工装配贸易

5. （　　）是指企业在设立保证金台账时，海关对其加工贸易进口料件收取与应征进口关税及增值税等值的保证金，或由银行出具保函；企业在规定时限内加工出口并办理核销后，中国银行凭海关开具的台账核销通知、退还保证金或核销保函，并按活期存款利率付给利息。

A. 实转　　　　B. 空转

C. 明转　　　　D. 暗转

6. （　　）主要针对从事进口料件属限制类商品的加工贸易企业（免设银行保证金台账的企业除外）和C类加工贸易企业。

A. 实转　　　　B. 空转

C. 明转　　　　D. 暗转

7. （　　）是指加工单位凭海关核准的手续向当地中国银行申请设立“加工贸易保证金台账”，加工成品在限期内出口后，由海关通知银行核销台账，并不征收保证金，只在企业产品超过规定期限未复出口时，要追缴或从银行结算户中强制划款入库，平时银行只在账面上进行监督。

A. 实转　　　　B. 空转

C. 明转　　　　D. 暗转

8. （　　）指我方与同一外方同时签订进口和出口合同，由外方提供全部或部分原料，我方按外方要求进行加工。加工成品的进口原辅料和出口成品各作各价，我方收取成品的出口值与外方来料进口值之间的差价。

A. 进料加工　　　　B. 补偿贸易

C. 各作各价对口合同贸易　　　　D. 来料加工装配贸易

9. 对特准设立的保税工厂，其进料时予以保税，加工后对实际出口部分予以（　　），内销部分（不出口部分）予以征税。

A. 免税　　　　B. 保税

C. 退税　　　　D. 征税

10. 对签有进口料件和出口成品对口合同的进料加工业务，经批准可对其（　　）。

A. 进口料件予以保税，加工后对实际出口部分予以免税

B. 进口料件予以保税，加工后对实际出口部分予以保税

C. 进口料件予以征税，加工后对实际出口部分予以退税

D. 进口料件予以免税，加工后对实际出口部分予以免税

**二、多项选择题**

1. 传统的“三来一补”业务包括（　　）。

A. 来料加工 B. 来样加工
C. 来件装配 D. 补偿贸易
E. 进料加工

2. 加工贸易的特征有（ ）。
A. 两头在外 B. 加工增值
C. 料件保税 D. 免征增值税
E. 免征消费税

3. 保税的具体形式有（ ）。
A. 保税仓库 B. 免税仓库
C. 保税工厂 D. 保税集团
E. 保税区

4. 对加工贸易商品分类管理，即将加工贸易商品分为（ ）。
A. 禁止类 B. 免税类
C. 限制类 D. 保税类
E. 允许类

5. 来料加工与进料加工的相同点有（ ）。
A. 都是利用国内的技术设备和劳动力
B. 都属于“两头在外”的加工贸易方式
C. 对国外提供的原材料、零部件加工装配成成品
D. 受我国政府鼓励，享受相似的政策优惠
E. 进口料件都可以保税，加工成品在出口环节都可以享受免征关税

6. 加工贸易的作用主要有（ ）。
A. 有利于引进国外先进技术设备和管理经验
B. 可以节省资金、降低成本、扩大出口能力
C. 有利于促进本国经济的发展
D. 有利于提高企业的管理水平和产品档次
E. 有利于增强产品在国际市场上的竞争力

7. 来料加工和进口料件之间的区别有（ ）。
A. 料件付汇方式不同 B. 料件和产品的所有权不同
C. 经营企业所处的地位不同 D. 贸易性质不同
E. 承担风险不同

8. 从事来料加工、来件装配业务的企业，凭《来料加工贸易免税证明》可以享受以下税收优惠政策（ ）。
A. 来料加工、来件装配的进口料件免税
B. 加工企业取得的工缴费收入免征增值税
C. 加工企业取得的工缴费收入免征消费税
D. 来料加工、来件装配后的出口货物免征增值税
E. 来料加工、来件装配后的出口货物免征消费税

9. 在我国保税制度中，保税区具有（ ）特点。

A. 是在国境和关境之间建立起来的，在海关监控管理下进行存放和加工保税货物的特定区域

B. 具有进出口加工、国际贸易、保税仓储商品展示等功能

C. 享有“免证、免税、保税”政策

D. 实行“境内关外”运作方式

E. 是中国对外开放程度最高、运作机制最便捷、政策最优惠的经济区域之一

## 三、实务题

**【习题1】**

目的：练习进料加工的作价加工方式的会计核算。

资料：厦门利达外贸公司为一般纳税企业，以人民币为记账本位币，对外币交易采用交易日即期汇率折算，该公司本期以进料加工复出口的贸易方式从美国进口料件20 000美元，海关按95%的比例减免进口环节的关税和增值税，关税税率为20%，增值税税率为17%，该批材料当日入库。另从国内购进材料30 000元（不含税价），材料已入库，款项已付。该外贸企业采用作价加工方式，将上述全部材料平价调拨给市内的精艺加工厂，加工完成后收回玩具成品，不含税价180 000元，待货物出口后，厦门利达外贸公司再向精艺加工厂支付差额。该批玩具全部出口，出口发票注明价格30 000美元。假定所有外汇业务发生日的即期汇率为1美元=6.85元人民币，玩具征税率为17%，退税率为15%，国内材料退税率为11%。

要求：

根据以上资料编制相关会计分录，并计算进料加工复出口货物应退税额。

**【习题2】**

目的：练习进料加工的委托加工方式的会计核算。

资料：承习题1资料，假设将全部材料无偿拨付给A加工厂委托加工，支付加工费10 000元（不含税价），其他条件不变。

要求：

根据以上资料编制相关会计分录，并计算进料加工复出口货物应退税额。

**【习题3】**

目的：练习生产企业进料加工方式的免、抵、退税的会计核算。

资料：厦门扬帆公司是一家生产企业，为一般纳税企业，以人民币为记账本位币，对外币交易采用交易日即期汇率折算，该公司20××年6月发生如下经济业务：自营出口产品1万台，离岸价格（FOB）为每台100美元，外汇人民币牌价为1美元=6.85元，内销货物不含税的销售额为3 000万元。本期购入材料的进项税额为600万元。该企业上月留抵税额10万元，本期免税购进的原材料为进料加工免税进口料件，其组成计税价格为100万元，假设征税率为17%，出口退税率为13%。

要求：

计算该企业本月免、抵、退税额，并编制退税相关分录。

**【习题4】**

目的：练习来料加工方式的会计核算。

资料：厦门正元进出口有限公司是一家商业外贸公司，为一般纳税企业，以人民币为记账本位币，对外币交易采用交易日即期汇率折算，该公司20××年7月会同国内富兴工厂与日本ABC公司签订一份氧化钼来料加工合同。日本ABC公司提供氧化钼原料10吨，加工成钼铁后出口日本，加工比例为5：1。相关业务情况如下：

(1) 7月3日，收到日本ABC公司发来氧化钼原料10吨，按合同规定作价10万美元，氧化钼已验收入库，当日美元即期汇率为1美元=6.80元人民币。

(2) 7月4日，将氧化钼原料10吨全部拨付富兴工厂加工生产钼铁。

(3) 7月30日，收回加工完毕的钼铁2吨，工缴费共计8万美元，储运部门转来钼铁验收单，钼铁已验收入库。当日美元即期汇率同上。

(4) 7月4日，储运部门转来钼铁出库单，列明2吨钼铁已出库装船。

(5) 8月5日，签发转账支票支付国内各项费用共计8 000元。

(6) 8月6日，收到储运部门交来的钼铁已出运的有关出口单证，出口发票列明工缴费共计8万美元。当日美元即期汇率同上。

(7) 8月6日，同时结转销售成本。

(8) 8月7日，签发转账支票，用美元存款支付国外运保费3 000美元，当日美元即期汇率同上。

(9) 8月15日，收到银行转来收账通知，8万美元外汇工缴费已收妥并已存入银行存款美元账户，当日美元即期汇率同上。

(10) 8月16日，与富兴工厂结清款项并按工缴费3%收取代理手续费。

要求：

根据以上资料编制相关会计分录。

# 第七章

# 其他进出口业务会计

## 知识目标

1. 了解易货贸易的概念、形式、结算方式和核算要求，补偿贸易的概念、特点、作用和种类，技术进出口的概念、种类和方式，样展品的概念和作用；

2. 熟悉易货贸易的税收政策，补偿贸易与一般贸易、易货贸易的区别，技术进出口的管理和技术进出口税务。

## 技能目标

学会易货贸易、补偿贸易、技术进出口、样展品的会计核算。

## 第一节　易货贸易的核算

## 案例引入

珀雷泰国际公司有一批2 000多万美元的洗发露存货要清仓，但只能收回十分之一。面对可能的巨额亏空，公司想尽办法，尽量减少损失。最后他们找到一家易货公司，通过易货公司的安排，珀雷泰国际公司以批发价格将全部存货换出，换回等值的媒体广告时段和版面。公司首席财务执行官非常高兴，认为这种易货行为避免了库存商品的损失。该公司随后用媒体大量宣传自己的新产品，促进了销售额的增长。通过易货贸易使库存商品“再生”，收回了资金，节省了公司对新产品的广告投入，使企业经营走入良性循环。

### 一、易货贸易概述

#### （一）易货贸易的概念

易货贸易，是指由贸易双方订立易货贸易合同或协议，规定在一定期限内，用一种或几种出口商品交换另一种或几种进口商品的业务。易货贸易是在换货的基础上，把等值的出口货物和进口货物直接结合起来的贸易方式。

易货贸易的特点是：以我之有，易我之无，进出结合，等值交换，非货币结算。通过易货贸易，可以发挥比较优势，增加经济效益。

### （二）易货贸易的形式

易货贸易在国际贸易实践中主要表现为下列两种形式：

1. 直接易货

直接易货又称为一般易货。从严格的法律意义上来讲，易货就是指以货换货。这种直接易货形式，往往要求进口和出口同时成交，一笔交易一般只签订一个包括双方交付相互抵偿货物的合同，而且不涉及第三方。它是最普遍也是目前应用最广泛的易货形式。由于这种易货形式一般要求进出口同时进行，因此，应用中存在困难。于是在实际业务中，就产生了一些变通的做法，最常见的即为通过对开信用证的方式进行易货贸易。在采用对开信用证进行易货时，交易双方先签订换货合同，双方商定彼此承诺在一定时间购买对方一定数量的货物，各自出口的商品按约定的货币计价，总金额一致或基本一致，货款通过开立对开信用证的方式进行结算，即双方都以对方为受益人，开立金额相等或基本相等的信用证。由于交货时间的差异，双方开立信用证的时间也就有先有后，先进口开证的一方为了使对方也履行开证义务，一般都在信用证内规定该证以对方按规定开出信用证为生效条件；或规定该证的金额只能用来作为对方开立回头证之用，以此控制对方。

2. 综合易货

综合易货多用于两国之间根据记账或支付（清算）协定而进行的交易。由两国政府根据签订的支付协定，在双方银行互设账户，双方政府各自提出在一定时期（通常为一年）提供给对方的商品种类、进出口金额基本相等，经双方协商同意后签订易货协定书，然后根据协定书的有关规定，由各自的对外贸易专业公司签订具体的进出口合同，分别交货。商品出口后，由双方银行凭装运单证进行结汇，并在对方国家在本行开立的账户进行记账，然后由银行按约定的期限结算。应注意的是，一定时期终了时，双方账户如果出现余额，只要不超过约定的幅度，即通常所说的“摆动额”，原则上顺差方不得要求对方用自己的外汇支付，而只能以货物抵冲，即通过调整交货速度，或由逆差方增交货物予以平衡。

### （三）易货贸易的结算方式

易货贸易业务由贸易双方事先在合同中规定进行计价和结算的货币币种，贷款逐笔平衡或分别结算，一般是以对开信用证或记账的方式进行结算。

1. 对开信用证结算方式

它是指贸易双方各自开立以对方为受益人、金额相等或基本上相等的信用证，并在信用证内规定，应在收到对方开立的金额相等或基本上相等的信用证时才能生效的结算方式。

2. 记账结算方式

它是指由贸易双方银行互设清算账户记账，双方出口商品在发运后将全套结算单据送交本国银行，由双方银行记账。同时，贸易双方也应相应设立外汇结算专户记账，互相冲抵，并在规定的期限内进行平衡的结算方式。采用这种结算方式时，如出现差额，一般由逆差方以商品补差。

### （四）易货贸易的核算要求

（1）易货贸易的进口和出口是一个统一的整体，是在进出平衡的前提下，企业组织的商品进口和出口业务。易货贸易销售价值的实现，必须是在易货贸易商品的进口与出口同时具备的情况下才能实现。

因此，易货贸易的核算应把进口和出口结合起来，不能把一项易货贸易分割成进口销售和出口销售两部分单独核算。

（2）易货贸易的出口视同自营出口业务，其出口销售的确立及申请退还增值税的核算与自营出口业务相同。申请退还消费税的出口退税，直接冲减易货贸易出口成本。

（3）易货贸易的进口销售，以开出进口货款结算单、增值税发票向国内用户办理货款结算，作为商品销售成立的确认条件。对国内用户的结算，分单到结算和货到结算两种。

（4）易货贸易进口商品向国内用户销售的作价原则是：属于国家定价的商品，按照国家定价；属于国家指导价格的商品，按国家指导价作价；属于市场议价的商品，按市场供求关系，由企业与用户协商作价。

（5）为真实反映易货业务的盈亏，会计期末应根据易货贸易合同执行的结果，确认顺差和逆差程度，并按顺差占出口的比例或逆差占进口的比例计算相应的挂账损益，作为递延收益，其余部分计入当期损益。

### （五）易货贸易的性质

不管是对开信用证易货，还是边境直接易货，从本质上讲，易货出口是手段，易货进口才是目的。从表面上看，易货出口需要经过采购、储存、出运、报关等多个环节，似乎是一种销售行为，但实际上这些都是为易货进口服务的，是进口的前提条件。对照《企业会计准则第7号——非货币性资产交换》，可以认为，易货贸易本身是一种非货币性资产交换，通过易货进口的商品的销售，才是真正意义上的销售行为。

### （六）易货贸易退（免）税政策

易货贸易出口销售在核算上基本与自营出口销售相同。只是在外汇结算上，易货贸易一般是相互记账，收不到外汇。对易货贸易的出口退税，主要是比照自营出口退税的方法办理。

## 二、易货贸易的会计核算

### （一）易货贸易出口业务的核算

外贸企业经营易货贸易出口业务应根据易货贸易合同或协议的规定采购出口商品，其商品验收入库、出口商品出库发运、向银行办理交单收汇、支付国内外直接费用、向税务部门申请退税等业务的核算，其核算方法与自营出口销售业务基本相同，但其销售收入和销售成本是通过“其他业务收入”账户和“其他业务成本”账户核算的。

**【例7-1】**厦门鹭达进出口公司与韩国釜山公司签订易货贸易合同，合同规定我方出口25 000条风神牌自行车滚子链，每条2.4美元（CIF价格），货款60 000美元；我方进口钢材200吨，每吨300美元（CIF价格），货款60 000美元。采取对开信用证结算方式。业务进展如下：

（1）7月1日，向上海自行车厂购进风神牌自行车滚子链25 000条，每条15.6元，计货款390 000元，增值税税额66 300元，款项签发转账支票付讫。

（2）7月2日，上面自行车滚子链已验收入库。

(3) 7 月 3 日，上面自行车滚子链已出库装船。

(4) 7 月 4 日，收到业务部门转来的易货贸易销售自行车滚子链的发票副本和银行回单，开列风神牌自行车滚子链 25 000 条，每条 2.4 美元（CIF 价格），当日即期汇率为 1 美元 =6.80 元人民币。

(5) 7 月 4 日，同时结转易货贸易销售自行车滚子链的成本。

(6) 7 月 5 日，支付易货贸易国外运费 1 068 美元，保险费 132 美元，当日即期汇率为 1 美元 =6.80 元人民币。

(7) 7 月 20 日，向税务机关申报退税，自行车滚子链增值税退税率为 13%。

要求：根据以上资料编制相关会计分录。

(1) 向上海自行车厂购进自行车时：

借：在途物资——出口自行车滚子链　　390 000
　　应交税费——应交增值税（进项税额）　　66 300
　　贷：银行存款　　456 300

(2) 自行车滚子链已验收入库时：

借：库存商品——出口自行车滚子链　　390 000
　　贷：在途物资——出口自行车滚子链　　390 000

(3) 自行车出库装船时：

借：发出商品——出口自行车滚子链　　390 000
　　贷：库存商品——出口自行车滚子链　　390 000

(4) 确认易货出口销售收入：

借：应收账款——应收外汇账款（釜山公司）　（USD60 000　6.80）408 000
　　贷：其他业务收入——易货贸易出口销售收入　（USD60 000　6.80）408 000

(5) 结转易货出口销售成本：

借：其他业务成本——易货贸易出口销售成本　　390 000
　　贷：发出商品——出口自行车滚子链　　390 000

(6) 支付国外运保费：

借：其他业务收入——易货贸易出口销售收入　（USD1 200　6.80）8 160
　　贷：银行存款——美元户　（USD1 200　6.80）8 160

(7) 申报退税：

应退增值税 =390 000×13% =50 700（元）

应计入成本的税额 =390 000×(17% −13%) =15 600（元）

借：应收出口退税款——应退增值税　　50 700
　　贷：应交税费——应交增值税（出口退税）　　50 700

借：其他业务成本——易货贸易出口销售成本　　15 600
　　贷：应交税费——应交增值税（进项税额转出）　　15 600

**（二）易货贸易进口业务的核算**

外贸企业收到银行转来的外商全套结算单据时，与易货贸易合同或协议核对无误后，据以支付货款。商品运达我国口岸后，申报进口关税、消费税和增值税，并按事先签订的合同将进口商品销售给国内客户，其核算方法与自营进口业务基本相同。其销售收入和销售成本也通过“其他业务收入”账户和“其他业务成本”账户核算。

**【例7-2】**承接前例，收到易货贸易韩国釜山公司发来钢材的业务如下：

(1) 7月21日，接到银行转来韩国釜山公司全套结算单据，开列钢材200吨，每吨300美元CIF大连，共计货款60 000美元，审核无误后确认该项易货进口，当日即期汇率为1美元=6.80元人民币。

(2) 7月30日，钢材运达我国口岸，申报并支付进口税金，关税税率为15%，增值税税率为17%。

(3) 7月31日，钢材已全部售给国内公司，收到业务部门转来的增值税专用发票，列明钢材200吨，每吨2 400元，计货款480 000元，增值税税额81 600元，已收到转账支票，存入银行。

(4) 7月31日，同时结转钢材销售成本。

(5) 计算缴纳该笔业务的增值税。

要求：根据以上资料编制相关会计分录。

(1) 收到单据确认易货进口时：

借：在途物资——进口钢材　　(USD60 000　6.80) 408 000

　　贷：应收账款——应收外汇账款（釜山公司）　　(USD60 000　6.80) 408 000

(2) 申报并支付进口税金：

注：国务院国发〔1992〕33号文件规定：地方、企业易货贸易和经济技术合作项下进口的商品，减半征收进口关税和增值税。

进口关税=408 000×15%×50%=30 600（元）

进口增值税=(408 000+30 600)×17%×50%=37 281（元）

借：在途物资——进口钢材　　30 600

　　贷：应交税费——应交关税　　30 600

借：应交税费——应交关税　　30 600

　　　　　　——应交增值税（进项税额）　　37 281

　　贷：银行存款　　67 881

(3) 确认易货进口销售收入：

借：银行存款　　561 600

　　贷：其他业务收入——易货贸易进口销售收入　　480 000

　　　　应交税费——应交增值税（销项税额）　　81 600

(4) 结转易货进口销售成本：

借：其他业务成本——易货贸易进口销售成本　　438 600

　　贷：在途物资——进口钢材　　438 600

(5) 计算缴纳该笔业务的增值税：

注：为执行国务院国发〔1992〕33号文件，原减半征收的增值税进项税额视同100%计算，则虽然进口时实际只缴纳进口增值税37 281元，却相当于缴纳了37 281×2=74 562（元）。

应纳增值税=81 600-37 281×2 =7 038（元）

借：应交税费——应交增值税（已交税金）　　7 038

　　贷：银行存款　　7 038

# 第二节　补偿贸易的核算

**案例引入**

在国外，补偿贸易早已成为一种成熟的贸易融资方式。许多生产商用这种方式“换”来了自己所需的各种商品。商品种类五花八门，可以说，除了人口和毒品，什么都有。有一些交易是很有趣的，例如可口可乐公司用可口可乐的浆汁换取该公司在苏联开办的一家工厂生产的奶酪，换取它在埃及开垦的果园出产的橘子，换取它在土耳其一家工厂生产的番茄酱，换取波兰啤酒，或换取匈牙利的软饮料瓶。一个瑞典乐团在波兰举办了几场音乐会，而波兰支付给这个乐团的却是煤炭。波音公司用10架波音747客机换取3 400万桶沙特石油，阿根廷把承建一座化肥厂的合同授给了捷克斯洛伐克公司，合同中规定捷方要购买用该厂生产的化肥培育出的蔬菜和其他农产品。在某些情况下，任何商品的交易都能以补偿贸易的方式进行，但人们优先考虑的是易于交易的标准化商品，如金属、矿石、橡胶、可可、棕榈油和水泥，等等。加拿大以补偿贸易方式出口的商品主要是资本货物和工厂，但也有硫黄、碳酸钾、马铃薯和乳制品等。加拿大公司相应地换回形形色色的商品，如火腿、果酱、芒果、鱼和捕鱼杈、芝麻仁、大米、糖、椰子、香料、高粱、葡萄酒、啤酒、棉花、海员劳务、盐、果肉、木材、家具、机床、电动机、医疗设备、卡车轴、救火设备和轻型家用设备等。

## 一、补偿贸易概述

### （一）补偿贸易的概念

补偿贸易，是指企业在由外商直接提供信贷的基础上，从国外引进机器、设备、技术、原材料或劳务，约定在一定期限内，用其生产的产品、其他商品或劳务，分期清偿贷款的一种贸易方式。

补偿贸易是从20世纪60年代末、70年代初逐渐发展起来的一种新的贸易方式。我国在20世纪80年代，曾广泛采用补偿贸易方式引进国外先进技术设备，但规模不大，多为小型项目，近年来外商以设备技术作为直接投资进入我国，故补偿贸易更趋减少。但是，随着我国市场经济的发展，补偿贸易在利用外资、促进销售方面的优越性不容忽视。

### （二）补偿贸易的特点

1. 贸易与信贷相结合

一方进口机器设备或技术等，是在对方提供信贷的基础上进行的，这是构成补偿贸易的基本前提。信贷的提供多体现为商品的信贷，但也可以是银行信贷或其他方式借得的信贷。

2. 贸易与生产相联系

补偿贸易的双方都十分关心生产情况。出口方往往关心工程项目的进展和产品的生产情况，而进口方则关心产品在出口国家和其他市场上的销售情况。

3. 机器设备和技术的进口与产品的出口相联系

机器设备和技术的出口方必须承诺回购进口方的产品或服务。进口方多数情况下是利用进口的机器设备和技术所生产的产品来偿还出口方的货款。

4. 贸易双方是买卖关系

补偿贸易中机器设备和技术的进口方不但承担支付货款的义务，而且承担付息的责任，并对机器设备拥有完全的所有权和使用权。

**（三）补偿贸易的作用**

1. 对进口方的作用

补偿贸易对设备进口方而言，可少动用外汇或不动用外汇，进口所需设备和较先进的技术，既有利于缓和对外支付手段不足的矛盾，又可提高本国的生产能力、扩大出口、增收外汇；同时也给产品的出口建立了长期的比较稳定的销售渠道和市场。

2. 对出口方的作用

对设备供应方而言，可突破进口方支付能力不足的障碍，扩大产品销售市场，获得比较固定的原材料供应来源。

故补偿贸易多用于外汇支付能力困难的国家与发达国家之间，而且较多地出现在生产原材料的部门，或产品为对方所需要，或产品有出口前途的产业部门。

**（四）补偿贸易的种类**

1. 按贸易形式的不同，可分为直接补偿、间接补偿和多边补偿

（1）直接补偿，也叫产品返销，是指进口方用其引进的设备、技术、材料等直接生产出来的产品偿还进口价款。这种做法的局限性在于，它要求生产出来的直接产品及其质量必须是对方所需要的，或者在国际市场上是可销的，否则不易为对方所接受。因此一般适用于设备和技术贸易。

用进口的设备、技术、材料等生产出来的产品称为直接产品。

（2）间接补偿，也叫商品换购、互购，是指进口方用以偿还进口价款的产品，不是引进的技术设备直接生产出来的，而是用双方商定的其他商品或劳务进行补偿。这是补偿贸易中较常见的做法。

（3）多边补偿，也叫转手补偿，是由第三国替代首次进口的一方承担或提供补偿产品的义务。这种补偿贸易形式比较复杂。

2. 按产品偿还所占的比例不同，可分为全额补偿、部分补偿和综合补偿

（1）全额补偿就是百分之百的合同价款都是用直接产品去偿还。

（2）部分补偿是在合同的价款中，规定用一定比例的现金支付，剩余部分用商品或劳务去偿还。

（3）综合补偿是部分用直接产品偿还，部分用间接产品偿还。

**（五）补偿贸易与一般贸易的区别**

（1）一般贸易通常是以货币为支付手段；补偿贸易实质上是用商品来支付的。

（2）一般贸易通常不用以信贷为条件；补偿贸易往往离不开信贷，信贷往往是这种贸易的组成部分。

（3）一般贸易，一方为买方，另一方为卖方，交易手续简便；补偿贸易双方，既是买方，又是卖方，具有两重身份，有时供货或销售的义务还可让给第三方，交易手续比较复杂。

### （六）补偿贸易与易货贸易的关系

1. 补偿贸易与易货贸易的相同之处

两者都是买卖双方直接进行交换，一般不发生货币的流通，货币在这些贸易中仅仅是计价的手段。

2. 两者的不同之处

易货贸易往往是一次性行为，买卖过程同时发生，大致同时结束。补偿贸易往往持续的时间过长，有的3~5年，有的长达10年以上，每一笔交易往往包括多次的买卖活动。

## 二、补偿贸易的会计核算

### （一）应设科目

补偿贸易的账务处理主要涉及“长期应付款”的核算，在一级科目下设“应付补偿贸易引进价款”明细科目。“应付补偿贸易引进价款”，是指企业采用补偿贸易方式引进国外机器设备、技术、材料等而发生的价款及国外运杂费。

### （二）会计核算

1. 按照补偿贸易方式引进机器设备、技术、材料时

借：在建工程/原材料/无形资产

　　贷：长期应付款——应付补偿贸易引进价款

2. 支付补偿贸易国外运保费时

借：在建工程/原材料/无形资产

　　贷：长期应付款——应付补偿贸易引进价款

3. 支付补偿贸易进口关税时

借：在建工程/原材料/无形资产

　　贷：应交税费——应交关税

借：应交税费——应交关税

　　贷：银行存款

4. 支付补偿贸易国内杂费时

借：在建工程/原材料/无形资产

　　贷：银行存款

5. 引进的设备经过安装、验收，交付使用时

借：固定资产

　　贷：在建工程

6. 计提长期应付款利息时

借：财务费用（属于生产经营期间的利息）

　　在建工程（引进机器设备交付使用之前发生的利息）

　　贷：长期应付款——应付补偿贸易引进价款

7. 产品实现出口销售时

借：应收账款——应收外汇账款

　　贷：其他业务收入——补偿贸易出口销售收入

同时结转销售成本：

借：其他业务成本——补偿贸易出口销售成本

　　贷：库存商品

8. 偿还引进机器设备、技术、材料款项时

借：长期应付款——应付补偿贸易引进价款

　　贷：应收账款——应收外汇账款/银行存款——外汇存款

**【例7－3】**某企业与外商签订补偿贸易合同，引进一台设备及配件。设备款折合人民币800 000元，配件款折合人民币60 000元，企业准备用生产的产品归还引进设备及配件款。设备运送用时，用人民币支付关税及国内运杂费20 000元（其中设备负担18 000元）。设备安装调试后，正式投入使用，同时开出转账支票支付安装调试费12 000元。引进设备投产后，第一批生产产品200件，每件不含税销售价格400元，销售成本300元，这一批产品全部用于归还设备款。

要求：根据以上资料编制相关会计分录。

（1）引进设备和配件时：

借：在建工程——补偿贸易引进设备　　800 000

　　在途物资——补偿贸易引进配件　　60 000

　　贷：长期应付款——应付补偿贸易引进价款　　860 000

（2）支付设备及配件关税和国内运杂费时：

借：在建工程——补偿贸易引进设备　　18 000

　　在途物资——补偿贸易引进配件　　2 000

　　贷：银行存款　　20 000

（3）配件验收入库时：

借：原材料——补偿贸易引进配件　　62 000

　　贷：在途物资——补偿贸易引进配件　　62 000

（4）支付设备安装调试费时：

借：在建工程——补偿贸易引进设备　　12 000

　　贷：银行存款　　12 000

（5）设备交付使用时：

借：固定资产——补偿贸易引进设备　　830 000

　　贷：在建工程——补偿贸易引进设备　　830 000

（6）用设备投产后第一批商品的价款偿还引进设备款时：

①对向外商提供的商品：

借：应收账款——应收外汇账款　　80 000

　　贷：其他业务收入——补偿贸易出口销售收入　　80 000

②结转销售成本：

借：其他业务成本——补偿贸易出口销售成本　　60 000

　　贷：库存商品　　60 000

③偿还引进设备款：

借：长期应付款——应付补偿贸易引进价款　　80 000

　　贷：应收账款——应收外汇账款　　80 000

【例7-4】厦门正鹭公司为增值税一般纳税企业，该企业对外币业务采用交易日的即期汇率折算，2015年年末以补偿贸易方式引进一项设备，价款294 000美元，国外运杂费6 000美元。双方协议，补偿贸易引进设备款本息于第3年年末以该设备生产的产品抵付，年利率为10%，复利计息。引进设备入境后，以人民币支付进口关税和国内运杂费共59 500元。引进设备安装工程由本企业人员承担，支付安装人员工资20 000元，提取安装人员福利费2 800元，安装工程耗用材料10 000元，增值税税率为17%。第3年年初，安装工程完工，设备交付使用。第3年年末，引进设备投产后生产的363件产品发往补偿贸易卖方企业，每件出口售价1 000美元，每件国内成本5 000元人民币。出口货物应退还增值税款抵顶内销货物的应纳税款为150 000元。为简化核算，对长期应付款利息一年核算一次。假设2015年年末即期汇率为1美元=6.8元人民币，2016年年末即期汇率为1美元=6.7元人民币，2017年年末即期汇率为1美元=6.9元人民币。

要求：根据上述资料编制相关会计分录。

(1) 2015年年末引进设备时：

借：在建工程——补偿贸易引进设备　　(USD300 000　6.80) 2 040 000

　　贷：长期应付款——应付补偿贸易引进价款　　(USD300 000　6.80) 2 040 000

(2) 支付进口关税和国内运杂费：

借：在建工程——补偿贸易引进设备　　59 500

　　贷：银行存款　　59 500

(3) 结算引进设备安装工程费用：

借：在建工程——补偿贸易引进设备　　34 500

　　贷：应付职工薪酬——工资　　20 000

　　　　　　　　　　——福利费　　2 800

　　　　原材料　　10 000

　　　　应交税费——应交增值税（进项税额转出）　　1 700

借：应付职工薪酬——工资　　20 000

　　贷：银行存款　　20 000

(4) 2016年年末计提长期应付款利息：

应计利息 = USD300 000 × 10% = USD30 000

借：在建工程　　(USD30 000　6.7) 201 000

　　贷：长期应付款——补偿贸易引进价款　　(USD30 000　6.7) 201 000

(5) 2017年年初引进设备安装完工，交付使用时：

在建工程成本 = 2 040 000 + 59 500 + 34 500 + 201 000 = 2 335 000（元）

借：固定资产——补偿贸易引进设备　　2 335 000

　　贷：在建工程——补偿贸易引进设备　　2 335 000

(6) 2017年年末计提长期应付款利息：

应计利息 = (USD300 000 + USD30 000) × 10% = USD33 000

借：财务费用　　(USD33 000　6.9) 227 700

　　贷：长期应付款——应付补偿贸易引进价款　　(USD33 000　6.9) 227 700

(7) 2017 年年末出口产品 363 件:

借:应收账款——应收外汇账款　　（USD363 000　6.9）2 504 700

　　贷:其他业务收入——补偿贸易出口销售收入　（USD363 000　6.9）2 504 700

(8) 结转出口商品销售成本:

借:其他业务成本——补偿贸易出口销售成本　　1 815 000

　　贷:库存商品　　1 815 000

(9) 出口货物应退还税款抵顶内销货物应纳税款:

借:应交税费——应交增值税（出口抵减内销产品应纳税额）　　150 000

　　贷:应交税费——应交增值税（出口退税）　　150 000

(10) 2017 年年末以出口产品价款偿还长期应付款本息:

应偿付长期应付款本息 = USD300 000 × $(1+10\%)^2$ = USD363 000

借:长期应付款——补偿贸易引进设备款　　（USD363 000　6.9）2 504 700

　　贷:应收账款——应收外汇账款　　（USD363 000　6.9）2 504 700

# 第三节　技术进出口的核算

**案例引入**

第一个提出制作 VCD 机的是我国万燕公司的一位员工，他应用现代数字压缩技术做出了 VCD，实现了盘子小、容量大、有音像、适销对路的目的，但由于没有保密意识和知识产权观念，因此在与日本四家大公司的合作过程中，既未签订保密协议，又未申请专利，结果是日本人听后马上申请了 VCD2.0 的专利，中国人再使用，日本人则提出侵犯其专利权，不仅影响了企业的对外贸易，而且使国内 VCD 生产的成本增加，市场竞争力大大减弱，给企业造成了巨大的损失。

在技术进出口过程中，企业的技术秘密有很高的价值，然而在进出口过程中，却很容易发生技术情报或者资料等秘密文件泄露的情况，一定要注意对技术秘密的保护，事先签订保密协议或者事先约定；否则，一旦技术秘密泄露，我国的企业就难以维护自身的利益，不仅损失掉技术贸易的收入，还将使技术生产者的市场竞争力大大减弱。

## 一、技术进出口概述

### （一）技术进出口的概念

技术进出口是指从中华人民共和国境外向中华人民共和国境内，或者从中华人民共和国境内向中华人民共和国境外，通过贸易、投资或经济技术合作的方式授予、出售或购买技术使用权的行为。

判断是否具有国际性的技术进出口行为，并不以进出口双方是否属于不同国籍为标准，而是看该技术是否跨越国境。

### （二）技术进出口与一般货物进出口的区别

技术进出口作为一种跨越国境的行为和一种贸易行为，与一般货物进出口有明显的区别。

1. 交易对象不同

技术进出口的交易对象是一种特殊商品，即无形的“知识产品”，而货物进出口指的是有形的物质产品。

2. 转让权限不同

技术进出口转让的只是技术的使用权，而货物进出口的标的一经出售，卖方就失去了对商品的所有权。

3. 受法律调整和政府管制程度不同

许多国家在有关技术进出口的法律中规定，凡重要的技术引进协议必须呈报政府主管部门审查、批准或登记后才能生效，而一般货物进出口合同没有这样的要求。

**（三）技术进出口的种类**

技术进出口业务中涉及的多是专利权及非专利技术。

1. 专利权

专利权是指国家授予发明创造的专利申请人，对其发明创造在法律规定的有效期间内可享有的专有权利，包括实用新型专利权和外观设计专利权。

2. 非专利技术

非专利技术也称专有技术或技术诀窍、技术秘密，它是指不为外界所知的在生产经营活动中已采用的技术、经验和技能等。非专利技术不受法律保护，而依靠严格的保密手段以维护自己的权利，它可以通过各种设计资料、图纸、配方、工艺流程等，或经营管理方面的具体技术资料表现出来，也可以通过对方派遣人员以给予或接受指导培训等手段实现。

**（四）技术进出口的方式**

技术进出口业务的方式有很多，主要有技术许可、特许专营、技术服务、合作生产、承包工程、合资经营、合作经营以及含有工业产权或专有技术转让的设备买卖。

1. 技术许可

技术许可，是指专利权、商标权或专有技术的所有人作为许可方向被许可方授予某项权利，允许其按许可方拥有的技术实施、制造、销售该技术项下的产品，并由被许可方支付一定数额的报酬，是技术转让交易中使用最广泛和最普遍的一种贸易方式。

许可贸易有三种基本类型，即专利许可、商标许可和专有技术许可。在技术贸易过程中，三种方式有时单独出现，但多数情况是以其中两种或三种类型的混合方式出现。

2. 特许专营

特许专营，是指由一家已经取得成功经验的企业，将其商标、商标名称、服务标志、专利、专有技术以及经营管理的方法或经验转让给另一家企业的一项技术转让合同，后者有权使用前者的商标、商品名称、专利、服务标志、专有技术及经营管理经验，但须向前者支付一定金额的特许费。

特许专营的双方，一方叫专营许可方，另一方为专营接受方，许可方可以通过提供技术援助，提供工程和管理咨询服务获取收入，并可能获得接受方反馈的技术，对于接受方，相对于独立发展技术，支付特许费用显得既经济又容易。特许专营的形式一般有产品专销、服务专营和商品格式专营。

3. 技术服务

技术服务，也称技术咨询服务，是技术提供方或服务方受另一方委托，通过签订技术服务合同，为委托方提供技术劳务，完成某项服务任务并由委托方支付一定技术服务费的活动。

技术服务的范围包括产品开发、成果推广、技术改造、工程建设及科技管理等各个方面和多种多样的形式。咨询费一般可以按工作量计算，也可采用技术课题包干定价。一般所付的咨询费相当于项目总投资的5%左右。

4. 承包工程

承包工程，是提供方为建成整个工厂与自成体系的整个车间向接受方提供全部设备、技术、经营管理方法，包括工程项目的设计、施工、设备的提供和安装、接受方人员的培训、试车，直接把一座能够开工生产的工厂或车间交给接受方。

承包工程的特点是与技术直接关联，大部分是新工艺、新技术，内容包括工程设计、施工安装、原材料供应、提供技术、培训人员、质量管理等全部过程，涉及商品、技术、劳务的进出口，是一种综合性的贸易活动。

### （五）我国技术进出口管理

为了规范技术进出口管理，维护技术进出口秩序，促进国民经济和社会发展，国家对技术进出口实行统一管理，采取“三种技术，两类合同，登记加审批制度”，依法维护公平、自由的技术进出口秩序。

三种技术是指将技术分为禁止进出口技术、限制进出口技术以及自由进出口技术，由外经贸部会同国务院有关部门，制定、调整并公布禁止或限制进出口的技术目录。

两类合同是指技术进口合同和技术出口合同。

登记加审批制度是指属于禁止进出口的技术，不得进出口。属于限制进出口的技术，实行许可证审批管理制度；未经许可，不得进出口。企业进口限制类技术，须先向外经贸部门提出申请，取得技术进出口许可意向书后，方可对外签订技术进出口合同。属于自由进出口技术，实行合同登记管理制度。

## 二、技术进出口税务

税费条款是国际技术贸易合同中一项重要的内容。

### （一）与技术贸易有关的税种主要有所得税、增值税等

1. 所得税

所得税是国家对个人或法人的一切所得征收的一种税，是技术贸易的主要税费，纳税人为供方，征税国为供方、受方双方所在国。

由于各国对税收的管辖权有属地主义和属人主义两种，属地主义是指对一国境内取得的所得征税，不管其取得者是本国居民还是外国居民，同时对本国居民取得的所得不再征税。属人主义是指对本国居民取得的来自国内外的所得都要纳税。国际技术贸易是一种跨国界的经济活动，各国对跨国所得平行行使征税权，以至一笔使用费收入需两次纳税，就会造成双重征税问题。

为避免双重征税，通常采用的方法有“免税法”、“抵免法”和“饶让法”。

（1）免税法，亦称豁免法，是指居住国一方对本国居民来源于来源地国的已在来源地

国纳税的跨国所得，在一定条件下放弃居民税收管辖权。

（2）抵免法是目前大多数国家采用的避免国际重复征税的方法。采用抵免法，就是居住国按照居民纳税人的境内外所得或一般财产价值的全额为基数计算其应纳税额，但对居民纳税人已在来源地国缴纳的所得税或财产税额，允许从居住国应纳的税额中扣除。即以纳税人在来源地国已缴纳的税额来抵免其应汇总计算缴纳居住国相应税额的一部分，从而达到避免对居民纳税人的境外所得或财产价值双重征税的效果。

（3）饶让法是指处于资本输入国地位的来源国，为使其减免税优惠能发挥实际效用，往往在与资本输出国签订的双重征税协定中要求对方实行税收饶让抵免，即居住国对其居民因来源地国实行减免税优惠而未实际缴纳的那部分税额，应视同已经缴纳同样给予抵免。

2. 增值税

增值税是对许可出售的技术使用费征收的税，纳税人为供方，征税国为供方、受方双方所在国。

### （二）技术进口税务

技术进口指从中国境外向中国境内通过贸易、投资或者经济技术合作的方式转移技术的行为。企业取得《技术进口合同许可证》或《技术合同进口登记证》后，应办理税务、外汇、银行、海关等登记手续。技术进口企业凭上述许可证或登记证及技术合同副本向其主管税务机关办理增值税及预提所得税的纳税申报，按对外支付金额的6%交纳增值税，按对外支付金额的10%交纳预提所得税。凭已缴纳税款凭证向其主管税务部门取得完税凭证，该完税凭证交技术出口方作为其本国抵免所得税的凭证。

预提所得税是为适应跨国权益所得的特点而采取的一种源泉征收方法，以实际受益人为纳税义务人，以支付人为扣缴义务人，从每次支付的款项中代扣代缴应纳税额。预提所得税以纳税人取得的收入全额为计税依据，除国家另有规定外，不予减除任何成本和费用，按10%的比例税率计征。但与我国签订有双边税收协定国家的外国企业，适用协定规定的限制性税率。

预提所得税的计算公式为：

$$\text{应扣缴税额} = \text{支付单位所支付的金额} \times \text{预提所得税税率}$$

**【例7-5】** 美国威廉公司在中国境内未设立机构、场所，2018年将一项商标使用权提供给中国顺昌外贸公司使用，获特许权使用费200万元，增值税税率为6%，预提所得税税率为10%。计算该外贸企业应缴纳的增值税及预提所得税税额。

（1）应缴纳增值税 $= 200 \times 6\% = 12$（万元）

（2）应缴纳预提所得税 $= 200 \times 10\% = 20$（万元）

### （三）技术出口税务

1. 所得税

我国《企业所得税法》规定，纳税人来源于中国境外的所得，已在境外缴纳的所得税税款，准予在汇总纳税时，从其应纳税额中扣除，但是扣除额不得超过其境外所得依照中国税法规定计算的应纳税款。

$$\begin{matrix}\text{境外所得税}\\\text{税款扣除限额}\end{matrix} = \begin{matrix}\text{境内所得按我国税法}\\\text{计算的应纳税总额}\end{matrix} \times \left(\begin{matrix}\text{来源于某国}\\\text{的所得额}\end{matrix} \div \begin{matrix}\text{境内境外}\\\text{所得总额}\end{matrix}\right)$$

纳税人来源于境外的所得在境外实际缴纳的所得税税款，低于按中国税法规定和分国不分项的抵扣方法计算出的扣除限额，可以从应纳税额中扣除其境外实际缴纳的所得税税款；超过扣除限额的，其超过部分当年不得抵扣，但可用以后年度税额扣除不超过限额的余额补扣，补扣期限最长不超过5年。

境外所得税税款扣除限额分国家或地区，不分项计算，是指将来源于同一国家同一地区的各项收入汇总在一起，作为某国、某地区的总所得额，再按我国税法计算抵免限额。来源于不同国家或地区的所得，应分别计算抵免限额。

**【例7-6】** 厦门怡富企业2017年取得境内外生产、经营应纳税所得额为3 000万元，其中500万元为该企业技术出口到A国所得，在A国已实际缴纳100万元预提所得税，我国企业所得税税率为25%。计算该企业境外缴纳税款的扣除限额及在国内汇总缴纳所得税税额。

（1）境内外所得应纳税总额 =3 000×25% =750（万元）

（2）境外所得税税额扣除限额 =750×500÷3 000 =125（万元）

（3）汇总时应纳所得税税额 =750-100 =650（万元）

**【例7-7】** 厦门鹭江生产企业当年取得产品销售收入1 000万元，出租房屋取得租金收入50万元，产品销售成本500万元，税金及附加为10万元，各项费用合计150万元，营业外支出40万元，取得借款利息收入30万元，各项支出均已按税法规定予以调整，从A国分支机构分回利润70万元，该国所得税税率为30%，国外已纳所得税30万元。设该企业所得税税率为25%，请计算该企业当年应纳所得税额。

（1）来源于A国的应纳税所得额 =70÷（1-30%）=100（万元）

（2）境内外应纳税所得额 =1 000+50+30+100-500-10-150-40 =480（万元）

（3）境内外应纳所得税总额 =480×25% =120（万元）

（4）境外所得税税额扣除限额 =120×100÷480 =25（万元）<30（万元）

（5）汇总时应纳所得税税额 =120-25 =95（万元）

2. 增值税

按我国税法规定，对从事技术出口业务取得的收入免征增值税。

## 三、技术进口的账务处理

技术进口业务一般均通过“无形资产”会计科目进行核算，并按无形资产的类别设置明细账。

### （一）无形资产确认时必须同时满足下列条件

1. 符合无形资产的定义

无形资产，是指企业拥有或者控制的没有实物形态的可辨认非货币性资产。

2. 与该资产相关的预计未来经济利益很可能流入企业

通常情况下，未来经济利益可能包括在销售商品、提供劳务的收入中，或者企业使用该项资产而减少或节约的成本中，或体现在获得的其他利益中。

3. 该资产的成本能够可靠计量

如果技术进口的成本无法可靠计量，不作为无形资产确认，计入当期损益。

### （二）技术进口的成本

1. 外购技术的成本

企业购进技术发生的成本，包括购买价款、相关税费以及直接归属于使该项资产达到预定用途所发生的其他支出。直接归属于使该项资产达到预定用途所发生的其他支出，包括达到预定用途所发生的专业服务费用、测试费用等；购买价款超过正常信用条件延期支付价款的，应按购买价款的现值计量其成本，现值与应付价款之间的差额作为确认的融资费用，在付款期间按照实际利率法确认为利息费用。

在国际技术贸易中，采用的使用费支付方式主要有总付和提成支付两种。总付是指在签订合同时，许可方与被许可方谈妥一笔固定的金额，在合同生效后，由被许可方按合同约定，一次或分期支付的办法。提成支付是指在签订合同时，当事人双方确定一个提取使用费的百分比，待被许可方利用技术开始生产并取得经济效果（产量、销售额、利润等）之后，以经济效果为基础，定期连续提取使用费的方法。在提成支付条件下，如果技术进口的价值不能确定，则不能将该技术确认为无形资产进行会计核算。

1）总付方式（一次性付清）

**【例7－8】** 厦门开元公司20××年6月15日以100万美元从美国B企业购入一项著作权，对方负担预提所得税费用及增值税，假设交易日美元即期汇率为1美元＝6.80元人民币，该企业有美元账户，无须购汇。增值税为6%，预提10%的所得税费用。

要求：根据以上资料编制相关会计分录。

（1）预提应交所得税及增值税：

增值税＝USD100×6.80×6%＝40.8（万元）

预提所得税＝USD100×6.80×10%＝68（万元）

借：应交税费——应交增值税（已交税金）　　408 000
　　　　　　——应交预提所得税　　680 000
　　贷：银行存款　　1 088 000

（2）按合同金额计入无形资产成本：

借：无形资产　　6 800 000
　　贷：应付账款——美国B企业　　6 800 000

同时结转代扣税金：

借：应付账款——美国B企业　　1 088 000
　　贷：应交税费——应交增值税（已交税金）　　408 000
　　　　　　　　——应交预提所得税　　680 000

（3）支付扣税后的净价款：680－108.8＝571.2（万元）

借：应付账款——美国B企业　　5 712 000
　　贷：银行存款　　5 712 000

2）提成支付方式

**【例7－9】** 厦门凯盛公司20××年从美国戴维公司进口某商品的商标使用权，合同规定每年按年销售收入10%支付戴维公司使用费，使用期限为10年。假定第一年凯盛公司销售收入为10万美元，第二年销售收入为16万美元，这两年的使用费按期支付。对方负担预提所得税及增值税，假定所有外汇业务美元即期汇率为1美元＝6.80元人民币，增值税税率为6%，预提10%的所得税。

要求：根据以上资料编制相关会计分录。

(1) 凯盛公司第一年年底付款，会计分录如下：

①代交增值税和预提所得税。

增值税 = USD100 000 × 6.80 × 10% × 6% = 4 080（元）

预提所得税 = USD100 000 × 6.80 × 10% × 10% = 6 800（元）

借：应交税费——应交增值税（已交税金） 4 080

——应交预提所得税 6 800

贷：银行存款 10 880

②按合同规定将第一次应付款入账：

USD100 000 × 6.80 × 10% = 68 000（元）

借：无形资产——未完引进技术 68 000

贷：应付账款——美国戴维公司 68 000

③结转代扣税金：

借：应付账款——美国戴维公司 10 880

贷：应交税费——应交增值税（已交税金） 4 080

——应交预提所得税 6 800

④第一年年底付款。

借：应付账款——美国戴维公司 57 120

贷：银行存款 57 120

(2) 凯盛公司第二年年底付款，会计分录如下：

①代交增值税和预提所得税：

增值税 = USD160 000 × 6.80 × 10% × 6% = 6 528（元）

预提所得税 = USD160 000 × 6.80 × 10% × 10% = 10 880（元）

借：应交税费——应交增值税（已交税金） 6 528

——应交预提所得税 10 880

贷：银行存款 17 408

②按合同规定将第二次应付款入账：

USD160 000 × 6.80 × 10% = 108 800（元）

借：无形资产——未完引进技术 108 800

贷：应付账款——美国戴维公司 108 800

③结转代扣税金：

借：应付账款——美国戴维公司 17 408

贷：应交税费——应交增值税（已交税金） 6 528

——应交预提所得税 10 880

④第二年年底付款：

借：应付账款——美国戴维公司 91 392

贷：银行存款 91 392

以后每年的会计分录同上。

2. 投资者投入技术的成本

投资者投入的技术，应按投资合同或协议约定的价值确定该技术的取得成本，借记“无形资产”科目，按投入资本在注册资本或股本中所占份额，贷记“实收资本”科目或“股本”科目，按其差额，贷记“资本公积——资本溢价”或“资本公积——股本溢价”等科目。

**（三）以产品补偿引进国外技术的会计核算**

技术出口国提供专利和非专利技术的所有权或使用权，我国企业利用该技术生产的产品来偿还该技术的使用费，此类业务属于补偿贸易，带有融资性质。引进技术不需立即付汇。按我国税法规定需交增值税和预提所得税。

1. 引进技术按合同价值记账

借：无形资产

　　贷：长期应付款——应付补偿贸易引进价款

2. 向国外交货

借：应收账款——应收外汇账款

　　贷：其他业务收入——补偿贸易出口销售收入

借：其他业务成本

　　贷：库存商品

3. 代扣增值税和预提所得税

借：长期应付款——应付补偿贸易引进价款

　　贷：应交税费——应交增值税（已交税金）

　　　　　　　　——应交预提所得税

4. 代交增值税和预提所得税

借：应交税费——应交增值税（已交税金）

　　　　　　——应交预提所得税

　　贷：银行存款

5. 偿还技术使用费

借：长期应付款——应付补偿贸易引进价款（长期应付款本息和代扣代交增值税和预提所得税）

　　贷：应收账款——应收外汇账款

**（四）技术进口的后继计量**

如果进口的技术作为“无形资产”进行核算，在初始成本确定后，其后在使用该项技术期间应以成本减去累计摊销额和累计减值损失后的余额计量。

对使用寿命有限的技术，应在其预计的使用寿命内采用系统合理的方法对应摊销金额进行摊销。应摊销金额是指技术的成本扣除残值后的金额。已计提减值准备的，还应扣除计提的减值准备累计金额。残值一般应视为零。摊销期自可供使用时起至终止确认时止，即当月增加的当月开始摊销，当月减少的当月不再摊销。摊销方法应当能反映与该技术有关的经济利益的预期实现方式，并一致地运用于不同会计期间，包括直线法、生产总量法、加速折旧法等。摊销时，根据该技术所服务的对象，将其摊销价值计入相关资产的成本或当期损益。

对使用寿命不确定的技术，在持有期间不需要摊销，但应当在每个会计期间进行减值测试。如果经测试表明已发生减值，则需要计提相应的减值准备，借记“资产减值损失”科目，贷记“无形资产减值准备”科目。

## 四、技术出口的账务处理

企业为技术进口国设计软件、开发新产品、培训技术人员、设计产品等均属技术服务。

### （一）提供技术服务的交易结果必须同时能满足下列条件

（1）收入的金额能够可靠地计量。

（2）相关的经济利益很可能流入企业。

（3）提供技术服务的完成进度能够可靠地确定。

（4）交易中已发生和将发生的成本能够可靠地计量。

### （二）提供技术服务收入的确认有下列几种情况

（1）提供技术服务从开始到完成，处在同一会计年度内，应当在完成服务时确认收入。

（2）如果提供技术服务不能在一个会计年度内完成，而提供技术服务交易的结果能够可靠估计，企业在资产负债表日应当采用完工百分比法确认提供劳务收入。完工百分比法是指按照技术服务的完成进度确认收入和费用的方法。合同总收入一般在双方签订的合同或协议中确定，企业应当在资产负债表日按照提供技术服务的收入总额乘以完成进度扣除以前会计期间累计已确认提供技术服务收入后的金额，确认当期提供技术服务收入；同时，按照提供技术服务估计总成本乘以完工进度扣除以前会计期间累计已确认成本后的金额，结转当期提供技术服务成本。企业确定提供技术服务交易的完成程度，可以选用下列方法：已完工作的测量、已经提供的技术服务占应提供技术服务总量的比例、已经发生的成本占估计总成本的比例。

（3）外贸企业在资产负债表日提供技术服务的交易结果不能够可靠估计的，应当分下列情况处理：

①已经发生的技术服务成本预计能够得到补偿的，按照已经发生的成本金额确认提供技术服务收入，并按相同金额结转成本。

②已经发生的技术服务成本预计不能够得到补偿的，应当将已经发生的成本计入当期损益，不确认提供技术服务收入。

（4）外贸企业在与外商签订既有销售商品又包括提供技术服务的合同或协议时，如果销售商品部分和提供技术服务部分能够区分且能够单独计量，企业应分别核算商品部分和提供技术服务部分，分别做销售商品处理和提供技术服务处理；如果不能够区分，或虽能区分但不能够单独计量，企业应当将销售商品部分和提供技术服务部分全部作为销售商品部分进行会计处理。

企业提供技术服务的会计分录如下：

①收到预收款，同时扣缴预提所得税：

借：银行存款——美元户

　　应交税费——预提所得税

　　贷：预收账款——预收外汇账款

②结转代缴预提所得税：

借：所得税费用

贷：应交税费——预提所得税

③发生成本时：

借：劳务成本

贷：应付职工薪酬

④在资产负债表日确认收入并结转成本：

借：预收账款——预收外汇账款

贷：主营业务收入/其他业务收入

同时，结转成本：

借：主营业务成本/其他业务成本

贷：劳务成本

**【例7-10】**鹭达公司于20××年9月为德国凯西公司设计工程项目，设计费为50万美元，期限为6个月，合同规定德国凯西公司预付设计费5万美元，余款在设计完成后支付。至本年12月31日已发生成本150万元（假定为设计人员工资）。预计完成该设计项目还将发生成本100万元。本年12月31日经专业人员测评，设计工程已完成75%。假定设计期内美元即期汇率均为1美元=6.80元人民币。假设德国征收的预提所得税税率为10%。

要求：根据以上资料编制相关会计分录。

（1）收到预收款，已扣预提所得税：

预提所得税=USD50 000×6.8×10%=34 000（元）

借：银行存款　　306 000

应交税费——应交预提所得税　　34 000

贷：预收账款——德国凯西公司　　USD50 000×6.80 340 000

（2）结转代缴预提所得税：

借：所得税费用　　34 000

贷：应交税费——应交预提所得税　　34 000

（3）发生成本时：

借：劳务成本　　1 500 000

贷：应付职工薪酬　　1 500 000

（4）本年12月31日资产负债表日确认收入：

本年确认收入=劳务总收入×劳务的完成程度-以前年度已确认的收入

=USD500 000×6.80×75%-0=2 550 000（元）

借：应收账款——德国凯西公司　　2 550 000

贷：主营业务收入/其他业务收入　　2 550 000

同时结转成本：

本年确认费用=劳务总成本×劳务的完成程度-以前年度已确认的成本

=（1 500 000+1 000 000）×75%-0=1 875 000（元）

借：主营业务成本/其他业务成本　　1 875 000

贷：劳务成本　　1 875 000

（5）下一年发生成本时：

借：劳务成本　　1 000 000

贷：应付职工薪酬　　1 000 000

（6）设计工程完工时确认余下25%进度的收入：

下一年确认余下25%进度的收入＝劳务总收入×劳务的完成程度－以前年度已确认的收入
＝USD500 000×6.80×100%－2 550 000＝850 000（元）

借：应收账款——德国凯西公司　　850 000
　　贷：主营业务收入/其他业务收入　　850 000

同时结转成本：

下一年确认余下25%进度的费用＝劳务总成本×劳务的完成程度－以前年度已确认的成本
＝（1 500 000＋1 000 000）×100%－1 875 000＝625 000（元）

借：主营业务成本/其他业务成本　　625 000
　　贷：劳务成本　　625 000

（7）收到德国凯西公司设计费余款，已扣预提所得税：

预提所得税＝USD450 000×6.8×10%＝306 000（元）

借：银行存款　　2754 000
　　应交税费——应交预提所得税　　306 000
　　预收账款——德国凯西公司　　340 000
　　贷：应收账款——德国凯西公司　　3 400 000

（8）结转代缴预提所得税：

借：所得税费用　　306 000
　　贷：应交税费——应交预提所得税　　306 000

企业在德国交纳的预提所得税，在国内汇总交纳企业所得税时予以抵扣。

## 第四节　样展品的核算

### 一、样展品的概述

#### （一）样展品的概念

样展品通常是指从一批商品中抽取出来的或由生产、使用部门设计、加工出来的，足以反映和代表整批货物品质的少量实物。提供商品样展品是外贸企业经营进出口交易不可缺少的条件，它是与客商洽谈交易的依据。样展品是外贸企业在经营进出口交易中展览和销售相结合贸易方式的产物。现在不仅有大型定期的国际博览会、综合商品展览会，也有许多定期、不定期的高新技术专业展览会。

#### （二）样展品的作用

（1）通过现场陈列展览商品，可以起到向顾客广泛宣传商品、开拓市场、促进销售的作用。

（2）通过举办展览，可以从参观者和顾客处了解到对企业所经营产品的意见和问题，并求得双方满意的解决办法，留住老客户，并发展新客户。

（3）通过举办展览的机会，不仅可以了解市场的许多信息，也可以了解到同行产品和业务发展的情况及今后的发展趋势。

外贸企业进出口交易的商品品种、规格、花色、质量多样，样展品的规格相当复杂，形成样展品的来源渠道不一。有的样展品来自国外，有的来自国内；或是由客商无偿提供，或是自行采购。由于样展品的来源与用途复杂，所以必须建立专职的样展品管理部门，负责样展品的收入、发出与保管工作，并建立收入、发出和保管的制度，设立账簿或卡片登记，样展品管理部门应根据有关负责人审核批准的凭证收发样展品。比如样展品的采购，应由业务部门负责，对国外进口的样展品，应按批准的进口计划及单证验收。又比如发出样展品，也应由业务部门办理必要的凭证手续，对发出不明去向的样展品，应先作借样，以后按规定手续报账。对商品交易会、博览会发送样展品，应根据业务部门编制的样展品发送清单发给经办人员，待会期结束，按规定办理退回与报销清算工作。样展品管理部门对所管样展品应经常或定期地进行盘点，以做到账实相符。

## 二、样展品业务的账务处理

### （一）应设科目

外贸企业对样展品的核算，应在“库存商品”账户下设样展品专户进行总分类核算，按出口样品、进口样品、出国展品、国内陈列展品、交易会样展品、借用样品等分类登记，并按品名进行明细分类核算，同时登记其数量与金额。

“库存商品——样展品”账户核算外贸企业存放在库和陈列在国内外的样品、展品和卖品。它的借方反映验收入库和其他原因增加数，贷方反映销售、赠送、其他原因减少数，其余额在借方，反映样展品的结存数。

### （二）样展品收发业务的账务处理

1. 企业外购样展品或者接受计价的样展品

**【例7-11】** 厦门鹭达外贸公司由业务部门购进样展品10 000元，税金1 700元，交样展品管理部门验收入库，作会计分录如下：

借：库存商品——样展品　　10 000

　　应交税费——应交增值税（进项税额）　　1 700

　　贷：银行存款　　11 700

2. 企业接受无偿赠送的样展品

应按市场价格或同类样展品价格估价入账，并作为营业外收入处理。

**【例7-12】** 厦门鹭达公司接受国外客户无偿赠送样展品，按现行市场价格计价2 000元，作会计分录如下：

借：库存商品——样展品　　2 000

　　贷：营业外收入　　2 000

3. 提供计价的样展品给客户

**【例7-13】** 厦门鹭达公司发送给经办单位组织到国外展览的样展品，成本5 000元，作为内销，计价8 000元，增值税税率为17%，作会计分录如下：

借：应收账款　　9 360

　　贷：主营业务收入　　8 000

　　　　应交税费——应交增值税（销项税额）　　1 360

同时结转库存商品成本，作会计分录如下：

借：主营业务成本　　5 000
　　贷：库存商品——样展品　　5 000

【例7－14】厦门鹭达公司出售样展品给外国客商，库存成本4 000元，收到1 000美元，存入中国银行，当日即期汇率为1美元=6.80元人民币。作会计分录如下：

借：银行存款　　6 800
　　贷：主营业务收入　　6 800

同时结转销售成本，作会计分录如下：

借：主营业务成本　　4 000
　　贷：库存商品——样展品　　4 000

4. 无偿提供样展品给客户

【例7－15】厦门鹭达公司无偿提供给国外客商样展品，计500元，作会计分录如下：

借：销售费用　　585
　　贷：库存商品——样展品　　500
　　　　应交税费——增值税（进项税额转出）　　85

【例7－16】厦门鹭达公司发送给国内某展览馆陈列展览的小量低价样展品计2 000元，作会计分录如下：

借：销售费用　　2 340
　　贷：库存商品——样展品　　2 000
　　　　应交税费——应交增值税（进项税额转出）　　340

## 复习思考题

### 一、单项选择题

1.（　　）是指由贸易双方订立易货贸易合同或协议，规定在一定期限内，用一种或几种出口商品交换另一种或几种进口商品的业务。

A. 易货贸易　　B. 补偿贸易
C. 自营出口业务　　D. 技术出口贸易

2.（　　）是指由贸易双方银行互设清算账户记账，双方出口商品在发运后将全套结算单据送交本国银行，由双方银行记账。同时，贸易双方也应相应设立外汇结算专户记账，互相冲抵，并在规定的期限内进行平衡的结算方式。

A. 对开信用证结算方式　　B. 直接支付方式
C. 记账结算方式　　D. 延期支付方式

3.（　　）是指企业在由外商直接提供信贷的基础上，从国外引进机器、设备、技术、原材料或劳务，约定在一定期限内，用其生产的产品、其他商品或劳务，分期清偿贷款的一种贸易方式。

A. 易货贸易　　B. 补偿贸易
C. 自营出口业务　　D. 技术出口贸易

4.（　　）也叫转手补偿，是由第三国替代首次进口的一方承担或提供补偿产品的义务。

A. 直接补偿　　B. 综合补偿

C. 间接补偿　　D. 多边补偿

5.（　　）也叫商品换购、互购，是指进口方用以偿还进口价款的产品，不是用引进的技术设备直接生产出来的，而是由双方商定的其他商品或劳务进行补偿。

A. 间接补偿　　B. 全额补偿

C. 直接补偿　　D. 综合补偿

6.（　　）也叫产品返销，是指进口方用其引进的设备、技术、材料等直接生产出来的产品偿还进口价款。

A. 间接补偿　　B. 全额补偿

C. 直接补偿　　D. 综合补偿

7.（　　）是指从中华人民共和国境外向中华人民共和国境内或者从中华人民共和国境内向中华人民共和国境外，通过贸易、投资或者经济技术合作的方式转让技术的行为。

A. 许可贸易　　B. 技术进出口

C. 特许专营　　D. 技术咨询服务

8.（　　）是指专利权所有人或商标所有人或专有技术所有人作为许可方授予被许可方某项权利，允许其按许可方拥有的技术实施、制造、销售该技术项下的产品，并由被许可方支付一定数额的报酬。

A. 技术许可　　B. 技术进出口

C. 特许专营　　D. 技术咨询服务

9.（　　）是指由一家已经取得成功经验的企业，将其商标、商号名称、服务标志、专利、专有技术以及经营管理的方法或经验转让给另一家企业的一项技术转让合同，后者有权使用前者的商标、商号名称、专利、服务标志、专有技术及经营管理经验，但须向前者支付一定金额的特许费。

A. 技术许可　　B. 技术进出口

C. 特许专营　　D. 技术咨询服务

10.（　　）是技术供方或服务方受另一方委托，通过签订技术服务合同，为委托方提供技术劳务，完成某项服务任务，并由委托方支付一定服务费的活动。

A. 许可贸易　　B. 技术进出口

C. 特许专营　　D. 技术咨询服务

11. 接受赠送的无价样展品，应按市场价格或同类样展品价格估价入账，并作为（　　）处理。

A. 营业外收入　　B. 其他业务收入

C. 主营业务收入　　D. 资本公积

12. 企业无偿提供给国外客商的样展品，计入（　　）。

A. 营业外收入　　B. 其他业务收入

C. 销售费用　　D. 资本公积

13. 技术进出口是一种（　　）贸易，是指通过贸易、投资或者经济技术合作的方式将其技术的使用权授予、出售或购买的行为。

A. 行业标准　　B. 技术规范

C. 跨越国境　　D. 易货贸易

## 二、多项选择题

1. 易货贸易的结算方式是（　　）。

A. 对开信用证结算方式

B. 直接支付方式

C. 记账结算方式

D. 延期支付方式

2. 易货在国际贸易实践中主要表现为下列（　　）形式。

A. 直接易货

B. 一般易货

C. 综合易货

D. 间接易货

3. 补偿贸易的特点是（　　）。

A. 贸易与信贷相结合

B. 贸易与生产相联系

C. 机器设备和技术的进口与产品的出口相联系

D. 贸易双方是买卖关系

4. 补偿贸易的作用在于（　　）。

A. 补偿贸易对设备进口方而言，可少动用外汇或不动用外汇，进口所需设备和较先进的技术，既有利于缓和对外支付手段不足的矛盾，又可提高本国的生产能力、扩大出口、增收外汇

B. 可给产品的出口建立长期的比较稳定的销售渠道和市场

C. 对设备供应方而言，可突破进口方支付能力不足的障碍，扩大产品销售市场

D. 获得比较固定的原材料供应来源

5. 补偿贸易按贸易形式的不同可分为（　　）。

A. 直接补偿

B. 综合补偿

C. 间接补偿

D. 多边补偿

6. 补偿贸易与一般贸易的区别在于（　　）。

A. 一般贸易通常是以货币为支付手段；补偿贸易实质上是用商品来支付的

B. 一般贸易通常不用以信贷为条件；补偿贸易往往离不开信贷，信贷往往是这种贸易的组成部分

C. 一般贸易往往是一次性行为，买卖过程同时发生，大致同时结束；补偿贸易往往持续时间较长，有的3~5年，有的长达10年以上，每一笔交易往往包括多次的买卖活动

D. 一般贸易，一方为买方，另一方为卖方，交易手续简便；补偿贸易双方，既是买方，又是卖方，具有两重身份，有时供货或销售的义务还可让给第三方，交易手续比较复杂

7. 我国对技术进出口的管理有（　　）规定。

A. 实行统一管理

B. 采取三种技术

C. 两类合同

D. 登记加审批制度

E. 登记或审批制度

8. 三种技术是指将技术分为（　　）。

A. 禁止进出口技术

B. 鼓励进出口技术

C. 限制进出口技术

D. 自由进出口技术

E. 任意进出口技术

9. 企业购进技术发生的成本，包括（　　）。

A. 购买价款

B. 相关税费

C. 技术维护费

D. 直接归属于使该项资产达到预定用途所发生的其他支出

E. 归属于使该项资产达到预定用途后所发生的其他支出

10. 外贸企业在与外商签订既有销售商品又包括提供技术服务的合同或协议时，处理正确的是（　　）。

A. 如果销售商品部分和提供技术服务部分能够区分且能够单独计量，企业应分别核算商品部分和提供技术服务部分，分别作销售商品处理和提供技术服务处理

B. 如果不能够区分，企业应当将销售商品部分和提供技术服务部分全部作为提供技术服务处理

C. 如果不能够区分，企业应当将销售商品部分和提供技术服务部分全部作为销售商品部分进行处理

D. 如果能区分但不能够单独计量，企业应当将销售商品部分和提供技术服务部分全部作为提供技术服务处理

E. 如果能区分但不能够单独计量，企业应当将销售商品部分和提供技术服务部分全部作为销售商品部分进行处理

11. 许可贸易有三种基本类型（　　）。

A. 专利许可　　B. 商标许可

C. 专有技术许可　　D. 商誉许可

E. 土地使用许可

12. 技术进口的无形资产确认时必须同时满足的条件为（　　）。

A. 符合无形资产的定义

B. 与该资产相关的预计未来经济利益很可能流入企业

C. 该资产的成本能够可靠计量

D. 所提供技术服务从开始到完成，处在同一会计年度内，应当在完成服务时确认收入

E. 所提供技术服务不能在一个会计年度内完成，而提供技术服务交易的结果能够可靠估计的，企业在资产负债表日应当采用完工百分比法确认

## 三、实务题

**【习题1】**

目的：练习易货贸易的核算。

资料：厦门昌盛公司以人民币为记账本位币，外币交易采用交易日即期汇率折算。20××年3月与法国吉姆公司签订易货贸易合同，合同规定昌盛公司出口2 000吨山药，每吨120美元CIF价格，货款240 000美元；昌盛公司进口牛乳糖5 000件，每件48美元CIF价格，货款240 000美元。采用对开信用证结算方式。假定所有外汇业务的折算汇率均为1美元=6.80元人民币。相关业务如下：

（1）3月1日向国内购进山药2 000吨，每吨600元，计货款1 200 000元，增值税税额

204 000 元，价税款通过银行存款结算。

(2) 3 月 2 日，山药验收入库。

(3) 3 月 3 日，山药已装船托运。

(4) 3 月 5 日收到业务部门转来的易货贸易销售山药的发票副本和银行回单，开列山药 2 000 吨，每吨 120 美元 CIF 价格。

(5) 3 月 5 日，结转易货贸易成本。

(6) 3 月 6 日，支付易货贸易国外运费 1 500 美元，保险费 300 美元，以外币美元存款户支付。

(7) 3 月 10 日，向税务机关申请退税，假定山药退税率为 17%。

(8) 3 月 18 日，接到银行转来的法国吉姆公司全套结算单据，开列牛乳糖 5 000 件，每件 48 美元 CIF 价格，货款 240 000 美元，审核无误，确认该项进口。

(9) 3 月 15 日，上述物资运达我国口岸，申报并缴纳进口税金，假定牛乳糖进口关税税率为 20%，进口增值税税率为 17%。

(10) 3 月 28 日，厦门昌盛公司将上述牛乳糖 5 000 件，每件 400 元全部售给国内世通公司，收到业务部门转来的有关单据，上列货款 2 000 000 元，增值税税款 340 000 元，已收到转账支票，存入银行。

(11) 计算交纳该笔业务的增值税。

要求：根据以上资料编制相关会计分录。

**【习题 2】**

目的：练习补偿贸易的核算。

资料：厦门逸飞企业以人民币为记账本位币，外币交易采用交易日即期汇率折算。本期与德国汉姆公司签订补偿贸易合同，引进一台设备及配件。设备款折合人民币 400 000 元，配件款折合人民币 30 000 元，企业准备用生产的产品归还引进设备及配件款。设备运来后，用人民币支付关税及国内运杂费 10 000 元（其中设备负担 3 000 元）。设备安装调试后，正式投入使用，同时开出转账支票支付安装调试费 10 000 元。引进设备投产后，第一批生产产品 100 件，每件不含税销售价格 200 元，销售成本 100 元，这一批产品全部用于归还设备款。

要求：根据以上资料编制相关会计分录。

**【习题 3】**

目的：练习在技术进口业务下提成支付方式的核算。

资料：厦门远航公司以人民币为记账本位币，外币交易采用交易日即期汇率折算。20××年从丹麦迪非公司进口某商品的商标使用权，合同规定每年按年销售收入 10% 支付丹麦迪非公司使用费，使用期限为 10 年。假定第一年厦门远航公司销售收入为 20 万美元，第二年销售收入为 25 万美元，这两年的使用费按期支付。对方负担预提所得税及增值税，假定所有外汇业务美元即期汇率为 1 美元 = 6.80 元人民币，增值税税率为 5%，预提 10% 的所得税。

要求：根据以上资料编制相关会计分录。

**【习题 4】**

目的：练习样展品业务的账务处理。

资料：

（1）A外贸企业由业务部门购进样展品20 000元，税金3 400元，交样展品管理部门验收入库。

（2）企业接受国外客户无偿赠送样展品，按现行市场价格计价4 000元。

（3）企业发送给经办单位组织到国外展览的样展品，成本10 000元，作为内销，计价16 000元，增值税税率为17%。

（4）企业出售样展品给外国客商，库存成本8 000元，收到2 000美元，存入中国银行，假定即期汇率为1美元=6.80元人民币。

（5）企业无偿提供给国外客商样展品，计600元。

（6）发送给国内某展览馆陈列展览的小量低价样展品计1 000元。

要求：根据以上业务编制相关会计分录。

# 第八章

# 会计报表

## 知识目标

1. 了解财务报表及其目标、组成和分类；

2. 理解对外报表（资产负债表、利润表、现金流量表、所有者权益变动表）的概念、作用、格式、编制方法。

## 技能目标

1. 掌握对内报表（主要进口商品销售成本及盈亏表、主要出口商品成本及盈亏表）的格式、编制方法。

2. 掌握外币折算报表的格式、编制方法。

## 案例导入

兴隆公司 2017 年实现主营业务收入 8 200 000 元，发生的主营业务成本 6 000 000 元，营业税金及附加 54 000 元、销售费用 120 000 元、管理费用 630 000 元、财务费用 200 000 元。此外，当年发生的营业外收入为 25 000 元，营业外支出 36 000 元，当年所得税费用等于按税法规定计算的应交所得税税额 310 000 元。请分析兴隆公司 2017 年的经营成果。

## 第一节　财务报表概述

### 一、财务报表及其目标

财务报表是对企业财务状况经营成果和现金流量的结构性表述。

企业编制财务报表的目标是向财务报表使用者提供与企业财务状况、经营成果和现金流量等有关的会计信息，反映企业管理层受托责任的履行情况，有助于财务报表使用者作出经济决策。财务报表使用者通常包括投资者、债权人、政府及其有关部门和社会公众等。

## 二、财务报表的组成和分类

### （一）财务报表的组成

财务报表是对企业财务状况、经营成果和现金流量的结构性表述，一套完整的财务报表，至少应当包括资产负债表、利润表、现金流量表、所有者权益（或股东权益，下同）变动表以及附注。

资产负债表、利润表和现金流量表分别从不同角度反映企业的财务状况、经营成果和现金流量。资产负债表反映企业在某一特定日期所拥有的资产、需偿还的债务以及股东（投资者）拥有的净资产情况。

利润表反映企业在一定会计期间的经营成果，即利润或亏损的情况，表明企业运用所拥有的资产的获利能力。

现金流量表反映企业在一定会计期间现金和现金等价物流入和流出的情况。

所有者权益变动表反映构成所有者权益的各组成部分当期的增减变动情况。企业的净利润及其分配情况是所有者权益变动的组成部分，相关信息已经在所有者权益变动表及其附注中反映，企业不需要再单独编制利润分配表。

附注是财务报表不可或缺的组成部分，是对在资产负债表、利润表、现金流量表和所有者权益变动表等报表中列示项目的文字描述或明细资料，以及对未能在这些报表中列示项目的说明等。

### （二）财务报表的分类

财务报表可以按照不同的标准进行分类：

1. 按财务报表编报期间的不同，可以分为中期财务报表和年度财务报表

中期财务报表是以短于一个完整会计年度的报告期间为基础编制的财务报表，包括月报表、季报表和半年报表等。中期财务报表至少应当包括资产负债表、利润表、现金流量表和附注。

其中，中期资产负债表、利润表和现金流量表应当是完整的报表，其格式和内容应当与年度财务报表相一致，与年度财务报表相比，中期财务报表中的附注披露可适当简略。

2. 按财务报表编报主体的不同，可以分为个别财务报表和合并财务报表

个别财务报表是由企业在自身会计核算基础上对账簿记录进行加工而编制的财务报表，它主要用以反映企业自身的财务状况、经营成果和现金流量情况。合并财务报表是以母公司和子公司组成的企业集团为会计主体，根据母公司和所属子公司的财务报表，由母公司编制的综合反映企业集团财务状况、经营成果及现金流量的财务报表。

外贸企业的财务报表按会计报表的服务对象，可分为外部报表和内部报表。外部报表是指向企业以外的部门、其他单位及个人提供的会计报表，主要包括资产负债表、利润表、现金流量表、所有者权益变动表和相关附表。内部报表主要有主要进口商品销售成本及盈亏表、主要出口商品成本及盈亏表。

# 第二节　对外报表

## 一、资产负债表

### （一）资产负债表的概念及作用

资产负债表是指反映企业在某一特定日期的财务状况的报表。通过提供资产负债表，可以反映企业在某一特定日期所拥有或控制的经济资源，所承担的现时义务和所有者对净资产的要求权，帮助财务报表使用者全面了解企业的财务状况，分析企业的偿债能力等情况，从而为其作出经济决策提供依据。

### （二）资产负债表的内容及格式

1. 资产负债表的内容

资产负债表的内容包括资产、负债、所有者权益三个部分，以“资产 = 负债 + 所有者权益”为编制原理。其提供的企业某一特定日期的财务状况的内容主要包括以下三个方面：

1）资产

资产应当按照流动资产和非流动资产两大类别在资产负债表中列示，在流动资产和非流动资产类别下进一步按性质分项列示。

（1）资产负债表中列示的流动资产项目通常包括货币资金、交易性金融资产、应收票据、应收账款、预付款项、应收利息、应收股利、其他应收款、存货和一年内到期的非流动资产等。

（2）资产负债表中列示的非流动资产项目通常包括长期股权投资、固定资产、在建工程、工程物资、固定资产清理、无形资产、开发支出、长期待摊费用以及其他非流动资产等。

2）负债

负债应当按照流动负债和非流动负债两大类别在资产负债表中列示，在流动负债和非流动负债类别下进一步按性质分项列示。

（1）资产负债表中列示的流动负债通常包括短期借款、应付票据、应付账款、预收款项、应付职工薪酬、应交税费、应付利息、应付股利、其他应付款、一年内到期的非流动负债等。

（2）非流动负债通常包括长期借款、应付债券和其他非流动负债等。

3）所有者权益

所有者权益一般按照实收资本（或股本）、资本公积、盈余公积和未分配利润分项列示。

2. 资产负债表的格式

资产负债表的格式有账户式和报告式两种。我国的资产负债表采用账户式结构，即资产负债表分为左方和右方，左方列示企业的各项资产，右方列示企业的各项负债和所有者权益，报表左方的资产总计与报表右方的负债及所有者权益总计应相等，即资产负债表左方和右方平衡。格式如表 8 - 1 所示。

**表 8-1　资产负债表**

会企 01 表

编制单位：　　　　　　　　年　月　日　　　　　　　元

| 资产 | 期末余额 | 年初余额 | 负债及所有者权益 | 期末余额 | 年初余额 |
| --- | --- | --- | --- | --- | --- |
| 流动资产： | | | 流动负债： | | |
| 货币资金 | | | 短期借款 | | |
| 交易性金融资产 | | | 交易性金融负债 | | |
| 应收票据 | | | 应付票据 | | |
| 应收账款 | | | 应付账款 | | |
| 预付款项 | | | 预收款项 | | |
| 应收利息 | | | 应付职工薪酬 | | |
| 应收股利 | | | 应交税费 | | |
| 其他应收款 | | | 应付利息 | | |
| 存货 | | | 应付股利 | | |
| 一年内到期的非流动资产 | | | 其他应付款 | | |
| 其他流动资产 | | | 一年内到期的非流动负债 | | |
| 流动资产合计 | | | 其他流动负债 | | |
| 非流动资产： | | | 流动负债合计 | | |
| 可供出售金融资产 | | | 非流动负债： | | |
| 持有至到期投资 | | | 长期借款 | | |
| 长期应收款 | | | 应付债券 | | |
| 长期股权投资 | | | 长期应付款 | | |
| 投资性房地产 | | | 专项应付款 | | |
| 固定资产 | | | 预计负债 | | |
| 在建工程 | | | 递延所得税负债 | | |
| 工程物资 | | | 其他非流动负债 | | |
| 固定资产清理 | | | 非流动负债合计 | | |
| 生产性生物资产 | | | 负债合计 | | |
| 油气资产 | | | 所有者权益（或股东权益）： | | |
| 无形资产 | | | 实收资本（或股本） | | |
| 开发支出 | | | 资本公积 | | |
| 商誉 | | | 减：库存股 | | |
| 长期待摊费用 | | | 盈余公积 | | |
| 递延所得税资产 | | | 未分配利润 | | |

续表

| 资产 | 期末余额 | 年初余额 | 负债及所有者权益 | 期末余额 | 年初余额 |
| --- | --- | --- | --- | --- | --- |
| 其他非流动资产 | | | 所有者权益（或股东权益）合计 | | |
| 非流动资产合计 | | | | | |
| 资产总计 | | | 负债及所有者权益合计 | | |

单位负责人：　　　　　　　　　　财务负责人：　　　　　　　　　　制表人：

### （三）资产负债表的编制

1. “年初余额”的填列方法

资产负债表“年初余额”栏内各项数字，应根据上年年末资产负债表的“期末余额”栏内所列数字填列。如果上年度资产负债表规定的各个项目的名称和内容与本年度不一致，应对上年年末资产负债表各项目的名称和数字按照本年度的规定进行调整，填入本表“年初余额”栏内。

2. “期末余额”的填列方法

我国企业资产负债表各项目数据的来源，主要通过以下五种方式取得：

（1）根据总账科目余额填列。

①直接根据有关总账科目余额填列。如“交易性金融资产”、“短期借款”、“应付票据”、“应付职工薪酬”等项目，根据“交易性金融资产”、“应付票据”、“应付职工薪酬”各总账科目的余额直接填列。

②根据几个总账科目的余额计算填列。如“货币资金”项目，需根据“库存现金”、“银行存款”、“其他货币资金”三个总账科目余额合计填列。

（2）根据明细科目余额计算填列。如“应付账款”项目，需要分别根据“应付账款”和“预付账款”两科目所属明细科目的期末贷方余额计算填列。

（3）根据总账科目和明细科目余额分析计算填列。资产负债表的有些项目，需要依据总账科目和明细科目两者的余额分析填列，如“长期借款”项目，应根据“长期借款”总账科目余额扣除“长期借款”科目所属的明细科目中将在资产负债表日起一年内到期且企业不能自主地将清偿义务展期的长期借款后的金额填列。

（4）根据有关科目余额减去其备抵科目余额后的净额填列。如资产负债表中的“应收账款”、“长期股权投资”等项目，应根据“应收账款”、“长期股权投资”等科目的期末余额减去“坏账准备”、“长期股权投资减值准备”等科目余额后的净额填列；“固定资产”项目，应根据“固定资产”科目期末余额减去“累计折旧”、“固定资产减值准备”科目余额后的净额填列；“无形资产”项目，应根据“无形资产”科目期末余额减去“累计摊销”、“无形资产减值准备”科目余额后的净额填列。

（5）综合运用上述填列方法分析填列。如资产负债表中的“存货”项目，需根据“原材料”、“库存商品”、“委托加工物资”、“周转材料”、“材料采购”、“在途物资”、“发出商品”、“材料成本差异”等总账科目期末余额的分析汇总数，再减去“存货跌价准备”备抵科目余额后的金额填列。

3. 主要项目填列说明

（1）货币资金：本项目应根据“库存现金”、“银行存款”、“其他货币资金”账户期末余额的合计数填列。

（2）交易性金融资产：本项目应当根据“交易性金融资产”账户的期末余额填列。

（3）应收票据：本项目应根据“应收票据”账户的期末余额填列。

（4）应收股利：本项目应根据“应收股利”账户的期末余额减去“坏账准备”账户中有关应收股利计提的坏账准备期末余额后的金额填列。

（5）应收利息：本项目应根据“应收利息”账户的期末余额，减去“坏账准备”账户中有关应收利息计提的坏账准备期末余额后的金额填列。

（6）应收账款：本项目应根据“应收账款”和“预收账款”账户所属各明细账户的期末借方余额合计数，加上“应收外汇账款”账户的期末余额，减去“坏账准备”账户所属“应收账款”和“应收外汇账款”明细账户期末余额后的金额填列。

（7）预付款项：本项目应根据“预付账款”和“应付账款”账户所属各明细账户的期末借方余额合计数，加上“预付外汇账款”账户的期末余额后的金额填列。

（8）其他应收款：本项目应根据“应收出口退税”和“其他应收款”账户的期末余额减去坏账准备账户中有关其他应收款计提的坏账准备期末余额后的金额填列。

（9）存货：本项目应根据“材料采购”、“原材料”、“发出商品”、“库存商品”、“周转材料”、“委托加工物资”、“委托代销商品”等账户的期末余额合计，减去“受托代销商品款”、“存货跌价准备”账户期末余额后的金额填列。材料采用计划成本核算以及库存商品采用计划成本核算或售价核算的企业还应按加或减材料成本差异、商品进销差价后的金额填列。

（10）一年内到期的非流动资产：本项目应根据“持有至到期投资”、“长期应收款”、“长期待摊费用”账户所属有关明细账户的期末余额分析填列。

（11）长期股权投资：本项目应根据“长期股权投资”账户的期末余额减去“长期股权投资减值准备”账户的期末余额后的金额填列。

（12）固定资产：本项目应根据“固定资产”账户的期末余额减去“累计折旧”和“固定资产减值准备”账户期末余额后的金额填列。

（13）在建工程：本项目应根据“在建工程”账户的期末余额减去“在建工程减值准备”账户期末余额后的金额填列。

（14）工程物资：本项目应根据“工程物资”账户的期末余额填列。

（15）固定资产清理：本项目应根据“固定资产清理”账户的期末借方余额填列。如“固定资产清理”账户期末为贷方余额，以“-”号填列。

（16）无形资产：本项目应根据“无形资产”账户的期末余额，减去“累计摊销”和“无形资产减值准备”账户期末余额后的金额填列。

（17）开发支出：本项目应当根据“研发支出”账户中所属的资本化支出明细账户期末余额填列。

（18）长期待摊费用：本项目应根据“长期待摊费用”账户的期末余额扣除将于1年内（含1年）摊销的数额后的金额填列。

（19）短期借款：本项目应根据“短期借款”账户的期末余额，加上“短期外汇借款”账户的期末余额后的金额填列。

（20）应付票据：应根据“应付票据”账户的期末余额填列。

（21）应付账款：本项目应根据“应付账款”和“预付账款”科目所属各明细账户的期末贷方余额合计数，加上“应付外汇账款”账户的期末余额后的金额填列。

（22）预收账款：本项目应根据“预收账款”和“应收账款”科目所属各明细科目的期末贷方余额合计数，加上“预收外汇账款”账户的期末余额后的金额填列。

（23）应付职工薪酬：反映企业根据有关规定应付给职工的工资、职工福利、社会保险费、住房公积金、工会经费、职工教育经费、非货币性福利、辞退福利等各种薪酬。外商投资企业按规定从净利润中提取的职工奖励及福利基金也在本项目列示。本项目应根据“应付职工薪酬”账户的期末余额填列。

（24）应交税费：本项目应根据“应交税费”账户的期末贷方余额填列。如“应交税费”账户期末为借方余额，应以“-”号填列。

（25）应付利息：本项目应根据“应付利息”账户的期末余额填列。

（26）应付股利：本项目应根据“应付股利”账户的期末余额填列。

（27）其他应付款：本项目应根据“其他应付款”账户的期末余额填列。

（28）长期借款：本项目应根据“长期借款”账户的期末余额，加上“长期外汇借款”账户的期末余额后的金额填列。

（29）应付债券：本项目应根据“应付债券”账户的期末余额填列。

（30）一年内到期的非流动负债：反映企业非流动负债中将于资产负债表日后1年内到期部分的金额，应根据“长期借款”、“长期外汇借款”、“应付债券”、“长期应付款”账户所属明细账户余额中将于1年内到期的金额之和计算填列。

（31）实收资本（或股本）：本项目应根据“实收资本（或股本）”账户的期末余额填列。

（32）资本公积：本项目应根据“资本公积”账户的期末余额填列。

（33）盈余公积：本项目应根据“盈余公积”账户的期末余额填列。

（34）未分配利润：在编制中期会计报表时，本项目应根据“本年利润”科目和“利润分配”账户的余额计算填列。在编制年度会计报表时，该项目应根据“利润分配——未分配利润”账户的余额直接填列，也可以利用表间钩稽关系从所有者权益变动表（或股东权益变动表）中得到。若为累计未弥补的亏损，在本项目内以“-”号填列。

**（四）资产负债表编制举例**

**【例8-1】**鹭达食品进出口公司为一般纳税人，适用的增值税税率为17%，所得税税率为25%。2017年12月31日的资产负债表（简表）如表8-2所示。

**表8-2 资产负债表（简表）**

编制单位：鹭达进出口贸易公司　　　　2017年12月31日　　　　元

| 资产 | 年末数 | 负债和所有者权益 | 年末数 |
|---|---|---|---|
| 流动资产： | | 流动负债： | |
| 货币资金 | 2 334 000 | 短期借款 | 2 020 000 |
| 交易性金融资产 | 100 000 | 应付账款 | 500 000 |
| 应收票据 | 120 000 | 应付票据 | 182 000 |

续表

| 资产 | 年末数 | 负债和所有者权益 | 年末数 |
|---|---|---|---|
| 应收账款 | 250 000 | 应付职工薪酬 | 8 000 |
| 其他应收款 | | 应交税费 | 26 000 |
| 存货 | 430 000 | 应付利息 | |
| 应收股利 | 16 000 | 一年内到期的非流动负债 | |
| 一年内到期的非流动资产 | | 流动负债合计 | 2 736 000 |
| 流动资产合计 | 3 250 000 | 非流动负债： | |
| 非流动资产： | | 长期借款 | 100 000 |
| 持有至到期投资 | | 应付债券 | |
| 长期股权投资 | | 非流动负债合计 | 100 000 |
| 固定资产 | 1 380 000 | 负债合计 | 2 836 000 |
| 在建工程 | | 所有者权益： | |
| 工程物资 | | 实收资本 | 1 190 000 |
| 固定资产清理 | | 资本公积 | 184 000 |
| 无形资产 | | 盈余公积 | 26 000 |
| 长期待摊费用 | 6 000 | 未分配利润 | 400 000 |
| 非流动资产合计 | 1 386 000 | 所有者权益合计 | 1 800 000 |
| 资产总计 | 4 636 000 | 负债及所有者权益合计 | 4 636 000 |

会计人员根据2017年1月所登记的会计账簿记录及其他记录，整理出2017年1月总账及有关明细账余额如表8－3所示。

**表8－3　科目余额表**　　元

| 项目 | 借方余额 | 项目 | 贷方余额 |
|---|---|---|---|
| 库存现金 | 7 000 | 坏账准备 | 3 000 |
| 银行存款 | 1 660 000 | 累计折旧 | 820 000 |
| 其他货币资金 | 456 620 | 短期借款 | 1 400 000 |
| 交易性金融资产 | 100 000 | 应付票据 | 264 000 |
| 应收账款 | 400 000 | 应付账款 | 200 000 |
| 应收外汇账款 | 664 000 | 应付外汇账款 | 184 000 |
| 其他应收款 | 2 000 | 其他应付款 | 24 000 |
| 应收出口退税 | 10 000 | 应付职工薪酬 | 40 600 |
| 在途物资 | 76 000 | 应交税费 | 49 600 |
| 原材料 | 150 000 | 长期外汇借款 | 620 000 |
| 库存商品 | 1 000 800 | 实收资本 | 4 000 000 |

续表

| 项目 | 借方余额 | 项目 | 贷方余额 |
|---|---|---|---|
| 长期股权投资 | 500 000 | 资本公积 | 184 000 |
| 固定资产 | 3 100 000 | 盈余公积 | 26 000 |
| 无形资产 | 84 000 | 未分配利润 | 415 220 |
| 长期待摊费用 | 20 000 | | |
| 合计 | 8 230 420 | 合计 | 8 230 420 |

根据《企业会计准则第30号——财务报表列报》的有关规定，企业会计人员编制的资产负债表如表8-4所示。

**表8-4 资产负债表**

会企01表

编制单位：鹭达食品进出口公司　　2017年1月31日　　元

| 资产 | 期末余额 | 年初余额 | 负债及所有者权益 | 期末余额 | 年初余额 |
|---|---|---|---|---|---|
| 流动资产： | | | 流动负债： | | |
| 货币资金 | 2 123 620 | 2 334 000 | 短期借款 | 1 400 000 | 2 020 000 |
| 交易性金融资产 | 100 000 | 100 000 | 交易性金融负债 | | |
| 应收票据 | | 120 000 | 应付票据 | 264 000 | 182 000 |
| 应收账款 | 1 061 000 | 250 000 | 应付账款 | 384 000 | 500 000 |
| 预付款项 | | | 预收款项 | | |
| 应收利息 | | | 应付职工薪酬 | 40 600 | 8 000 |
| 应收股利 | | 16 000 | 应交税费 | 49 600 | 26 000 |
| 其他应收款 | 12 000 | | 应付利息 | | |
| 存货 | 126 800 | 430 000 | 应付股利 | | |
| 一年内到期的非流动资产 | | | 其他应付款 | 24 000 | |
| 其他流动资产 | | | 一年内到期的非流动负债 | | |
| 流动资产合计 | 4 523 420 | 3 250 000 | 其他流动负债 | | |
| 非流动资产： | | | 流动负债合计 | 2 162 200 | 2 736 000 |
| 可供出售金融资产 | | | 非流动负债： | | |
| 持有至到期投资 | | | 长期借款 | 620 000 | 100 000 |
| 长期应收款 | | | 应付债券 | | |
| 长期股权投资 | 500 000 | | 长期应付款 | | |
| 投资性房地产 | | | 专项应付款 | | |

续表

| 资产 | 期末余额 | 年初余额 | 负债及所有者权益 | 期末余额 | 年初余额 |
|---|---|---|---|---|---|
| 固定资产 | 2 280 000 | 1 380 000 | 预计负债 | | |
| 在建工程 | | | 递延所得税负债 | | |
| 工程物资 | | | 其他非流动负债 | | |
| 固定资产清理 | | | 非流动负债合计 | 620 000 | 100 000 |
| 生产性生物资产 | | | 负债合计 | 2 782 200 | 2 836 000 |
| 油气资产 | | | 所有者权益（或股东权益）： | | |
| 无形资产 | 84 000 | | 实收资本（或股本） | 4 000 000 | 1 190 000 |
| 开发支出 | | | 资本公积 | 184 000 | 184 000 |
| 商誉 | | | 减：库存股 | | |
| 长期待摊费用 | 20 000 | 6 000 | 盈余公积 | 26 000 | 26 000 |
| 递延所得税资产 | | | 未分配利润 | 415 220 | 400 000 |
| | | | 所有者权益（或股东权益）合计 | | |
| 其他非流动资产 | | | | 4 625 220 | 1 800 000 |
| | | | | | |
| 非流动资产合计 | 2 884 000 | 1 386 000 | | | |
| 资产总计 | 7 407 420 | 4 636 000 | 负债及所有者权益合计 | 7 407 420 | 4 636 000 |

单位负责人：夏刚　　　　财务负责人：杜飞　　　　制表人：王鸣

## 二、利润表

### （一）利润表的概念及作用

利润表是总体反映企业在一定时期（月份、季度、年度）经营成果的报表。它是根据“收入－费用＝利润”这一等式，把一定期间的收入与其同一会计期间相关的费用进行配比，计算出企业一定时期的净利润（或净亏损）。需要说明的是：由于收入不包括处置固定资产净收益等，因此，收入减去费用需要经过调整才能等于利润。

通过提供利润表，可以从总体上反映企业在一定会计期间收入、费用、利润（或亏损）的数额及构成情况；同时，通过利润表提供的不同时期的比较数字（本期金额和上期金额），可以帮助财务报表使用者全面了解企业的经营成果，分析企业的获利能力及盈利增长趋势，了解投资者投入资本的保值增值情况，从而为其作出经济决策提供依据。由于利润表既是企业经营业绩的综合体现，又是企业进行利润分配的主要依据，因此，利润表是会计报表中的一张主要报表。

### （二）利润表的格式及内容

利润表是通过一定的表格来反映企业的经营成果的，目前比较普遍的利润表的格式有多步式利润表和单步式利润表两种。根据《企业会计准则第30号——财务报表列表》的相关解释规定，我国企业利润表采用多步式格式。其基本格式如表8-5所示。

**表8-5 利润表**

会企02表

编制单位： 年 月 元

| 项目 | 本期金额 | 上期金额 |
|---|---|---|
| 一、营业收入 | | |
| 减：营业成本 | | |
| 税金及附加 | | |
| 销售费用 | | |
| 管理费用 | | |
| 财务费用 | | |
| 资产减值损失 | | |
| 加：公允价值变动损益（损失以“-”号填列） | | |
| 投资收益（损失以“-”号填列） | | |
| 其中：对联营企业和合营企业的投资收益 | | |
| 二、营业利润（亏损以“-”号填列） | | |
| 加：营业外收入 | | |
| 减：营业外支出 | | |
| 其中：非流动资产处置损失 | | |
| 三、利润总额（亏损总额以“-”号填列） | | |
| 减：所得税费用 | | |
| 四、净利润（净亏损以“-”号填列） | | |
| 五、每股收益 | | |
| （一）基本每股收益 | | |
| （二）稀释每股收益 | | |

单位负责人： 财务负责人： 制表人：

根据上述格式，我们可以清楚地看到多步式利润表主要包括营业利润、利润总额和净利润三个部分。

### （三）利润表的编制

1. 利润表的编制步骤

（1）以营业收入为基础，计算营业利润。计算公式为：

$$\text{营业利润}=\text{营业收入}-\text{营业成本}-\text{税金及附加}-\text{销售费用}-\text{管理费用}-\text{财务费用}-\text{资产减值损失}+\begin{matrix}\text{公允价值变动收益}\\(-\text{公允价值变动损失})\end{matrix}+\begin{matrix}\text{投资收益}\\(-\text{投资损失})\end{matrix}$$

（2）以营业利润为基础，计算利润总额。计算公式为：

利润总额＝营业利润＋营业外收入－营业外支出

（3）以利润总额为基础，计算净利润。计算公式为：

净利润＝利润总额－所得税费用

此外，对于普通股或潜在普通股已公开交易的企业，以及正处于公开发行普通股或潜在普通股过程中的企业，还应当在利润表中列示“每股收益”信息。

2. 利润表项目的填列方法

利润表各项目均需填列“本期金额”和“上期金额”两栏。利润表“本期金额”、“上期金额”栏内各项数字，除“每股收益”项目外，应当按照相关科目的发生额分析填列。

（1）“上期金额”的填列方法。“上期金额”栏内各项目数字，应根据上年该期利润表的“本期金额”栏内所列数字填列。如果上年度利润表中的项目名称与本年度不一致，应对上年度利润表各项目的名称和数字按照本年度的规定进行调整，填入本表“上期金额”栏。

（2）“本期金额”的填列方法。在编制中期利润表时，“本期金额”栏应分为“本期金额”和“年初至本期末累计发生额”两栏，分别填列各项目本中期（月、季或半年）实际发生额以及自年初起至本中期（月、季或半年）末止的累计实际发生额。“上期金额”栏应分为“上年可比本中期金额”和“上年初至可比本中期末累计发生额”两栏，应根据上年可比中期利润表“本期金额”下对应的两栏数字分别填列。上年度利润表与本年度利润表的项目名称和内容不一致的，应对上年度利润表项目的名称和数字按本年度的规定进行调整。年终结账时，由于全年的收入和支出已全部转入“本年利润”科目并且通过收支对比结出本年净利润的数额。因此，应将年度利润表中的“净利润”数字，与“本年利润”科目结转到“利润分配——未分配利润”科目的数字相核对，检查账簿记录和报表编制的正确性。

3. 利润表项目的填列说明

（1）“营业收入”项目：反映企业经营主要业务和其他业务所确认的收入总额。本项目应根据“主营业务收入——自营出口销售收入”、“主营业务收入——自营进口销售收入”和“其他业务收入”账户的净发生额分析填列。

（2）“营业成本”项目：反映企业经营主要业务和其他业务所发生的成本总额。本项目应根据“主营业务成本——自营出口销售成本”、“主营业务成本——自营进口销售成本”和“其他业务成本”账户的净发生额分析填列。

（3）“税金及附加”项目：反映企业经营业务应负担的消费税、城市建设维护税、资源税、土地增值税和教育费附加等。本项目应根据“营业税金及附加”账户的净发生额分析填列。

（4）“销售费用”项目：反映企业在销售商品过程中发生的包装费、广告费等费用和为销售本企业商品而专设的销售机构的职工薪酬、业务费等经营费用。本项目应根据“销售费用”账户的净发生额分析填列。

（5）“管理费用”项目：反映企业为组织和管理生产经营发生的管理费用。本项目应根据“管理费用”的净发生额分析填列。

（6）“财务费用”项目：反映企业筹集生产经营所需资金等而发生的筹资费用。本项目应根据“财务费用”账户的净发生额加上“汇兑损益”账户的借方净发生额分析填列。

(7)“资产减值损失”项目：反映企业各项资产发生的减值损失。本项目应根据“资产减值损失”账户的净发生额分析填列。

(8)“公允价值变动收益”项目：反映企业应当计入当期损益的资产或负债公允价值变动收益。本项目应根据“公允价值变动损益”账户的净发生额分析填列，如为净损失，本项目以“-”号填列。

(9)“投资收益”项目：反映企业以各种方式对外投资所取得的收益。本项目应根据“投资收益”账户的净发生额分析填列。如为投资损失，本项目以“-”号填列。

(10)“营业利润”项目：反映企业实现的营业利润。如为亏损，本项目以“-”号填列。

(11)“营业外收入”项目：反映企业发生的与经营业务无直接关系的各项收入。本项目应根据“营业外收入”账户的净发生额分析填列。

(12)“营业外支出”项目：反映企业发生的与经营业务无直接关系的各项支出。本项目应根据“营业外支出”账户的净发生额分析填列。

(13)“利润总额”项目：反映企业实现的利润。如为亏损，本项目以“-”号填列。

(14)“所得税费用”项目：反映企业应从当期利润总额中扣除的所得税费用。本项目应根据“所得税费用”账户的净发生额分析填列。

(15)“净利润”项目：反映企业实现的净利润。如为亏损，本项目以“-”号填列。

### (四)利润表编制举例

**【例8-2】**鹭达食品进出口公司2017年度利润表科目本年累计发生额如表8-6所示。

**表8-6 2017年度利润表科目本年度累计发生额** 元

| 科目名称 | 借方发生额 | 贷方发生额 |
|---|---|---|
| 主营业务收入——自营出口销售收入 | | 6 400 000 |
| 主营业务收入——自营进口销售收入 | | 3 600 000 |
| 主营业务成本——自营出口销售成本 | 3 800 000 | |
| 主营业务成本——自营进口销售成本 | 2 600 000 | |
| 主营业务收入——来料加工出口销售收入 | | 400 000 |
| 主营业务成本——来料加工出口销售成本 | 200 000 | |
| 税金及附加 | 160 000 | |
| 销售费用 | 500 000 | |
| 管理费用 | 1 540 000 | |
| 财务费用 | 100 000 | |
| 汇兑损益 | 220 000 | |
| 资产减值损失 | 42 000 | |
| 投资收益 | | 62 000 |
| 营业外收入 | | 24 000 |
| 营业外支出 | 34 000 | |
| 所得税费用 | | |

根据以上资料编制的鹭达食品进出口公司2017年度利润表如表8－7所示。

**表8－7 利润表**

会企02表

编制单位：鹭达食品进出口公司　　2017年12月　　元

| 项目 | 本期金额 | 上期金额 |
|---|---|---|
| 一、营业收入 | 10 400 000 | |
| 减：营业成本 | 6 600 000 | |
| 税金及附加 | 160 000 | |
| 销售费用 | 500 000 | |
| 管理费用 | 1 540 000 | |
| 财务费用 | 320 000 | |
| 资产减值损失 | 42 000 | |
| 加：公允价值变动损益（损失以“－”号填列） | | |
| 投资收益（损失以“－”号填列） | 62 000 | |
| 其中：对联营企业和合营企业的投资收益 | | |
| 二、营业利润（亏损以“－”号填列） | 1 300 000 | |
| 加：营业外收入 | 24 000 | |
| 减：营业外支出 | 34 000 | |
| 其中：非流动资产处置损失 | | |
| 三、利润总额（亏损总额以“－”号填列） | 1 290 000 | |
| 减：所得税费用 | 322 500 | |
| 四、净利润（净亏损以“－”号填列） | 967 500 | |
| 五、每股收益： | | |
| （一）基本每股收益 | | |
| （二）稀释每股收益 | | |

单位负责人：夏刚　　财务负责人：杜飞　　制表人：王鸣

## 三、现金流量表

### （一）现金流量表的概念及作用

现金流量表是反映企业在一定会计期间现金和现金等价物流入和流出的报表。现金流量表是以现金为基础编制的，这里的现金是广义的概念，它包括现金及现金等价物。

现金是指企业库存现金以及可以随时用于支付的存款，包括库存现金、银行存款和其他货币资金等。

现金等价物是指企业持有的期限短、流动性强、易于转换为已知金额现金、价值变动风险很小的投资。期限短，一般是指从购买日起三个月内到期。现金等价物通常包括三个月内到期的债券投资等。权益性投资变现的金额通常不确定，因而不属于现金等价物。企业应当根据具体情况，确定现金等价物的范围，一经确定，不得随意变更。

现金流量表可以对资产负债表和利润表中未反映的内容进行补充。资产负债表反映某一时点企业的财务状况，但不能反映财务状况的变动情况及变动的原因。利润表是按权责发生制反映企业的经营成果，与现金变化存在着差异。现金流量表不仅能够列报企业已经发生的现金流入和现金流出项目，反映一定时期内现金的变化，而且能够说明现金变化的原因，可以帮助决策者预测企业未来现金流量，进一步使决策者对企业的偿债能力、支付能力和对外筹资能力作出评价。

### （二）现金流量表的结构及内容

1. 现金流量表的内容

现金流量表反映的是企业现金和现金等价物流入、流出及净额情况，也就是反映企业的现金流量。在一定期间内企业现金和现金等价物的流入和流出是由各种因素引起的，净额是流入减流出的余额。现金流量表首先应对企业现金流量的来源和用途进行合理的分类。《企业会计准则 31 号——现金流量表》将现金流量分为三类，即经营活动产生的现金流量、投资活动产生的现金流量、筹资活动产生的现金流量。

（1）经营活动产生的现金流量。经营活动是指企业投资活动和筹资活动以外的所有交易和事项。经营活动产生的现金流量主要包括销售商品或提供劳务、购买商品、接受劳务、支付工资和交纳税款等流入和流出的现金和现金等价物。

（2）投资活动产生的现金流量。投资活动是指企业长期资产的购建和不包括在现金等价物范围内的投资及其处置活动。投资活动产生的现金流量主要包括购建固定资产、处置子公司及其他营业单位等流入和流出的现金和现金等价物。

（3）筹资活动产生的现金流量。筹资活动是指导致企业资本及债务规模和构成发生变化的活动。筹资活动产生的现金流量主要包括吸收投资、发行股票、分配利润、发行债券、偿还债务等流入和流出的现金和现金等价物。偿付应付账款、应付票据等商业应付款等属于经营活动，不属于筹资活动。

2. 现金流量表的结构

我国企业的现金流量表包括正表和补充资料两部分。正表是现金流量表的主体，企业在一定会计期间现金流量的信息主要由正表提供。正表采用报告式结构，分类反映经营活动产生的现金流量、投资活动产生的现金流量和筹资活动产生的现金流量，最后汇总反映企业某一期间现金及现金等价物净增加额。现金流量表补充资料包括三部分内容：将净利润调节为经营活动的现金流量、不涉及现金收支的投资和筹资活动、现金及现金等价物净增加情况。

根据《企业会计准则 31 号——现金流量表》的相关解释规定，我国企业现金流量表的格式如表 8 -8 及表 8 -9 所示。

**表 8 -8 现金流量表（简化格式）**

会企 03 表

编制单位： 年 元

| 项目 | 本期金额 | 上期金额 |
| --- | --- | --- |
| 一、经营活动产生的现金流量 | | |
| 销售商品、提供劳务收到的现金 | | |

续表

| 项目 | 本期金额 | 上期金额 |
| --- | --- | --- |
| 收到的税费返还 | | |
| 收到其他与经营活动有关的现金 | | |
| 经营活动现金流入小计 | | |
| 购买商品、接受劳务支付的现金 | | |
| 支付给职工及为职工支付的现金 | | |
| 支付的各项税费 | | |
| 支付其他与经营活动有关的现金 | | |
| 经营活动现金流出小计 | | |
| 经营活动产生的现金流量净额 | | |
| 二、投资活动产生的现金流量 | | |
| 收回投资收到的现金 | | |
| 取得投资收益收到的现金 | | |
| 处置固定资产、无形资产和其他长期资产回收的现金净额 | | |
| 处置子公司及其他营业单位收到的现金净额 | | |
| 收到其他与投资活动有关的现金 | | |
| 投资活动现金流入小计 | | |
| 购建固定资产、无形资产和其他长期资产支付的现金 | | |
| 投资支付的现金 | | |
| 取得子公司及其他营业单位支付的现金净额 | | |
| 支付其他与投资活动有关的现金 | | |
| 投资活动现金流出小计 | | |
| 投资活动产生的现金流量净额 | | |
| 三、筹资活动产生的现金流量 | | |
| 吸收投资收到的现金 | | |
| 取得借款收到的现金 | | |
| 收到其他与筹资活动有关的现金 | | |
| 筹资活动现金流入小计 | | |
| 偿还债务支付的现金 | | |
| 分配股利、利润或偿付利息支付的现金 | | |
| 支付其他与筹资活动有关的现金 | | |
| 筹资活动现金流出小计 | | |
| 筹资活动产生的现金流量净额 | | |

续表

| 项目 | 本期金额 | 上期金额 |
| --- | --- | --- |
| 四、汇率变动对现金及现金等价物的影响 | | |
| 五、现金及现金等价物净增加额 | | |
| 六、期末现金及现金等价物余额 | | |

**表8－9　现金流量表补充资料**　　元

| 补充资料 | 本期金额 | 上期金额 |
| --- | --- | --- |
| 一、将净利润调节为经营活动现金流量 | | |
| 净利润 | | |
| 加：资产减值准备 | | |
| 固定资产折旧 | | |
| 无形资产摊销 | | |
| 处置固定资产、无形资产和其他长期资产的损失（收益以“－”号填列） | | |
| 固定资产报废损失（收益以“－”号填列） | | |
| 公允价值变动损失（收益以“－”号填列） | | |
| 财务费用（收益以“－”号填列） | | |
| 投资损失（收益以“－”号填列） | | |
| 递延所得税资产减少（增加以“－”号填列） | | |
| 递延所得税负债增加（减少以“－”号填列） | | |
| 存货减少（增加以“－”号填列） | | |
| 经营性应收项目的减少（增加以“－”号填列） | | |
| 经营性应付项目的增加（减少以“－”号填列） | | |
| 其他 | | |
| 经营活动产生的现金流量净额 | | |
| 二、不涉及现金收支的投资和筹资活动 | | |
| 债务转为资本 | | |
| 一年内到期的可转换公司债券 | | |
| 融资租入固定资产 | | |
| 三、现金及现金等价物净增加情况 | | |
| 现金的期末余额 | | |
| 减：现金的期初余额 | | |
| 加：现金等价物期末余额 | | |
| 减：现金的等价物的期初余额 | | |
| 现金及现金等价物净增加额 | | |

### （三）现金流量表的编制

国际会计准则鼓励企业采用直接法编制现金流量表。直接法是指通过现金收入和现金支出的主要类别列示经营活动的现金流量。在实务中，一般以利润表中的营业收入、营业成本等数据为基础，将收入调整为实际收现数，将费用调整为实际付现数，并以一定的类别反映在现金流量表上。我国《企业会计准则31号——现金流量表》中要求采用直接法编制现金流量表，但现金流量表的补充资料采用间接法反映经营活动现金流量的情况，以对现金流量表中采用直接法反映的经营活动现金流量进行核对和补充说明。采用直接法具体编制现金流量表时，可以采用工作底稿法或T型账户法，也可以根据有关科目记录分析填列。

现金流量表主要项目的说明及金额的确定如下：

1. 经营活动产生的现金流量

（1）“销售商品、提供劳务收到的现金”项目：反映企业本年销售商品、提供劳务收到的现金，以及以前年度销售商品、提供劳务本年收到的现金（包括应向购买者收取的增值税销项税额）和本年预收的款项，减去本年销售本年退回商品和以前年度销售本年退回商品支付的现金。企业销售材料和代购代销业务收到的现金，也在本项目反映。本项目可以根据“库存现金”、“银行存款”、“应收账款”、“应收外汇账款”、“应收票据”、“预收账款”、“预收外汇账款”、“主营业务收入——自营出口销售收入”、“主营业务收入——自营进口销售收入”、“其他业务收入”等账户的记录分析填列。

“销售商品、提供劳务收到的现金”项目的计算公式为：

销售商品、提供劳务收到的现金 = 销售商品、提供劳务产生的“收入和增值税销项税额”+

应收票据本期减少额（期初余额 - 期末余额）+

应收账款本期减少额（期初余额 - 期末余额）+

预收外汇账款本期增加额（期末余额 - 期初余额）

**【例8-3】**鹭达食品进出口公司2017年度的有关资料如表8-10所示。

**表8-10　相关资料**　　万元

| 会计账户 | 期初数 | 期末数 |
| --- | --- | --- |
| 应收票据 | 4 000 | 6 000 |
| 应收账款 | 12 000 | 18 000 |
| 预收外汇账款 | 4 000 | 5 000 |
| 主营业务收入 | | 10 000 |
| 应交税费——应交增值税（销项税额） | | 1 700 |

销售商品、提供劳务收到的现金 =（10 000 + 1 700）+（4 000 - 6 000）+（12 000 - 18 000）+（5 000 - 4 000）= 4 700（万元）

（2）“收到的税费返还”项目：应根据“应收出口退税”和“营业外收入”账户的贷方发生额中收到的所得税、增值税、营业税、消费税、关税和教育费附加等各种税费返还额填列。

（3）“收到其他与经营活动有关的现金”项目：反映企业经营租赁收到的租金等其他与

经营活动有关的现金流入，金额较大的应当单独列示。

（4）“购买商品、接受劳务支付的现金”项目：反映企业本年购买商品、接受劳务实际支付的现金（包括增值税进项税额），以及本年支付以前年度购买商品、接受劳务的未付款项和本年预付款项，减去本年发生的购货退回收到的现金。企业购买材料和代购代销业务支付的现金，也在本项目反映。主要根据“主营业务成本——自营出口销售成本”、“主营业务成本——自营进口销售成本”“应交税费（进项税额）”、“应付账款”、“应付外汇账款”、“预付账款”“预付外汇账款”、“其他业务成本”和“存货”等账户的记录分析填列。

“购买商品、接受劳务支付的现金”项目的计算公式为：

$$\begin{array}{c}\text{购买商品、接受劳务}\\\text{支付的现金}\end{array}=\begin{array}{c}\text{当期购买商品、接受劳务支付的现金}\\\text{（销售成本和增值税进项税额）}\end{array}+\begin{array}{c}\text{应付外汇账款本期减少额}\\\text{（期初余额 − 期末余额）}\end{array}+\begin{array}{c}\text{应付票据本期减少额}\\\text{（期初余额 − 期末余额）}\end{array}+\begin{array}{c}\text{预付账款本期增加额}\\\text{（期末余额 − 期初余额）}\end{array}+\begin{array}{c}\text{存货本期增加额}\\\text{（期末余额 − 期初余额）}\end{array}$$

【**例 8－4**】鹭达食品进出口公司 2017 年度的有关资料见表 8－11 所示。

**表 8－11　相关资料**　　万元

| 会计账户 | 期初数 | 期末数 |
|---|---|---|
| 存货 | 8 000 | 14 000 |
| 应付外汇账款 | 6 000 | 4 000 |
| 预付账款 | 3 000 | 4 000 |
| 主营业务成本 | | 20 000 |
| 应交税费——应交增值税（进项税额） | | 3 400 |

购买商品、接受劳务支付的现金＝20 000＋3 400＋(14 000－8 000)＋(6 000－4 000)＋(4 000－3 000)＝32 400（万元）

（5）“支付给职工以及为职工支付的现金”项目：反映企业本年实际支付给职工的工资、奖金、各种津贴和补贴等职工薪酬（包括代扣代缴的职工个人所得税）。本项目可以根据“应付职工薪酬”、“库存现金”、“银行存款”等账户的记录分析填列。

（6）“支付的各项税费”项目：反映企业本年发生并支付、以前各年发生本年支付以及预交的各项税费，包括所得税、增值税、营业税、消费税、印花税、房产税、土地增值税、车船使用税、教育费附加等。本期退回的增值税、所得税在“在收到的税费返还”项目反映。本项目可以根据“应收账款”、“库存现金”、“银行存款”、“营业税金及附加”、“营业外收入”、“其他应收款”等账户的记录分析填列。

【**例 8－5**】鹭达食品进出口公司 2017 年度的有关资料如下：

①2017 年利润表中的所得税费用为 5 000 万元。

②“应交税费——应交所得税”年初数为 1 800 万元，年末数为 2 400 万元；应交的消费税为 240 万元，假定不考虑其他税费。则“支付的各项税费”项目的金额是多少？

“支付的各项税费”项目的金额＝5 000＋1 800－2 400＋240＝4 640（万元）

（7）“支付其他与经营活动有关的现金”项目：反映企业经营租赁支付的租金、支付的差旅费、业务招待费、保险费、罚款支出等其他与经营活动有关的现金流出，金额较大的应当单独列示。

2. 投资活动产生的现金流量

（1）“收回投资收到的现金”项目：反映企业出售、转让或到期收回除现金等价物以外的对其他企业长期股权投资而收到的现金，但处置子公司及其他营业单位收到的现金净额除外。本项目可以根据资产负债表中的“可供出售金融资产”、“长期股权投资”、“库存现金”、“银行存款”等账户的记录分析填列。

**【例8-6】** 鹭达食品进出口公司2017年6月1日购买B股票，支付的全部价款为100万元，7月3日将此股票全部出售，出售价款160万元。则“收回投资收到的现金”项目的金额是多少？

“收回投资收到的现金”项目的金额＝160（万元）

（2）“取得投资收益收到的现金”项目：反映企业除现金等价物以外的对其他企业的长期股权投资等分回的现金股利和利息等，不包括股票股利。本项目可以根据“库存现金”、“银行存款”、“投资收益”等账户的记录分析填列。

**【例8-7】** 鹭达食品进出口公司2017年度“投资收益”账户的贷方发生额为100 000元，是收到投资单位支付的现金股利。则“取得投资收益收到的现金”项目的金额是多少？

“取得投资收益收到的现金”项目的金额＝100 000（元）

（3）“处置固定资产、无形资产和其他长期资产收回的现金净额”项目：反映企业出售、报废固定资产、无形资产和其他长期资产所取得的现金（包括因资产毁损而收到的保险赔偿收入），减去为处置这些资产而支付的有关费用后的净额。本项目可以根据“固定资产清理”、“库存现金”、“银行存款”等账户的记录分析填列。

**【例8-8】** 鹭达食品进出口公司2017年度出售固定资产原价1 600万元，累计折旧100万元，支付的清理费用60万元，收到的出售价款700万元，存入银行。则“处置固定资产、无形资产和其他长期资产收回的现金净额”项目的金额是多少？

“处置固定资产、无形资产和其他长期资产收回的现金净额”项目的金额＝700－60＝640（万元）

（4）“处置子公司及其他营业单位收到的现金净额”项目：反映企业处置子公司及其他营业单位所取得的现金，减去相关处置费用以及子公司及其他营业单位持有的现金和现金等价物后的净额。

（5）“购建固定资产、无形资产和其他长期资产支付的现金”项目：反映企业购买、建造固定资产、取得无形资产和其他长期资产所支付的现金，以及用现金支付的应由在建工程和无形资产负担的职工薪酬。本项目可以根据“固定资产”、“在建工程”、“无形资产”、“库存现金”、“银行存款”等账户的记录分析填列。

**【例8-9】** 鹭达食品进出口公司2017年度用现金400万元购入1台机器设备，同时购入商标权，计200万元。则“购建固定资产、无形资产和其他长期资产支付的现金”项目的金额是多少？

“购建固定资产、无形资产和其他长期资产支付的现金”项目的金额＝400＋200＝600（万元）

（6）“投资支付的现金”项目：反映企业取得除现金等价物以外的对其他企业的长期股

权投资所支付的现金以及支付的佣金、手续费等附加费用，但取得子公司及其他营业单位支付的现金净额除外。本项目可以根据“可供出售金融资产”、“长期股权投资”、“库存现金”、“银行存款”等账户的记录分析填列。

**【例8－10】** 鹭达食品进出口公司2017年度的“可供出售的金融资产”账户发生额如表8－12所示。则“投资支付的现金”项目的金额是多少？

**表8－12 “可供出售的金融资产”账户发生额** 万元

| 账户名称 | 年初余额 | 本年增加额 | 本年减少额 | 年末余额 |
|---|---|---|---|---|
| 可供出售金融资产 | 300 | | 100（出售） | 400 |

“投资支付的现金”项目的金额＝400＋100－300＝200（万元）

（7）“取得子公司及其他营业单位支付的现金净额”项目：反映企业购买子公司及其他营业单位购买出价中以现金支付的部分，减去子公司及其他营业单位持有的现金和现金等价物后的净额。

（8）“收到其他与投资活动有关的现金”、“支付其他与投资活动有关的现金”项目：反映企业除上述（1）～（7）项目外收到或支付的其他与投资活动有关的现金，金额较大的应当单独列示。

3. 筹资活动产生的现金流量

（1）“吸收投资收到的现金”项目：反映企业收到的投资者投入的现金，包括以发行股票、债券等方式筹集资金实际收到的款项，减去直接支付的佣金、手续费、宣传费、咨询费、印刷费等发行费用后的净额。本项目可以根据“实收资本（或股本）”、“库存现金”、“银行存款”等账户的记录分析填列。

（2）“取得借款收到的现金”项目：反映企业举借各种短期、长期借款而收到的现金。本项目可以根据“短期借款”、“短期外汇借款”、“长期借款”、“长期外汇借款”、“库存现金”、“银行存款”等账户的记录分析填列。

**【例8－11】** 鹭达食品进出口公司2017年度“短期外汇借款”账户的年初数额为400万元，年末余额为500万元；2017年借入短期外汇借款600万元。则“取得借款收到的现金”项目的金额为多少？

“取得借款收到的现金”项目的金额＝600（万元）

（3）“偿还债务支付的现金”项目：反映企业为偿还债务本金而支付的现金。企业支付的借款利息和债务利息在“分配股利、利润和偿付利息支付的现金”项目反映，不包括在本项目内。本项目可以根据“短期借款”、“短期外汇借款”、“长期借款”、“长期外汇借款”、“库存现金”、“银行存款”等账户的记录分析填列。

**【例8－12】** 鹭达食品进出口公司2017年度“短期外汇借款”账户的年初数额为400万元，年末余额为500万元；2017年借入短期外汇借款600万元。则“偿还债务支付的现金”项目金额为多少？

“偿还债务支付的现金”项目的金额＝400＋600－500＝500（万元）

（4）“分配股利、利润或偿付利息支付的现金”项目：反映企业实际支付的现金股利、支付给其他投资单位的利润或用现金支付的借款利息、债券利息。本项目可以根据“应付股利”、“应付利息”、“财务费用”、“库存现金”、“银行存款”等账户的记录分析填列。

【例8－13】鹭达食品进出口公司2017年度“财务费用”账户的借方发生额为40万元，均为利息费用，以银行存款支付。则“分配股利、利润或偿付利息支付的现金”项目的金额为多少？

“分配股利、利润或偿付利息支付的现金”项目的金额＝40（万元）

（5）“收到其他与筹资活动有关的现金”、“支付其他与筹资活动有关的现金”项目：反映企业除上述（1）~（4）项目外收到或支付的其他与筹资活动有关的现金，金额较大的应当单独列示。

4. 汇率变动对现金及现金等价物的影响

“汇率变动对现金及现金等价物的影响”项目：该项目反映企业外币现金流量及境外子公司的现金流量折算为人民币时所采用现金流量发生日的即期汇率折算的人民币金额与企业外币现金及现金等价物净增加额按期末汇率折算的人民币金额之间的差额。该项目根据“汇兑损益”账户的净发生额填列。

# 第三节　对内报表

外贸企业除需要编制前述资产负债表、利润表、现金流量表、所有者权益变动表等之外，还需要编制一些与其经营特点相关的会计报表，仅提供给企业内部使用，这种不对外公开的会计报表称为对内报表，主要有主要进口商品销售成本及盈亏表、主要出口商品成本及盈亏表等。

## 一、主要进口商品销售成本及盈亏表

### （一）主要进口商品销售成本及盈亏表的格式

主要进口商品销售成本及盈亏表是反映外贸企业季度、年度主要进口商品销售收入、销售总成本、商品进价及盈亏额情况的会计报表。其基本格式如表8－13所示。

**表8－13　主要进口商品销售成本及盈亏表**　　元

<table>
<tr><th rowspan="4">商品名称</th><th rowspan="4">计量单位</th><th rowspan="4">销售数量</th><th colspan="2">销售收入</th><th colspan="8">销售总成本</th><th colspan="4">盈亏额</th></tr>
<tr><th rowspan="3">单位</th><th rowspan="3">金额</th><th rowspan="3">总值</th><th colspan="5">商品进价</th><th rowspan="3">进口费用</th><th rowspan="3">销售税金及附加</th><th colspan="2">本年</th><th colspan="2">上年同期</th></tr>
<tr><th rowspan="2">合计</th><th colspan="3">国外进价</th><th rowspan="2">进口关税及消费税</th><th rowspan="2">单位盈亏</th><th rowspan="2">总额</th><th rowspan="2">单位盈亏</th><th rowspan="2">总额</th></tr>
<tr><th>美元单价</th><th>美元金额</th><th>人民币金额</th></tr>
<tr><td>1</td><td>2</td><td>3</td><td>4</td><td>6</td><td>7</td><td>8</td><td>9</td><td>10</td><td>11</td><td>12</td><td>13</td><td>14</td><td>17</td><td>18</td><td>19</td><td>20</td></tr>
<tr><td colspan="3">合计</td><td></td><td></td><td></td><td></td><td></td><td></td><td></td><td></td><td></td><td></td><td></td><td></td><td></td><td></td></tr>
<tr><td></td><td></td><td></td><td></td><td></td><td></td><td></td><td></td><td></td><td></td><td></td><td></td><td></td><td></td><td></td><td></td><td></td></tr>
<tr><td></td><td></td><td></td><td></td><td></td><td></td><td></td><td></td><td></td><td></td><td></td><td></td><td></td><td></td><td></td><td></td><td></td></tr>
</table>

财务负责人：　　　　　　复核人：　　　　　　制表人：

### （二）主要进口商品销售成本及盈亏表的填列方法

（1）“商品名称”和“计量单位”栏应按照国家海关统一编制的海关商品码目录执行。

（2）“销售收入”栏应按照各有关进口销售收入账户及其明细账户的发生额分析填列。

（3）“销售总成本”栏填列方法有以下几种：

①“总值”项应按“商品进价”（国外进价加进口关税及消费税）加“进口费用”和“销售税金及附加”后的金额填列。

②“商品进价”中“国外进价”项下“人民币金额”栏应按有关进口销售成本账户发生额分析填列；“美元金额”栏应按期末中国人民银行公布的美元对人民币汇价或国家规定的美元折算价折算后填列。所折算的美元金额除以销售数量得出“美元单价”。

③“进口费用”项按照进口商品营业费用和应分摊到进口商品的管理费用和财务费用计算填列。其中，营业费用一般应直接认定到商品，管理费用和财务费用应按照合理方法在账外分摊计入各有关进口商品。

④“销售税金及附加”项应按照“销售税金及附加”科目有关内容分析填列。其中，能直接认定到商品的应直接认定；不能直接认定到商品的，在账外合理分摊。

⑤“盈亏额”栏应按照“销售收入”减去“销售总成本”后的金额填列。

## 二、主要出口商品成本及盈亏表

### （一）主要出口商品成本及盈亏表的格式

主要出口商品成本及盈亏表是反映外贸企业季度、年度自营出口销售收入、出口总成本、盈亏总额和出口美元成本等情况的会计报表。其基本格式如表 8－14 所示。

**表 8－14 主要出口商品成本及盈亏表**

元

| 商品名称 | 计量单位 | 销售数量 | 销售收入 | | | 出口总成本 | | | | | | | | | 盈亏总额 | 出口美元成本 | | | |
|---|---|---|---|---|---|---|---|---|---|---|---|---|---|---|---|---|---|---|---|
| | | | 折美元 | | 人民币金额 | 总值 | 出口经营成本 | | | | | | | 出口间接费用 | | 本年 | | 上年同期 | |
| | | | | | | | 商品进价 | | | 出口直接费用 | 消费税退税 | 出口关税 | 合计 | | | | | | |
| | | | 单位 | 金额 | | | 单位 | 金额 | 其中：增值税未退金额 | | | | | | | 经营成本 | 总成本 | 经营成本 | 总成本 |
| 1 | 2 | 3 | 4 | 5 | 6 | 7 | 8 | 9 | 10 | 11 | 12 | 13 | 14 | 15 | 16 | 17 | 18 | 19 | 20 |
| 合计 | | | | | | | | | | | | | | | | | | | |
| | | | | | | | | | | | | | | | | | | | |
| | | | | | | | | | | | | | | | | | | | |

财务负责人： 复核人： 制表人：

### （二）主要出口商品成本及盈亏表的填列方法

（1）“商品名称”和“计量单位”栏应按照国家海关统一编制的海关商品码目录执行。

（2）“销售收入”栏中“人民币金额”应按“主营业务收入——自营出口销售收入”账户及有关明细账户发生额分析填列。“折美元”下的“金额”应按照栏目中“人民币金额”除以期末国家美元外汇牌价或国家规定的美元折算价计算填列。“折美元”下的“金额”除以销售数量即可得出“折美元”下“单价”金额。

（3）“出口总成本”总值由“出口经营成本”加“出口间接费用”组成。按“主营业务成本——自营出口销售成本”账户及有关明细账户发生额分析填列。

(4)“出口经营成本”由“商品进价”加“出口直接费用”减“消费税退税”加“出口关税”组成。

(5)“盈亏总额”栏按照“销售收入”减去“出口总成本”后的金额填列。

(6)“出口美元成本(元)”栏下“经营成本”应根据“出口每美元经营成本(元)=出口经营成本/销售收入(美元)”公式计算填列。“总成本”应根据“出口每美元总成本(元)=出口总成本/销售收入(美元)”公式计算填列。

## 第四节　外币财务报表的折算

财务报表折算的目的，在于满足特定的需要。财务报表折算的方法，是将以非记账本位币表示的财务报表通过汇率折算为记账本位币或规定的货币表示的财务报表。可见，财务报表折算是以两种货币表示的同一财务报表间进行换算的一种程序和方法，其实是将以非记账本位币表示的财务报表，重新以记账本位币表示。

### 一、外币财务报表折算汇率的选择

当前，世界上除欧盟内部各国之间存在固定汇率之外，其他普遍实行的是浮动汇率。浮动汇率的特征就是汇率受多种因素的制约和供求规律的影响不断发生变化，时而上升，时而下浮。因此，在会计核算中和报表编制上有现行汇率、历史汇率和平均汇率之分；在融资贷款和套期保值业务中有即期汇率、远期汇率和约定汇率之别；在期末调整外币账项时有账面汇率、期初汇率和期末汇率等。

由于汇率是变动的，有关方面报来的财务报表的数字（无论使用何种货币计量）是固定的，显而易见，以变动的汇率折算固定的报表数字，其结果不可能完全一致。在不一致中，还存在偏差大小的问题，即偏差小者可能更接近实际，应尽量采用接近实际的汇率作为编制报表的折算汇率。因此，有关外币财务报表（简称“外币报表”）折算汇率的选择问题，在会计理论中有专题研究，在会计实务中也备受关注。

对涉外企业而言，折算财务报表时，是选择一个统一的汇率还是多个汇率作为折算汇率，是用历史汇率还是现行汇率或平均汇率作为折算汇率，是十分复杂的问题。因为选择不同的折算汇率，折算的结果不同，折算汇率的选择便成为外币财务报表折算的一个前提条件。

### 二、外币财务报表折算中的损益处理

前已述及，外币财务报表折算产生的损益不同于企业在经营过程中发生的记账本位币与外币之间折合的损益，不能以汇兑损益处理。外币财务报表折算，并不涉及实际经济业务，没有具体的资金流动，只是把有关报表由一种货币报表折算为另一种货币报表时，才能使其计量货币单位一致，以便汇总，全面反映涉外企业总体的财务状况和经营成果，衡量和评价涉外企业整体的经济实力和经营业绩，达到对内实施控制和管理、对外披露会计信息的目的。

会计核算中对于财务报表折算产生的损益，在理论研究和会计实践中存在不同见解。我国《企业会计准则第19号——外币折算》规定，外币财务报表折算的差额，在资产负债表的所有者权益项下单独列示。

## 三、外币财务报表折算的方法

### （一）折算方法类别

外币财务报表折算的方法取决于外币财务报表折算的目的，折算的目的不同，采用的方法也有所差别。外币财务报表折算的方法可以分为单一汇率法和多种汇率法两大类。前者主要以现行汇率对财务报表各项目进行折算，所以又称为现行汇率法；后者是以不同汇率分别对财务报表有关项目进行折算，同一份外币财务报表采用不同的折算方法，其结果不同。目前国际上常用的外币财务报表折算方法包括现行汇率法、流动与非流动项目法、货币性与非货币性项目法和时态法。我国企业会计准则规定的外币财务报表折算方法基本上限于现行汇率法。

### （二）折算规定

在现行汇率法下，企业将境外经营的财务报表并入本企业财务报表时，应当按照下列规定折算：

1. 利润表和所有者权益变动表的折算

（1）利润表中的收入和费用项目，采用交易发生日的即期汇率或即期汇率的近似汇率折算。

（2）所有者权益变动表中的“净利润”项目按折算后的利润表中该项目的数额列示。

（3）所有者权益变动表中的“年初未分配利润”项目以上一年折算后的期末“未分配利润”项目的数额列示。

（4）所有者权益变动表中的“提取盈余公积”项目采用当期平均汇率折算。

（5）所有者权益变动表中的“外币报表折算差额”项目为以记账本位币反映的净资产减去以记账本位币反映的实收资本、累计盈余公积及累计未分配利润后的余额。

2. 资产负债表的折算

（1）外币报表中的所有资产和负债项目，采用资产负债表日的即期汇率折算。

（2）所有者权益类项目除“未分配利润”项目外，均按发生时的即期汇率折算。

（3）“未分配利润”项目以折算后的所有者权益变动表中该项目的年末余额数额列示。

（4）折算资产类项目与负债类项目和所有者权益类项目合计数的差额，作为折算差额在“未分配利润”项目后的“外币报表折算差额”中列示。

（5）年初数按上年折算后的资产负债表的数额列示。

## 四、外币财务报表折算的格式

外币财务报表折算的格式如表 8－15 和表 8－16 所示。

**表 8－15　资产负债表**

编制单位：　　　　　　　　　　年　月　日　　　　　　　　　　元

| 资产 | 期末数（外币） | 折算汇率 | 折算为人民币金额 | 负债及所有者权益 | 期末数（外币） | 折算汇率 | 折算为人民币金额 |
|---|---|---|---|---|---|---|---|
| 流动资产： | | | | 流动负债： | | | |
| 货币资金 | | | | 短期借款 | | | |

续表

| 资产 | 期末数（外币） | 折算汇率 | 折算为人民币金额 | 负债及所有者权益 | 期末数（外币） | 折算汇率 | 折算为人民币金额 |
|---|---|---|---|---|---|---|---|
| 交易性金融资产 | | | | 交易性金融负债 | | | |
| 应收票据 | | | | 应付票据 | | | |
| 应收账款 | | | | 应付账款 | | | |
| 预付款项 | | | | 预收款项 | | | |
| 应收利息 | | | | 应付职工薪酬 | | | |
| 应收股利 | | | | 应交税费 | | | |
| 其他应收款 | | | | 应付利息 | | | |
| 存货 | | | | 应付股利 | | | |
| 一年内到期的非流动资产 | | | | 其他应付款 | | | |
| 其他流动资产 | | | | 一年内到期的非流动负债 | | | |
| 流动资产合计 | | | | 其他流动负债 | | | |
| 非流动资产： | | | | 流动负债合计 | | | |
| 可供出售金融资产 | | | | 非流动负债： | | | |
| 持有至到期投资 | | | | 长期借款 | | | |
| 长期应收款 | | | | 应付债券 | | | |
| 长期股权投资 | | | | 长期应付款 | | | |
| 投资性房地产 | | | | 专项应付款 | | | |
| 固定资产 | | | | 预计负债 | | | |
| 在建工程 | | | | 递延所得税负债 | | | |
| 工程物资 | | | | 其他非流动负债 | | | |
| 固定资产清理 | | | | 非流动负债合计 | | | |
| 生产性生物资产 | | | | 负债合计 | | | |
| 油气资产 | | | | 所有者权益（或股东权益）： | | | |
| 无形资产 | | | | 实收资本（或股本） | | | |
| 开发支出 | | | | 资本公积 | | | |
| 商誉 | | | | 减：库存股 | | | |
| 长期待摊费用 | | | | 盈余公积 | | | |
| 递延所得税资产 | | | | 未分配利润 | | | |

续表

| 资产 | 期末数（外币） | 折算汇率 | 折算为人民币金额 | 负债及所有者权益 | 期末数（外币） | 折算汇率 | 折算为人民币金额 |
|---|---|---|---|---|---|---|---|
| 其他非流动资产 | | | | 所有者权益（或股东权益）合计 | | | |
| 非流动资产合计 | | | | | | | |
| 资产总计 | | | | 负债及所有者权益合计 | | | |

单位负责人：　　　　财务负责人：　　　　制表人：

**表 8－16　利润表**

编制单位：　　　　年　月　　　　元

| 项目 | 期末数（外币） | 折算汇率 | 折算为人民币金额 |
|---|---|---|---|
| 一、营业收入 | | | |
| 减：营业成本 | | | |
| 税金及附加 | | | |
| 销售费用 | | | |
| 管理费用 | | | |
| 财务费用 | | | |
| 资产减值损失 | | | |
| 加：公允价值变动损益（损失以“－”号填列） | | | |
| 投资收益（损失以“－”号填列） | | | |
| 其中：对联营企业和合营企业的投资收益 | | | |
| 二、营业利润（亏损以“－”号填列） | | | |
| 加：营业外收入 | | | |
| 减：营业外支出 | | | |
| 其中：非流动资产处置损失 | | | |
| 三、利润总额（亏损总额以“－”号填列） | | | |
| 减：所得税费用 | | | |
| 四、净利润（净亏损以“－”号填列） | | | |
| 五、每股收益 | | | |
| （一）基本每股收益 | | | |
| （二）稀释每股收益 | | | |

单位负责人：　　　　财务负责人：　　　　制表人：

## 复习思考题

### 一、单项选择题

1. 下列会计报表中，反映企业在某一特定日期财务状况的是（　　）。

A. 现金流量表　　B. 利润表

C. 资产负债表　　D. 利润分配表

2. 月度报表不包括（　　）。

A. 资产负债表　　B. 利润分配表

C. 利润表　　D. 现金流量表

3. 资产负债表中资产的排列顺序是（　　）。

A. 资产的收益性　　B. 资产的重要性

C. 资产的流动性　　D. 资产的时间性

4. 根据我国统一会计制度的规定，企业资产负债表的格式是（　　）。

A. 报告式　　B. 账户式

C. 多步式　　D. 单步式

5. 在利润表中，从利润总额中减去（　　），得出净利润。

A. 应交所得税　　B. 利润分配数

C. 营业费用　　D. 所得税费用

6. 下列会计报表中，属于静态报表的是（　　）。

A. 利润表　　B. 利润分配表

C. 现金流量表　　D. 资产负债表

7. 现金流量表的编制基础是（　　）。

A. 收付实现制　　B. 权责发生制

C. 配比原则　　D. 实现原则

8. 某外贸企业本月利润表中的营业收入为450 000元，营业成本为216 000元，税金及附加为9 000元，管理费用为10 000元，财务费用为5 000元，销售费用为8 000元，则其营业利润为（　　）。

A. 217 000元　　B. 225 000元

C. 234 000元　　D. 202 000元

9.（　　）是反映外贸企业年度内自营出口销售收入、销售成本、盈亏总额、出口关税、消费税退税和出口每美元经营成本等情况的会计报表。

A. 出口主要商品成本及盈亏表　　B. 进口主要商品成本分析表

C. 外贸企业财务指标月报表　　D. 利润表

10.（　　）是反映外贸企业本年度内自营进口商品销售收入、销售成本、盈亏总额、进口每美元盈亏额等情况的会计报表，是外贸企业的主要内部管理报表之一。

A. 出口主要商品成本及盈亏表　　B. 进口主要商品成本分析表

C. 外贸企业财务指标月报表　　D. 利润表

### 二、多项选择题

1. 财务会计报告分为（　　）。

A. 年度财务会计报告
B. 季度财务会计报告
C. 半年度财务会计报告
D. 月度财务会计报告

2. 企业会计报表按其反映的经济内容分为（　　）。

A. 资产负债表
B. 利润表
C. 现金流量表
D. 收入支出总表

3. 下列各项中，属于中期财务会计报告的有（　　）。

A. 月度财务会计报告
B. 季度财务会计报告
C. 半年度财务会计报告
D. 年度财务会计报告

4. 按照《企业会计制度》的规定，月份终了需编制和报送的会计报表有（　　）。

A. 资产负债表
B. 利润表
C. 利润分配表
D. 现金流量表

5. 内部管理报表的特性是（　　）。

A. 时效性
B. 统一性
C. 灵活性
D. 一贯性
E. 权威性

6. 下列各项中，属于财务会计报告编制要求的有（　　）。

A. 真实可靠
B. 相关可比
C. 全面完整
D. 编报及时

7. 企业资产负债表所提供的信息主要包括（　　）。

A. 企业拥有或控制的资源及其分布情况
B. 企业所承担的债务及其不同的偿还期限
C. 企业利润的形成情况及影响利润增减变动的因素
D. 企业所有者在企业资产中享有的经济利益份额及其结构

8. 企业的年度财务会计报告应包括的内容有（　　）。

A. 会计报表
B. 会计报表附注
C. 财务情况说明书
D. 会计报表说明书

9. 现金等价物应具备的特点有（　　）。

A. 期限短
B. 流动性强
C. 易于转换为已知金额的现金
D. 价值变动风险小

10. 下列经济事项中，能够产生现金流量的有（　　）。

A. 出售固定资产
B. 从银行提现
C. 将库存现金送存银行
D. 接受现金投资

## 三、实务题

**【习题 1】**

目的：练习资产负债表的编制。

资料：

（1）厦门正航外贸公司 2017 年 10 月 31 日的有关科目余额如表 8－17 所示。

**表 8－17 有关科目余额**

元

| 会计科目 | 借方余额 | 贷方余额 |
|---|---|---|
| 库存现金 | 240.00 | |
| 银行存款 | 7 640.00 | |
| 应收票据 | 3 600.00 | |
| 应收账款 | 1 460.00 | |
| 预付账款 | 2 320.00 | |
| 其他应收款 | 300.00 | |
| 原材料 | 11 920.00 | |
| 库存商品 | 7 460.00 | |
| 固定资产 | 163 080.00 | |
| 累计折旧 | | 28 920.00 |
| 短期借款 | | 3 720.00 |
| 应付票据 | | 5 000.00 |
| 应付账款 | | 2 180.00 |
| 应付职工薪酬 | | 2 620.00 |
| 应交税费 | | 1 140.00 |
| 预收账款 | | 1 580.00 |
| 应付利息 | | 1 360.00 |
| 长期借款 | | 15 200.00 |
| 实收资本 | | 95 536.00 |
| 盈余公积 | | 40 944.00 |
| 本年利润 | | 26 980.00 |
| 利润分配 | 19620.00 | |
| 生产成本 | 7540.00 | |
| 合 计 | 225 180.00 | 225 180.00 |

（2）“应收账款”、“预付账款”、“应付账款”和“预收账款”四个科目所属各明细科目的期末余额如下所示：

应收账款——A 公司 680 元（借方）；

应收账款——B 公司 1 120 元（借方）；

应收账款——C 公司 340 元（贷方）；

预付账款——D 公司 1 340 元（借方）；

预付账款——E 公司 1 180 元（借方）；

预付账款——F 公司 200 元（贷方）；

应付账款——G 公司 940 元（贷方）；

应付账款——H 公司 1 300 元（贷方）；

应付账款——I 公司 60 元（借方）；

预收账款——J 公司 1 020 元（贷方）；

预收账款——K 公司 780 元（贷方）；

预收账款——L 公司 220 元（借方）。

（3）该月末无一年内到期的长期负债。

根据上述资料，编制该公司 2017 年 10 月 31 日的资产负债表，并填入表 8－18 中（表 8－18 中年初余额均略）。

表8－18 资产负债表

编制单位： 年 月 日 元

| 资产 | 期末余额 | 年初余额 | 负债及所有者权益 | 期末余额 | 年初余额 |
|---|---|---|---|---|---|
| 流动资产： | | | 流动负债： | | |
| 货币资金 | | | 短期借款 | | |
| 交易性金融资产 | | | 交易性金融负债 | | |
| 应收票据 | | | 应付票据 | | |
| 应收账款 | | | 应付账款 | | |
| 预付款项 | | | 预收款项 | | |
| 应收利息 | | | 应付职工薪酬 | | |
| 应收股利 | | | 应交税费 | | |
| 其他应收款 | | | 应付利息 | | |
| 存货 | | | 应付股利 | | |
| 一年内到期的非流动资产 | | | 其他应付款 | | |
| 其他流动资产 | | | 一年内到期的非流动负债 | | |
| 流动资产合计 | | | 其他流动负债 | | |
| 非流动资产： | | | 流动负债合计 | | |
| 可供出售金融资产 | | | 非流动负债： | | |
| 持有至到期投资 | | | 长期借款 | | |
| 长期应收款 | | | 应付债券 | | |
| 长期股权投资 | | | 长期应付款 | | |
| 投资性房地产 | | | 专项应付款 | | |
| 固定资产 | | | 预计负债 | | |
| 在建工程 | | | 递延所得税负债 | | |
| 工程物资 | | | 其他非流动负债 | | |
| 固定资产清理 | | | 非流动负债合计 | | |
| 生产性生物资产 | | | 负债合计 | | |
| 油气资产 | | | 所有者权益（或股东权益）： | | |
| 无形资产 | | | 实收资本（或股本） | | |
| 开发支出 | | | 资本公积 | | |
| 商誉 | | | 减：库存股 | | |
| 长期待摊费用 | | | 盈余公积 | | |
| 递延所得税资产 | | | 未分配利润 | | |

续表

| 资产 | 期末余额 | 年初余额 | 负债及所有者权益 | 期末余额 | 年初余额 |
|---|---|---|---|---|---|
| 其他非流动资产 | | | 所有者权益（或股东权益）合计 | | |
| 非流动资产合计 | | | | | |
| 资产总计 | | | 负债及所有者权益合计 | | |

单位负责人：　　　　　财务负责人：　　　　　制表人：

**【习题2】**

目的：练习利润表的编制。

资料：某外贸公司2017年度有关损益类科目累计发生额如表8－19所示。

**表8－19　有关损益类科目累计发生额**

元

| 科目名称 | 借方发生额 | 贷方发生额 |
|---|---|---|
| 主营业务收入 | | 2 500 000 |
| 其他业务收入 | | 250 000 |
| 投资收益 | | 100 000 |
| 营业外收入 | | 15 000 |
| 主营业务成本 | 1 600 000 | |
| 税金及附加 | 150 000 | |
| 其他业务成本 | 120 000 | |
| 销售费用 | 130 000 | |
| 管理费用 | 260 000 | |
| 财务费用 | 40 000 | |
| 营业外成本 | 100 000 | |
| 所得税费用 | 240 000 | |

要求：根据上述资料，编制该公司2017年度的利润表，并填入表8－20中。

**表8－20　利润表**

编制单位：　　　　　　年　月　　　　　　元

| 项目 | 本月数 | 本年累计数 |
|---|---|---|
| 一、营业收入 | | |
| 减：营业成本 | | |
| 税金及附加 | | |
| 销售费用 | | |
| 管理费用 | | |
| 财务费用 | | |
| 资产减值损失 | | |
| 加：公允价值变动损益 | | |
| 其中：对联营企业和合营企业的投资收益 | | |

续表

| 项目 | 本月数 | 本年累计数 |
| --- | --- | --- |
| 二、营业利润（亏损以“－”号填列） | | |
| 加：营业外收入 | | |
| 减：营业外支出 | | |
| 其中：非流动资产处置损失 | | |
| 三、利润总额（亏损总额以“－”号填列） | | |
| 减：所得税费用 | | |
| 四、净利润（净亏损以“－”号填列） | | |
| 五、每股收益 | | |
| （一）基本每股收益 | | |
| （二）稀释每股收益 | | |

# 各章复习思考题参考答案

## 第一章　外贸会计概述

**一、单项选择题**

| | | | | |
|---|---|---|---|---|
| 1. C | 2. A | 3. B | 4. B | 5. A |
| 6. B | 7. B | 8. D | 9. D | 10. A |
| 11. C | 12. C | 13. A | 14. B | 15. B |

**二、多项选择题**

| | | | | |
|---|---|---|---|---|
| 1. ABDE | 2. ABD | 3. ABC | 4. ABCD | 5. ABCD |
| 6. ABCD | 7. ABCDE | | | |

## 第二章　外汇业务会计

**一、单项选择题**

| | | | | |
|---|---|---|---|---|
| 1. A | 2. B | 3. C | 4. D | 5. D |
| 6. B | 7. A | 8. A | 9. B | 10. D |
| 11. B | 12. B | 13. D | 14. C | 15. C |
| 16. B | | | | |

**二、多项选择题**

| | | | | |
|---|---|---|---|---|
| 1. ABCDE | 2. AB | 3. BC | 4. ABC | 5. ABE |
| 6. ABE | 7. AB | 8. ABCD | | |

**三、实务题**

**【习题1】**

"银行存款——美元户"期末汇兑损益 =5 031 200 − 760 000 ×6. 60 =15 200（元）（资产收益）

"银行存款——港币户"期末汇兑损益 =348 300 −430 000 ×0. 85 = −17 200（元）（资产损失）

"应收账款——A 公司（美元户）"期末汇兑损益 =0 ×6. 62 −34 000 = −34 000（元）

（资产损失）

“应收账款——B 公司（美元户）”期末汇兑损益 = 211 840 - 32 000 × 6.60 = 640（元）（资产收益）

“应付账款——甲公司（美元户）”期末汇兑损益 = 516 360 - 78 000 × 6.60 = 1 560（元）（负债损失）

“应付账款——乙公司（美元户）”期末汇兑损益 = 0 × 6.60 - 451.20 = -451.20（元）（负债收益）

**【习题 2】**

（1）借：银行存款——美元户　　（USD1 000 000　6.90）6 900 000
　　　贷：主营业务收入——自营出口销售收入
　　　　　　　　　　　　　　　　（USD1 000 000　6.90）6 900 000

借：主营业务成本——自营出口销售成本　　3 900 000
　　贷：库存商品——甲商品　　3 900 000

（2）借：在途物资——进口物资　　（USD126 000　6.83）860 580
　　　贷：银行存款——美元户　　（USD126 000　6.83）860 580

（3）借：应付账款——应付外汇账款　　（USD48 000　6.89）330 720
　　　贷：银行存款——美元户　　（USD48 000　6.89）330 720

（4）“银行存款——美元户”期末汇兑损益 = (910 000 + 1 000 000 - 126 000 - 48 000) × 6.89 - (6 279 000 + 6 900 000 - 860 580 - 330 720) = 1 736 000 × 6.89 - 11 987 700 = -26 660（元）（资产损失）

“应付账款——利达公司”期末汇兑损益 = (48 000 - 48 000) × 6.89 - (331 200 - 330 720)
　　　　= 0 - 480 = -480（元）（负债收益）

借：应付账款——利达公司　　480
　　财务费用——汇兑损益　　26 180
　　贷：银行存款——美元户　　26 660

**【习题 3】**

1. 编制相关会计分录如下：

（1）借：银行存款——美元户　　（USD40 000　6.86）274 400
　　　贷：应收账款——应收外汇账款——A　　（USD40 000　6.86）274 400

（2）借：应收账款——应收外汇账款——A　　（USD70 000　6.85）479 500
　　　贷：主营业务收入——自营出口销售收入　　（USD70 000　6.85）479 500

（3）借：应付账款——应付外汇账款——B　　（USD20 000　6.84）136 800
　　　贷：银行存款——美元户　　（USD20 000　6.84）136 800

（4）借：在途物资——进口物资　　（USD20 000　6.86）137 200
　　　贷：应付账款——应付外汇账款——G　　（USD20 000　6.86）137 200

（5）借：银行存款——人民币户　　（USD9 000　6.84）61 560
　　　　财务费用——汇兑损益　　90
　　　贷：银行存款——美元户　　（USD9 000　6.85）61 650

（6）借：银行存款——美元户　　（USD70 000　6.84）478 800

贷：应收账款——应收外汇账款——A　　（USD70 000　6.84）478 800

（7）USD7 000 × 6.82 ÷ 0.92 = HKD51 891.30

借：银行存款——港元户　　（HKD51 891.30 0.915）47 480.54

财务费用——汇兑损益　　469.46

贷：银行存款——美元户　　（USD7 000　6.85）47 950

2. 月末对各外币账户进行调整，并编制调整分录：

**银行存款——美元户**

| | | | | | |
|---|---|---|---|---|---|
| USD300 000 | 6.85 | 2 055 000 | （3）USD20 000 | 6.84 | 136 800 |
| （1）USD40 000 | 6.86 | 274 400 | （5）USD9 000 | 6.85 | 61 650 |
| （6）USD70 000 | 6.84 | 478 800 | （7）USD7 000 | 6.85 | 47 950 |
| USD374 000 | | 2 561 800 | | | |

“银行存款——美元户”期末汇兑损益 = 374 000 × 6.86 − 2 561 800 = +3 840（元）（资产收益）

**银行存款——港元户**

| | | | | | |
|---|---|---|---|---|---|
| HKD60 000 | 0.91 | 54 600 | | | |
| （7）HKD51 891.30 | 0.915 | 47 480.54 | | | |
| HKD111 891.30 | | 102 080.54 | | | |

“银行存款——港元户”期末汇兑损益 = 111 891.30 × 0.92 − 102 080.54 = +859.46（元）（资产收益）

**应收账款——A（美元户）**

| | | | | | |
|---|---|---|---|---|---|
| USD40 000 | 6.85 | 274 000 | （1）USD40 000 | 6.86 | 274 400 |
| （2）USD70 000 | 6.85 | 479 500 | （6）USD70 000 | 6.84 | 478 800 |
| 0 | | 300 | | | |

“应收账款——A”期末汇兑损益 = 0 × 6.86 − 300 = −300（元）（资产损失）

**应付账款——B（美元户）**

| | | | | | |
|---|---|---|---|---|---|
| （3）USD20 000 | 6.84 | 136 800 | USD30 000 | 6.85 | 205 500 |
| | | | USD10 000 | | 68 700 |

“应付账款——B”期末汇兑损益 = 10 000 × 6.86 − 78 700 = −100（元）（负债收益）

**应付账款——G（美元户）**

| | | | | | |
|---|---|---|---|---|---|
| | | | （4）USD20 000 | 6.86 | 137 200 |
| | | | USD20 000 | | 137 200 |

“应付账款——G”期末汇兑损益 = 20 000 × 6.86 − 137 200 = 0

汇兑损益的调整分录如下：

借：银行存款——美元户 3 840

——港元户 859.46

应付账款——B 100

贷：应收账款——A 300

财务费用——汇兑损益 4 499.46

3. “财务费用——汇兑损益”本月月末余额如下：

**财务费用——汇兑损益**

|  |  |
| --- | --- |
| （5）90 | |
| （7）469.46 | 4 499.46 |
| | 3 940 |

**【习题4】**

1. 编制相关会计分录如下：

（1）借：银行存款——美元户 （USD40 000 6.86）274 400

贷：应收账款——应收外汇账款——A （USD40 000 6.85）274 000

财务费用——汇兑损益 400

（2）借：应收账款——应收外汇账款——A （USD70 000 6.85）479 500

贷：主营业务收入——自营出口销售收入 （USD70 000 6.85）479 500

（3）加权平均账面汇率 =（300 000 ×6.85 +40 000 ×6.86）÷（300 000 +40 000）=6.85（元）

借：应付账款——应付外汇账款——B （USD20 000 6.85）137 000

贷：银行存款——美元户 （USD20 000 6.85）137 000

（4）借：在途物资——甲材料 （USD20 000 6.86）137 200

贷：应付账款——应付外汇账款——G （USD20 000 6.86）137 200

（5）借：银行存款——人民币户 （USD9 000 6.84）61 560

财务费用——汇兑损益 90

贷：银行存款——美元户 （USD9 000 6.85）61 650

（6）借：银行存款——美元户 （USD70 000 6.84）478 800

财务费用——汇兑损益 700

贷：应收账款——应收外汇账款——A （USD70 000 6.85）479 500

（7）USD7 000 ×6.82 ÷0.92 = HKD51 891.30

借：银行存款——港元户 （HKD51 891.30 0.915）47 480.54

财务费用——汇兑损益 469.46

贷：银行存款——美元户 （USD7 000 6.85）47 950

2. 月末对各外币账户进行调整，并编制调整分录如下：

**银行存款——美元户**

| | | | | | |
|---|---|---|---|---|---|
| USD300 000 | 6.85 | 2 055 000 | （3）USD20 000 | 6.85 | 137 000 |
| （1）USD40 000 | 6.86 | 274 400 | （5）USD9 000 | 6.85 | 61 650 |
| （6）USD70 000 | 6.84 | 478 800 | （7）USD7 000 | 6.85 | 47 950 |
| USD374 000 | | 2 561 600 | | | |

“银行存款——美元户”期末汇兑损益 =374 000 ×6.86 −2 561 600 = +4 040（元）（资产收益）

**银行存款——港元户**

| | | | | | |
|---|---|---|---|---|---|
| HKD60 000 | 0.91 | 54 600 | | | |
| （7）HKD51 891.30 | 0.915 | 47 480.54 | | | |
| HKD111 891.30 | | 102 080.54 | | | |

“银行存款——港元户”期末汇兑损益 = 111 891.30 ×0.92 − 102 080.54 = +859.46（元）（资产收益）

**应收账款——A（美元户）**

| | | | | | |
|---|---|---|---|---|---|
| USD40 000 | 6.85 | 274 000 | （1）USD40 000 | 6.85 | 274 000 |
| （2）USD70 000 | 6.85 | 479500 | （6）USD70 000 | 6.85 | 479500 |
| 0 | | 0 | | | |

“应收账款——A”期末汇兑损益 =0 ×6.86 −0 =0

**应付账款——B（美元户）**

| | | | | | |
|---|---|---|---|---|---|
| （3）USD20 000 | 6.85 | 137 000 | USD30 000 | 6.85 | 205 500 |
| | | | USD10 000 | | 68 500 |

“应付账款——B”期末汇兑损益 =10 000 ×6.86 −68 500 = +100（元）（负债损失）

**应付账款——G（美元户）**

| | | | | | |
|---|---|---|---|---|---|
| | | | （4）USD20 000 | 6.86 | 137 200 |
| | | | USD20 000 | | 137 200 |

“应付账款——G”期末汇兑损益 =20 000 ×6.86 −137 200 =0

汇兑损益的调整分录如下：

借：银行存款——美元户　　4 040

　　　　——港元户　　859.46

　贷：应付账款——B　　100

　　　财务费用——汇兑损益　　4 799.46

3. “财务费用——汇兑损益”本月月末余额如下：

**财务费用——汇兑损益**

| | |
|---|---|
| （5）90 | （1）400 |
| （6）700 | |
| （7）469.46 | 4799.46 |
| | 3 940 |

# 第三章　进口业务会计

## 一、单项选择题

1. A　2. D　3. A　4. B　5. B
6. A　7. A　8. B　9. A　10. B
11. A　12. A　13. D　14. D　15. D
16. B

## 二、多项选择题

1. ABCD　2. ABCDE　3. ABCD　4. ABC　5. ABCDE
6. ABCDE　7. ABCD　8. ABCDE

## 三、实务题

**【习题1】**

（1）接到银行转来的国外单据，审单无异议，付款赎单时：

借：在途物资——进口商品　（HKD240 000 0.72）172 800
　　贷：银行存款——港元户　（HKD240 000 0.72）172 800

同时向国内用户结算：

借：应收账款——国内用户　427 050
　　贷：主营业务收入——自营进口销售收入　365 000
　　　　应交税费——应交增值税（销项税额）　62 050

（2）支付保险费：

借：在途物资——进口商品　（HKD5 280 0.72）3 801.60
　　贷：银行存款——港元户　（HKD5 280 0.72）3 801.60

（3）支付运输费：

借：在途物资——进口商品　（HKD20 100 0.72）14 472
　　贷：银行存款——港元户　（HKD20 100 0.72）14 472

（4）支付进口税金：

借：在途物资——进口商品　24 000
　　贷：应交税费——应交关税　24 000

借：应交税费——应交关税　24 000
　　　　　　——应交增值税（进项税额）　17 800
　　贷：银行存款　41 800

（5）支付港务费、装卸费：

借：在途物资——进口商品　　1 200
　　贷：银行存款　　1 200

结转单到结算下的销售成本：

该批仪器销售成本 = 17 280 + 3 801.60 + 14 472 + 24 000 + 1 200 = 216 273.60（元）

借：主营业务成本——自营进口销售成本　　216 273.60
　　贷：在途物资——进口商品　　216 273.60

（6）对内理赔：

借：主营业务收入——自营进口销售收入　　36 500
　　应交税费——应交增值税（销项税额）　　6 205
　　贷：应付账款——国内客户　　42 705

（7）对外索赔：

索赔款 = 172 800 × 20% = 34 560（元）

借：应收账款——应收外汇账款——进口索赔　　（HKD48 000 0.72）34 560
　　贷：主营业务成本——自营进口销售成本　　（HKD48 000 0.72）34 560

（8）收到索赔款：

借：银行存款——美元户　　（HKD48 000 0.72）34 560
　　贷：应收账款——应收外汇账款——进口索赔　　（HKD48 000 0.72）34 560

（9）支付国内理赔款：

借：应付账款——国内客户　　42 705
　　贷：银行存款　　42 705

**【习题 2】**

（1）购汇付款时：

借：在途物资——进口商品　　（USD480 000　6.83）3 278 400
　　财务费用——汇兑损益　　9 600
　　贷：银行存款——人民币户　　（USD480 000　6.85）3 288 000

（2）购汇支付运保费时：

借：在途物资——进口商品　　（USD5 000　6.81）34 050
　　财务费用——汇兑损益　　150
　　贷：银行存款——人民币户　　（USD5 000　6.84）34 200

（3）计算应纳进口关税、进口增值税：

进口关税 =（3 278 400 + 34 050）× 10% = 331 245（元）

进口增值税 =（3 278 400 + 34 050 + 331 245）× 17% = 619 428.15（元）

（4）支付进口关税和增值税：

借：在途物资——进口商品　　331 245
　　贷：应交税费——应交进口关税　　331 245

借：应交税费——应交进口关税　　331 245
　　　　　　——应交增值税（进项税额）　　619 428.15
　　贷：银行存款　　950 673.15

（5）收到佣金时：

借：银行存款——美元户　　（USD10 000　6.83）68 300

　　贷：在途物资——进口商品　　（USD10 000　6.83）68 300

（6）支付港务费、通关费等：

借：在途物资——进口商品　　3 000

　　贷：银行存款　　3 000

对国内用户办理结算，确认收入时：

借：应收账款　　5 850 000

　　贷：主营业务收入——自营进口销售收入　　5 000 000

　　　　应交税费——应交增值税（销项税额）　　850 000

（7）结转该批商品的销售成本：

销售成本 =3 278 400 +34 050 +331 245 −68 300 +3 000 =3 578 395（元）

借：主营业务成本——自营进口销售成本　　3 578 395

　　贷：在途物资——进口商品　　3 578 395

**【习题 3】**

（1）审单无误付款：

借：在途物资——进口商品　　（USD310 000　6.83）2 117 300

　　贷：银行存款——美元户　　（USD310 000　6.83）2 117 300

（2）支付保险费：

借：在途物资——进口商品　　（USD9 300　6.81）63 333

　　贷：银行存款——美元户　　（USD9 300　6.81）63 333

（3）支付运输费：

借：在途物资——进口商品　　（USD18 100　6.84）123 804

　　贷：银行存款——美元户　　（USD18 100　6.84）123 804

（4）支付进口税金：

借：在途物资——进口商品　　118 493

　　贷：应交税费——应交关税　　118 493

借：应交税费——应交关税　　118 493

　　　　　　——应交增值税（进项税额）　　423 386.70

　　贷：银行存款　　541 879.70

（5）进口零件入库：

借：库存商品——库存进口商品　　2 422 930

　　贷：在途物资——进口商品　　2 422 930

（6）实现销售并结转成本：

借：银行存款　　3 159 000

　　贷：主营业务收入——自营进口销售收入　　2 700 000

　　　　应交税费——应交增值税（销项税额）　　459 000

借：主营业务成本——自营进口销售成本　　2 422 930

　　贷：库存商品——库存进口商品　　2 422 930

（7）对内理赔：

借：主营业务收入——自营进口销售收入　　81 000
　　应交税费——应交增值税（销项税额）　　13 770
　　贷：银行存款　　94 770

（8）对外索赔：

借：应收账款——应收外汇账款　　（USD13 580　6.78）92 072.40
　　贷：主营业务成本——自营进口销售成本　　（USD13 580　6.78）92 072.40

（9）收到索赔款：

借：银行存款——美元户　　（USD13580　6.78）92 072.40
　　贷：应收账款——应收外汇账款　　（USD13 580　6.78）92 072.40

**【习题4】**

（1）进口Y商品货值 = 5×20×300×6.80 = 204 000（元）

（2）进口海运费的计算：

重量吨 = 5×20千克 = 0.1（吨）

体积吨 = 5×（150×150×60）÷1 000 000×1 000kg/1立方米 = 6 750千克 = 6.75（吨）

进口海运费 = 150×6.75×6.80 = 6 885（元）

（3）进口保险费 = 204 000×110%×3.2% = 7 180.80（元）

（4）进口关税 =（204 000 + 6 885 + 7180.80）×15% = 32 709.87（元）

（5）进口消费税 =（204 000 + 6 885 + 7 180.80 + 32 709.87）÷（1 − 5%）×5% = 13 198.72（元）

（6）进口增值税 =（204 000 + 6885 + 7 180.80 + 32 709.87 + 13 198.72）×17% = 44 875.65（元）

（7）银行手续费 = 204 000×5‰ = 1 020（元）

（8）代理手续费 =（204 000 + 6 885 + 7 180.80）×1.8% = 925.18（元）

**【习题5】**

1. 字母所代表的数值计算如下：

A = 684 990×12% = 82 198.80（元）

B =（684 990 + 82 198.80）×17% = 130 422.10（元）

C = 540 000×5‰ = 2 700（元）

D = 684 990×1.5% = 10 274.85（元）

E = 684 990 + 82 198.80 + 2 700 + 10 274.85 + 130 422.10 = 910 585.75（元）

2. 编制相关会计分录如下：

（1）向委托方收款后支付国外货款：

借：银行存款　　910 585.75
　　贷：预收收款——A工厂　　910 585.75

借：预收收款——A工厂　　（USD80 000　6.75）540 000
　　贷：银行存款——美元户　　（USD80 000　6.75）540 000

（2）支付国外运保费：

借：预收账款——A工厂　　144 990

贷：银行存款——美元户——运费 （USD19 000 6.75）128 250

——保费（USD2 480 6.75）16 740

（3）支付银行手续费：

借：预收账款——A 工厂 2 700

贷：银行存款——银行手续费 2 700

（4）支付进口税：

借：预收账款——A 工厂 212 620.90

贷：银行存款 （82 198.80 + 130 422.10）212 620.90

（5）收取代理手续费并计提其增值税：

借：预收账款——A 工厂 10 891.34

贷：其他业务收入——代理进口收入 10 274.85

应交税费——应交增值税（销项税额） 616.49

# 第四章 出口业务会计

## 一、单项选择题

1. C　2. A　3. A　4. B　5. C

6. C　7. D　8. B　9. B　10. D

11. B　12. B　13. C　14. A

## 二、多项选择题

1. ABCDE　2. ABCD　3. ABCDE　4. ABD　5. AB

6. ABCDE　7. ADE　8. ABC　9. BC　10. DE

## 三、实务题

**【习题 1】**

（1）借：发出商品——甲商品 300 000

贷：库存商品——甲商品 300 000

（2）借：应收账款——应收外汇账款 （USD50 000 6.80）340 000

贷：主营业务收入——自营出口销售收入 （USD50 000 6.80）340 000

借：主营业务成本——自营出口销售成本 300 000

贷：发出商品——甲商品 300 000

（3）佣金 = USD50 000 × 2% = USD1 000

借：主营业务收入——自营出口销售收入 （USD1 000 6.79）6 790

贷：应付账款——应付外汇账款 （USD1 000 6.79）6 790

（4）借：银行存款——美元户 （USD50 000 6.82）341 000

贷：应收账款——应收外汇账款 （USD50 000 6.82）341 000

借：银行存款——人民币户 （USD50 000 6.78）339 000

财务费用——汇兑损益 2 000

贷：银行存款——美元户 （USD50 000 6.82）341 000

或：

借：银行存款——人民币户 （USD50 000 6.78）339 000

财务费用——汇兑损益 2 000

贷：应收账款——应收外汇账款 （USD50 000 6.82）341 000

（5）借：主营业务收入——自营出口销售收入 （HKD25 000 0.81）20 250

贷：应付账款——应付外汇账款 （HKD25 000 0.81）20 250

（6）借：主营业务收入——自营出口销售收入 （USD500 6.81）3 405

贷：应付账款——应付外汇账款 （USD500 6.81）3 405

（7）借：销售费用 （USD100 000 6.80）680 000

贷：银行存款——美元户 （USD100 000 6.80）680 000

（8）借：销售费用 6 700

贷：银行存款 6 700

（9）借：主营业务收入——自营出口销售收入（甲商品）

（USD1 000 6.83）6 830

贷：银行存款——美元户/应付账款——应付外汇账款

（USD1 000 6.83）6 830

（10）借：库存商品——甲商品 6 000

贷：主营业务成本——自营出口销售成本 6 000

（11）借：待处理财产损溢——待处理流动资产损溢 3 000

贷：银行存款/应付账款 3 000

借：营业外支出 3 000

贷：待处理财产损溢——待处理流动资产损溢 3 000

（12）借：待处理财产损溢——待处理流动资产损溢

（USD20 000 6.80）136 000

贷：银行存款——美元户 （USD20 000 6.80）136 000

借：库存商品——甲商品 300 000

贷：库存商品——乙商品 290 000

主营业务成本——自营出口销售成本 10 000

**【习题2】**

（1）①出库待运：

借：发出商品——甲商品 1 000 000

贷：库存商品——甲商品 1 000 000

②出口交单确认外销收入：

借：应收账款——应收外汇账款 （USD150 000 6.80）1 020 000

贷：主营业务收入——自营出口销售收入——甲商品

（USD150 000 6.80）1 020 000

③结转外销成本：

借：主营业务成本——自营出口销售成本——甲商品 1 000 000

贷：发出商品——甲商品 1 000 000

④支付运保费：

借：主营业务收入——自营出口销售收入——运费 （USD16 000 6.80）108 800

——保费 （USD1 500 6.80）10200

贷：银行存款——美元户 （USD17500 6.80）119 000

⑤收汇：

借：银行存款——美元户 （USD150 000 6.80）1 020 000

贷：应收账款——应收外汇账款 （USD150 000 6.80）1 020 000

（2）不调换的50%按每单位25.6美元成交：

①确认外销收入：

借：主营业务收入——自营出口销售收入（甲商品） （USD75 000 6.80）510 000

贷：主营业务收入——自营出口销售收入（乙商品） （USD64 000 6.80）435 200

应付账款——应付外汇账款 （USD11 000 6.80）74 800

②结转外销成本：

借：库存商品——甲商品 500 000

贷：库存商品——乙商品 400 000

主营业务成本——自营出口销售成本（差价） 100 000

③退还多收款项：

借：应付账款——应付外汇账款 （USD11 000 6.80）74 800

贷：银行存款——美元户 （USD11 000 6.80）74 800

（3）50%退回，转销已支付的运保费：

借：待处理财产损溢——待处理流动资产损溢 （USD8 750 6.80）59 500

贷：主营业务收入——自营出口销售收入——运费（USD8 000 6.80）54 400

——保费 （USD750 6.80）5 100

（4）支付调换甲商品发生的运保费：

运保费 = (5 + 0.50) × 2 500 = USD13 750

借：待处理财产损溢——待处理流动资产损溢 （USD13 750 6.80）93 500

贷：银行存款——美元户 （USD13 750 6.80）935 00

（5）借：待处理财产损溢——待处理流动资产损溢 3 200

贷：银行存款 3 200

（6）借：营业外支出 156 200

贷：待处理财产损溢——待处理流动资产损溢 156 200

**【习题3】**

（1）借：库存商品——外销服装 1 400 000

应交税费——应交增值税（进项税额） 238 000

贷：银行存款 1 638 000

（2）借：发出商品——外销服装 1 400 000

贷：库存商品——外销服装 1 400 000

（3）借：应收账款——应收外汇账款 （USD250 000 6.72）1 680 000

贷：主营业务收入——自营出口销售收入（USD250 000 6.72）1 680 000

借：主营业务成本——自营出口销售成本 1 400 000

贷：发出商品——外销服装 1 400 000

（4）借：银行存款——美元户 （USD250 000 6.71）1 677 500

贷：应收账款——应收外汇账款 （USD250 000 6.71）1 677 500

（5）借：主营业务收入——自营出口销售收入（佣金）

（USD3 900 6.69）26 091

贷：应付账款——应付外汇账款 （USD3 900 6.69）26091

（6）借：主营业务收入——自营出口销售收入（运费）

（USD5 200 6.67）34 684

贷：应付账款——应付外汇账款 （USD5 200 6.67）34 684

（7）借：主营业务收入——自营出口销售收入（保费）

（USD1 420 6.66）9 457.20

贷：应付账款——应付外汇账款 （USD1 420 6.66）9 457.20

（8）应退增值税 = 1 400 000 × 16% = 224 000（元）

应计入成本的税额 = 1 400 000 ×（17% − 16%）= 14 000（元）

借：主营业务成本——自营出口销售成本 14 000

贷：应交税费——应交增值税（进项税额转出） 14 000

借：应收出口退税款——应退增值税 224 000

贷：应交税费——应交增值税（出口退税） 224 000

（9）借：银行存款 224 000

贷：应收出口退税款——应退增值税 224 000

（10）冲销收入 = 125 × 120 × 6.72 = 100800（元）

冲销成本 = 700 × 120 = 84 000（元）

借：主营业务收入——自营出口销售收入 100800

贷：应付账款——应付外汇账款/银行存款——美元户 100800

借：库存商品——国外退货/在途物资——国外退货 84 000

贷：主营业务成本——自营出口销售成本 84 000

（11）补交应退税款 = 1 400 000 ÷ 2 000 × 120 × 16% = 13440（元）

转出已计入成本的税额 = 1 400 000 ÷ 2 000 × 120 ×（17% − 16%）= 840（元）

借：应交税费——应交增值税（出口退税） 13440

贷：银行存款 13440

借：应交税费——应交增值税（进项税额转出） 840

贷：主营业务成本——自营出口销售成本 840

**【习题 4】**

（1）借：受托代销商品——立新工厂 125 000

贷：代销商品款——立新工厂 125 000

（2）借：发出商品——受托代销商品 125 000
　　贷：受托代销商品——立新工厂 125 000
（3）借：应收账款——应收外汇账款 （HKD100 000 0.85）85 000
　　贷：应付账款——应付外汇账款（中间商） （HKD3 000 0.85）2 550
　　　　——立新工厂 （HKD97 000 0.85）82 450
借：代销商品款——立新工厂 125 000
　贷：发出商品——受托代销商品 125 000
（4）借：应付账款——立新工厂 250
　　贷：银行存款 250
（5）借：应付账款——立新工厂 （HKD400 0.85）340
　　贷：银行存款——港元户 （HKD400 0.85）340
（6）
①收汇：
借：银行存款——港元户 （HKD100 000 0.85）85 000
　贷：应收账款——应收外汇账款 （HKD100 000 0.85）85 000
②收取代理手续费：
代理手续费 = HKD100 000 × 1% = HKD1 000
借：应付账款——立新工厂 （HKD1 000 0.85）850
　贷：其他业务收入——代理出口收入 850/（1 + 6%）802
　　应交税费——应交增值税（销项税额） 48
实际交纳增值税时
借：应交税费——应交增值税（已交税金） 48
　贷：银行存款 48
③与立新工厂结清款项：
借：应付账款——立新工厂 81010
　贷：银行存款 81010
④汇付国外佣金：
借：应付账款——应付外汇账款（中间商） （HKD3 000 0.85）2 550
　贷：银行存款——港元户 （HKD3 000 0.85）2 550

# 第五章　出口货物、劳务和跨境应税行为退（免）税会计

## 一、单项选择题

| | | | | |
|---|---|---|---|---|
| 1. B | 2. A | 3. D | 4. D | 5. A |
| 6. D | 7. A | 8. B | 9. C | 10. C |
| 11. C | 12. C | 13. C | 14. C | 15. C |

## 二、多项选择题

| | | | | |
|---|---|---|---|---|
| 1. ABCD | 2. ABC | 3. CE | 4. BDE | 5. ABDE |
| 6. DE | 7. ABCD | | | |

## 三、计算题

**【习题1】**

（1）当期“免、抵、退”税不得免征和抵扣税额 = 200 ×（17% − 13%）= 8（万元）

（2）当期应纳税额 = 100 × 17% −（34 − 8）− 3 = 17 − 26 − 3 = −12（万元）

（3）出口货物“免、抵、退”税额 = 200 × 13% = 26（万元）

（4）按规定，如当期末留抵税额≤当期“免、抵、退”税额时：

当期应退税额 = 当期期末留抵税额

即该企业当期应退税额 = 12（万元）

（5）当期免抵税额 = 当期“免、抵、退”税额 − 当期应退税额

当期免抵税额 = 26 − 12 = 14（万元）

**【习题2】**

（1）当期“免、抵、退”税不得免征和抵扣税额 = 200 ×（17% − 13%）= 8（万元）

（2）当期应纳税额 = 100 × 17% −（68 − 8）− 5 = 17 − 60 − 5 = −48（万元）

（3）出口货物“免、抵、退”税额 = 200 × 13% = 26（万元）

（4）按规定，如当期期末留抵税额 > 当期“免、抵、退”税额时：

当期应退税额 = 当期“免、抵、退”税额

即该企业当期应退税额 = 26（万元）

（5）当期免抵税额 = 当期“免、抵、退”税额 − 当期应退税额

该企业当期免抵税额 = 26 − 26 = 0

（6）6月期末留抵结转下期继续抵扣税额为22万元（48 − 26）。

**【习题3】**

（1）“免、抵、退”税不得免征和抵扣税额抵减额 = 进料加工出口货物耗用的保税进口料件金额 ×（出口货物征税税率 − 出口货物退税税率）= 100 ×（17% − 13%）= 4（万元）

（2）“免、抵、退”税不得免征和抵扣税额 = 当期出口货物离岸价 × 外汇人民币牌价 ×（出口货物征税税率 − 出口货物退税税率）−“免、抵、退”税不得免征和抵扣税额抵减额 = 200 ×（17% − 13%）− 4 = 8 − 4 = 4（万元）

（3）当期应纳税额 = 100 × 17 090 −（34 − 4）− 6 = 17 − 30 − 6 = −19（万元）

（4）“免、抵、退”税额抵减额 = 免税购进原材料 × 材料出口货物退税税率
= 100 × 13% = 13（万元）

（5）出口货物“免、抵、退”税额 = 200 × 13% − 13 = 13（万元）

（6）按规定，如当期期末留抵税额 > 当期“免、抵、退”税额时：

当期应退税额 = 当期“免、抵、退”税额

即该企业应退税额 = 13（万元）

（7）当期免抵税额 = 当期“免、抵、退”税额 − 当期应退税额

当期该企业免抵税额 = 13 − 13 = 0

（8）8月期末留抵结转下期继续抵扣税额为6万元（19 − 13）。

**【习题4】**

当期零税率应税行为“免、抵、退”税额 = 当期零税率应税行为“免、抵、退”税计

税依据×外汇人民币折合率×零税率应税行为增值税退税率=60×11%=6.6（万元）

因为当期期末留抵税额15万元>当期“免、抵、退”税额6.6万元，所以当期应退税额=当期“免、抵、退”税额=6.6（万元）

退税申报后，结转下期留抵的税额为8.4万元。

**【习题5】**

应退税额=2 000×20×17%=6 800（元）

**【习题6】**

应退税额=(10 000 +2 000)×17%=2 040（元）

**四、实务题**

**【习题1】**

(1) 借：库存商品 56 000

应交税费——应交增值税（进项税额） 9 520

贷：银行存款 65 520

(2) 佣金=USD22×500×3%=USD330

借：应收账款——应收外汇账款 (USD10670 6.215) 66314.05

主营业务收入——自营出口销售收入 (USD330 6.215) 2050.95

贷：主营业务收入——自营出口销售收入 (USD11 000 6.215) 68365

借：主营业务成本——自营出口销售成本 56 000

贷：库存商品 56 000

(3) 借：银行存款——美元户 (USD10670 6.213) 66 292.71

贷：应收账款——应收外汇账款 (USD10670 6.213) 66 292.71

(4) 借：销售费用 710

贷：银行存款 710

(5) 借：主营业务收入——自营出口销售收入 (USD530 6.218) 3 295.54

贷：主营业务收入——自营出口销售收入 (USD530 6.218) 3 295.54

(6) 应退增值税=56 000×13%=7 280（元）

应计入成本的税额=9 520－7 280=2 240（元）

借：应收出口退税款——应退增值税 7 280

贷：应交税费——应交增值税（出口退税） 7 280

借：主营业务成本 2 240

贷：应交税费——应交增值税（进项税额转出） 2 240

(7) 借：银行存款 7 280

贷：应收出口退税款——应退增值税 7 280

**【习题2】**

(1) 借：应收账款——应收外汇账款 (USD57600 6.85) 3 945 600

贷：主营业务收入——自营出口销售收入 (USD57600 6.85) 3 945 600

借：主营业务成本——自营出口销售成本 288 000

贷：库存商品——甲商品 288 000

（2）佣金 = USD57 600 × 2% = USD1 152

借：主营业务收入——自营出口销售收入（佣金）（USD1 152　6.87）7 914.24

　　贷：应付账款——应付外汇账款　（USD1 152　6.87）7 914.24

（3）借：主营业务收入——自营出口销售收入（运费）（USD 1 470　6.85）10 069.50

　　贷：应付账款——应付外汇账款　（USD 1 470　6.85）10069.50

（4）借：主营业务收入——自营出口销售收入（保费）（USD1 900　6.85）13 015

　　贷：应付账款——应付外汇账款　（USD1 900　6.85）13 015

（5）借：原材料　580 000

　　应交税费——应交增值税（进项税额）　98 600

　　贷：应付账款　678 600

（6）借：应收账款　725 400

　　贷：主营业务收入　620 000

　　　　应交税费——应交增值税（销项税额）　105 400

（7）

①当月免抵退税不得免征和抵扣税额 = (57 600 − 1 470 − 1 900) × 6.85 × (17% − 9%) = 29 718.04（元）

②当月应纳税额 = 105 400 − (98 600 − 29 718.04) − 79 800 = 36 518.04 − 79 800
= −43 281.96（元）

③当月免抵退税额 = (57 600 − 1 470 − 1 900) × 6.85 × 9% = 33 432.80（元）

④当期期末留抵税额（43 281.96 元）> 当期免抵退税额（33 432.80 元）

⑤当期应退税额 = 当期免抵退税额 = 33 432.80（元）

⑥当期免抵税额 = 33 432.80 − 33 432.80 = 0

⑦退税之后，本期留抵税额 = 43 281.96 − 33 432.80 = 9 849.16（元），留待下期继续抵扣。

借：主营业务成本　29 718.04

　　贷：应交税费——应交增值税（进项税额转出）　29 718.04

借：应收出口退税款——应退增值税　33 432.80

　　贷：应交税费——应交增值税（出口退税）　33 432.80

借：银行存款　33 432.80

　　贷：应收出口退税款——应退增值税　33 432.80

**【习题 3】**

1. 一月：

（1）当月免抵退税不得免征和抵扣税额 = 30 × 6.80 × (17% − 13%) = 8.16（万元）

（2）当月应纳税额 = (550 + 10) × 17% − (600 × 17% − 8.16) = 95.2 − 93.84 = 1.36（万元）

因为当月应纳税额 = 1.36 万元 > 0，所以本月不再退税，即应退税额为 0。

当期免抵税额 = 当期免抵退税额 = 30 × 6.80 × 13% = 26.52（万元）

借：主营业务成本　　81 600
　　贷：应交税费——应交增值税（进项税额转出）　　81 600
借：应交税费——应交增值税（出口抵减内销产品应纳税额）　　265 200
　　贷：应交税费——应交增值税（出口退税）　　265 200
借：应交税费——应交增值税（已交税金）　　13 600
　　贷：银行存款　　13 600

2. 二月：

（1）当月免抵退税不得免征和抵扣税额 = 20 × 6.85 × (17% − 13%) = 5.48（万元）

（2）当月应纳税额 = 500 × 17% − [(650 × 17% − 10 × 17%) − 5.48] = 85 − (110.5 − 1.7 − 5.48) = −18.32（万元）

（3）当月免抵退税额 = 20 × 6.85 × 13% = 17.81（万元）

（4）当期期末留抵税额（18.32 万元）> 当期免抵退税额（17.81 万元）

（5）当期应退税额 = 当期免抵退税额 = 17.81（万元）

（6）当期免抵税额 = 当期免抵退税额 − 当期应退税额 = 0

（7）退税之后，本期留抵税额 = 18.32 − 17.81 = 0.51（万元）

借：主营业务成本　　54 800
　　贷：应交税费——应交增值税（进项税额转出）　　54 800
借：应收出口退税款——应退增值税　　178 100
　　贷：应交税费——应交增值税（出口退税）　　178 100
借：银行存款　　178 100
　　贷：应收出口退税款——应退增值税　　178 100

3. 三月：

（1）当月免抵退税不得免征和抵扣税额 = 40 × 6.90 × (17% − 13%) = 11.04（万元）

（2）当月应纳税额 = 420 × 17% − (600 × 17% − 11.04) − 0.51
= 71.4 − (102 − 11.04) − 0.51 = −20.07（万元）

（3）当月免抵退税额 = 40 × 6.90 × 13% = 35.88（万元）

（4）当期期末留抵税额（20.07 万元）< 当期免抵退税额（35.88 万元）

（5）当期应退税额 = 当期期末留抵税额 = 20.07（万元）

（6）当期免抵税额 = 当期免抵退税额 − 当期应退税额 = 35.88 − 20.07 = 15.81（万元）

借：主营业务成本　　110 400
　　贷：应交税费——应交增值税（进项税额转出）　　110 400
借：应交税费——应交增值税（出口抵减内销产品应纳税额）　　158 100
　　贷：应交税费——应交增值税（出口退税）　　158 100
借：应收出口退税款——应退增值税　　200 700
　　贷：应交税费——应交增值税（出口退税）　　200 700
借：银行存款　　200 700
　　贷：应收出口退税款——应退增值税　　200 700

4. 四月：

（1）当月免抵退税不得免征和抵扣税额 = 35 × 6.85 × (17% − 13%) = 9.59（万元）

（2）当月应纳税额 = 180 × 17% − [(850 × 17% − 50 × 17%) − 9.59] = 30.6 − (144.5 − 8.5 − 9.59) = −95.81（万元）

（3）免抵退税额 = 35 × 6.85 × 13% = 31.167 5（万元）

（4）当期期末留抵税额（95.81 万元）> 当期免抵退税额（31.167 5 万元）

（5）当期应退税额 = 当期免抵退税额 = 31.167 5（万元）

（6）当期免抵税额 = 31.167 5 − 31.167 5 = 0

（7）退税之后，本期留抵税额 = 95.81 − 31.1675 = 64.642 5（万元），留待下期继续抵扣。

借：主营业务成本　　95 900
　　贷：应交税费——应交增值税（进项税额转出）　　95 900
借：应收出口退税款——应退增值税　　311 675
　　贷：应交税费——应交增值税（出口退税）　　311 675
借：银行存款　　311 675
　　贷：应收出口退税款——应退增值税　　311 675

## 第六章　加工贸易会计

### 一、单项选择题

1. A　2. B　3. A　4. D　5. A
6. A　7. B　8. C　9. A　10. A

### 二、多项选择题

1. ABCD　2. ABC　3. ACDE　4. ACE　5. ABCDE
6. ABCDE　7. ABCDE　8. ABCDE　9. ABCDE

### 三、实务题

**【习题 1】**

（1）凭全套进口单据，作如下会计分录：

借：在途物资——进口原材料　　(USD20 000　6.85) 137 000
　　贷：银行存款——美元户　　(USD20 000　6.85) 137 000

（2）进口报关时，根据海关出具的完税凭证，作如下会计分录：

进口关税 = 137 000 × 20% × (1 − 95%) = 1 370（元）

进口增值税 = (137 000 + 1 370) × 17% × (1 − 95%) = 1 176.15（元）

借：在途物资——进口原材料　　1 370
　　贷：应交税费——应交进口关税　　1 370
借：应交税费——应交进口关税　　1 370
　　　　　　——应交增值税（进项税额）　　1 176.15
　　贷：银行存款　　2 546.15

（3）进口原材料验收入库：

借：原材料——进口原材料 138 370
　　贷：在途物资——进口原材料 138 370

（4）购进国内材料：

借：原材料 30 000
　　应交税费——应交增值税（进项税额） 5 100
　　贷：银行存款 35 100

（5）材料作价加工出库时：

借：应收账款——A 加工厂 196 992.90
　　贷：其他业务收入——进口原材料 168 370
　　　　应交税费——应交增值税（销项税额） 28 622.90

同时结转作价加工材料成本：

借：其他业务成本 168 370
　　贷：原材料 168 370

（6）加工出口成品收回入库：

借：库存商品 180 000
　　应交税费——应交增值税（进项税额） 30 600
　　贷：应收账款——A 工厂 210 600

（7）出口交单时：

借：应收账款——应收外汇账款 （USD30 000 6.85）205 500
　　贷：主营业务收入——自营出口销售收入 （USD600 000 6.85）205 500

借：主营业务成本——自营出口销售成本 180 000
　　贷：库存商品 180 000

（8）支付 A 加工厂差价：

借：应收账款——A 工厂 13 607.10
　　贷：银行存款 13 607.10

（9）申报出口退税：

应退增值税 = 30 000 × 11% +（180 000 − 168 370）× 15% + 1176.15 = 6 220.65（元）

不予退税的税额 = 30 000 ×（17% − 11%）+（180 000 − 168 370）×（17% − 15%）
　　　　= 2 032.60（元）

A. 申报予以退税税额时：

借：应收出口退税款——应退增值税 6 220.65
　　贷：应交税费——应交增值税（出口退税） 6 220.65

B. 不予退税的税额计入成本时：

借：主营业务成本 2 032.60
　　贷：应交税费——应交增值税（进项税额转出） 2 032.60

C. 实际收到退税款时：

借：银行存款 6 220.65
　　贷：应收出口退税款——应退增值税 6 220.65

**【习题 2】**

（1）凭全套进口单据，作如下会计分录：

借：在途物资——进口原材料　（USD20 000　6.85）137 000

　　贷：银行存款——美元户　（USD20 000　6.85）137 000

（2）进口报关时，根据海关出具的完税凭证，作如下会计分录：

进口关税 = 137 000 × 20% ×（1 − 95%）= 1 370（元）

进口增值税 =（137 000 + 1 370）× 17% ×（1 − 95%）= 1 176.15（元）

借：在途物资——进口原材料　1 370

　　贷：应交税费——应交进口关税　1 370

借：应交税费——应交进口关税　1 370

　　　　　　——应交增值税（进项税额）　1 176.15

　　贷：银行存款　2 546.15

（3）进口原材料验收入库：

借：原材料——进口原材料　138 370

　　贷：在途物资——进口原材料　138 370

（4）购进国内材料：

借：原材料　30 000

　　应交税费——应交增值税（进项税额）　5 100

　　贷：银行存款　35 100

（5）委托加工材料出库时：

借：委托加工物资　168 370

　　贷：原材料　168 370

（6）支付加工费：

借：委托加工物资　10 000

　　应交税费——应交增值税（进项税额）　1 700

　　贷：银行存款　11 700

（7）收回玩具成品验收入库：

借：库存商品　178 370

　　贷：委托加工物资　178 370

（8）出口交单时：

借：应收账款——应收外汇账款　（USD30 000　6.85）205 500

　　贷：主营业务收入——自营出口销售收入　（USD600 000　6.85）205 500

借：主营业务成本——自营出口销售成本　178 370

　　贷：库存商品　178 370

（9）申报出口退税：

应退增值税 = 30 000 × 11% + 10 000 × 15% + 1176.15 = 5976.15（元）

不予退税的税额 = 30 000 ×（17% − 11%）+ 10 000 ×（17% − 15%）= 2 000（元）

①申报予以退税税额时：

借：应收出口退税款——应退增值税　5 976.15

　　贷：应交税费——应交增值税（出口退税）　5 976.15

②不予退税的税额计入成本时：

借：主营业务成本　　2 000

　　贷：应交税费——应交增值税（进项税额转出）　　2 000

③实际收到退税款时：

借：银行存款　　5 976.15

　　贷：应收出口退税款——应退增值税　　5 976.15

**【习题3】**

（1）当期免抵退税不得免征和抵扣税额＝100×6.85×（17%－13%）－100×（17%－13%）＝23.4（万元）

（2）当期应纳税额＝3 000×17%－（600－23.4）－10＝－76.6（万元）

（3）出口货物免抵退税额＝100×6.85×13%－100×13%＝76.05（万元）

（4）当期末留抵税额（76.6万元）＞当期免抵退税额（76.05万元）

所以，当期应退税额＝当期免抵退税额＝76.05（万元）

（5）当期免抵税额＝当期免抵退税额－当期应退税额＝76.05－76.05＝0

①将不予免征、抵扣和退税的税额计入出口物资成本：

借：主营业务成本　　234 000

　　贷：应交税费——应交增值税（进项税额转出）　　234 000

②申报准予退回的税款：

借：应收出口退税款——应退增值税　　760 500

　　贷：应交税费——应交增值税（出口退税）　　760 500

③收到出口退税款：

借：银行存款　　760 500

　　贷：应收出口退税款——应退增值税　　760 500

**【习题4】**

（1）外商来料时，根据入库单编制如下会计分录：

借：原材料——氧化钼（来料加工）　　（USD100 000　6.80）680 000

　　贷：应付账款——应付外汇账款（日本ABC公司）

　　　　（USD100 000　6.80）680 000

（2）拨料给工厂加工时，根据出库单编制如下会计分录：

借：应收账款——富兴工厂　　（USD100 000　6.80）680 000

　　贷：原材料——氧化钼（来料加工）　　（USD100 000　6.80）680 000

（3）富兴工厂交来产成品时，按合同约定的钼铁价款，编制如下会计分录：

借：库存商品——钼铁（来料加工）　　（USD180 000　6.80）1 244 000

　　贷：应收账款——富兴工厂　　（USD100 000　6.80）680 000

　　　　应付账款——富兴工厂　　（USD80 000　6.80）544 000

（4）钼铁出库待运，编制如下会计分录：

借：发出商品——钼铁（来料加工）　　（USD180 000　6.80）1 244 000

　　贷：库存商品——钼铁（来料加工）　　（USD180 000　6.80）1 244 000

（5）代富兴工厂支付国内各项费用时，编制如下会计分录：

借：应付账款——富兴工厂　　8 000

贷：银行存款　8 000

(6) 加工的钼铁出运后向银行交单，编制如下会计分录：

借：应收账款——应收外汇账款（日本 ABC 公司）

(USD80 000　6.80) 544 000

应付账款——应付外汇账款（日本 ABC 公司）

(USD100 000　6.80) 680 000

贷：其他业务收入——来料加工出口销售收入 (USD140 000　6.80) 1 224 000

(7) 结转销售成本，编制如下会计分录：

借：其他业务成本——来料加工出口销售成本 (USD180 000　6.80) 1 244 000

贷：发出商品——钼铁（来料加工）　(USD180 000　6.80) 1 244 000

(8) 代富兴工厂支付国外运保费时，编制如下会计分录：

借：其他业务收入——来料加工出口销售收入　(USD3 000　6.80) 20 400

贷：银行存款——美元户　(USD3 000　6.80) 20 400

同时调整成本：

借：应付账款——富兴工厂　(USD3 000　6.80) 20 400

贷：其他业务成本——来料加工出口销售成本　(USD3 000　6.80) 20 400

(9) 收到钼铁的外汇工缴费，凭银行收汇通知单，编制如下会计分录：

借：银行存款——美元户　(USD80 000　6.80) 544 000

贷：应收账款——应收外汇账款（日本 ABC 公司）

(USD80 000　6.80) 544 000

(10) 厦门正元进出口公司与富兴工厂结算，收取代理手续费，将应付工厂的工缴费划拨给工厂后，编制如下会计分录：

应付账款——富兴工厂 $= 544\ 000 - 20\ 400 - 8\ 000 = 515\ 600$（元）

手续费 $= 80\ 000 \times 6.80 \times 3\% = 16\ 320$（元）

借：应付账款——富兴工厂　515 600

贷：其他业务收入——代理手续费　16 320/(1+6%) 15 396.23

应交税费——应交增值税（销项税额）　923.77

银行存款　499 280

实际缴纳增值税时：

借：应交税费——应交增值税（已交税金）　923.77

贷：银行存款　923.77

## 第七章　其他进出口业务会计

### 一、单项选择题

| | | | | |
|---|---|---|---|---|
| 1. A | 2. C | 3. B | 4. D | 5. A |
| 6. C | 7. B | 8. A | 9. C | 10. D |
| 11. A | 12. C | 13. C | | |

## 二、多项选择题

1. AC　　2. AC　　3. ABCD　　4. ACD　　5. ABD
6. ABCD　　7. ACD　　8. ABD　　9. ACE　　10. ABC

## 三、实务题

**【习题1】**

(1) 借：在途物资——山药　　1 200 000
　　应交税费——应交增值税（进项税额）　　204 000
　　贷：银行存款　　1404 000

(2) 借：库存商品——山药　　1 200 000
　　贷：在途物资——山药　　1 200 000

(3) 借：发出商品——山药　　1 200 000
　　贷：库存商品——山药　　1 200 000

(4) 借：应收账款——应收外汇账款　　（USD240 000　6. 80）1 632 000
　　贷：其他业务收入——易货贸易出口销售收入
　　　　（USD240 000　6. 80）1 632 000

(5) 借：其他业务成本——易货贸易出口销售成本　　1 200 000
　　贷：发出商品——山药　　1 200 000

(6) 借：其他业务收入——易货贸易出口销售收入（USD1 800　6. 80）12240
　　贷：银行存款——美元户　　（USD1 800　6. 80）12 240

(7) 借：应收出口退税款——应退增值税　　204 000
　　贷：应交税费——应交增值税（出口退税）　　204 000

(8) 借：在途物资——牛乳糖　　（USD240 000　6. 80）1 632 000
　　贷：应收账款——应收外汇账款　　（USD240 000　6. 80）1 632 000

(9) 进口关税 = 1 632 000 × 20% × 50% = 163 200（元）

进口增值税 = (1 632 000 + 163 200) × 17% × 50% = 152 592（元）

借：在途物资——牛乳糖　　163 200
　　贷：应交税费——应交关税　　163 200

借：应交税费——应交关税　　163 200
　　　　——应交增值税（进项税额）　　152 592
　　贷：银行存款　　315 792

(10) 借：银行存款　　2 340 000
　　贷：其他业务收入——易货贸易进口销售收入　　2 000 000
　　　　应交税费——应交增值税（销项税额）　　340 000

同时结转销售成本：

借：其他业务成本——易货贸易进口销售成本　　1 795 200
　　贷：在途物资——牛乳糖　　1 795 200

(11) 应纳增值税 = 340 000 − 152 592 × 2 = 34 816（元）

借：应交税费——应交增值税（已交税金）　　34 816

贷：银行存款　　34 816

**【习题 2】**

（1）引进设备和配件时：

借：在建工程——补偿贸易引进设备　　400 000

在途物资——补偿贸易引进配件　　30 000

贷：长期应付款——应付补偿贸易引进价款　　860 000

（2）支付设备及配件关税和国内运杂费时：

借：在建工程——补偿贸易引进设备　　7 000

在途物资——补偿贸易引进配件　　3 000

贷：银行存款　　10 000

（3）配件验收入库时：

借：原材料——补偿贸易引进配件　　33 000

贷：在途物资——补偿贸易引进配件　　33 000

（4）支付设备安装调试费时：

借：在建工程——补偿贸易引进设备　　10 000

贷：银行存款　　10 000

（5）设备交付使用时：

借：固定资产——补偿贸易引进设备　　417 000

贷：在建工程——补偿贸易引进设备　　417 000

（6）用设备投产后第一批商品的价款偿还引进设备款时：

①对向外商提供的商品：

借：应收账款——应收外汇账款　　20 000

贷：其他业务收入——补偿贸易出口销售收入　　20 000

②结转销售成本：

借：其他业务成本——补偿贸易出口销售成本　　10 000

贷：库存商品　　10 000

③偿还引进设备及配件款：

借：长期应付款——应付补偿贸易引进价款　　20 000

贷：应收账款——应收外汇账款　　20 000

**【习题 3】**

（1）厦门远航公司第一年年底付款，作会计分录如下：

①按合同规定将第一次应付款入账：

USD200 000 ×6. 80 ×10% =136 000（元）

借：无形资产——未完引进技术　　136 000

贷：应付账款——丹麦迪非公司　　136 000

②代扣增值税和预提所得税：

增值税 = USD200 000 ×6. 80 ×10% ×6% =8160（元）

预提所得税 = USD200 000 ×6. 80 ×10% ×10% =13 600（元）

借：应付账款——丹麦迪非公司　　21 760

贷：应交税费——应交增值税（已交税金） 8 160
——应交预提所得税 13 600

③代缴增值税和预提所得税：

借：应交税费——应交增值税（已交税金） 8 160
——应交预提所得税 13 600
贷：银行存款 21 760

④第一年年底支付扣税后的净价款：

借：应付账款——丹麦迪非公司 114 240
贷：银行存款 114 240

（2）厦门远航公司第二年年底付款，作会计分录如下：

①按合同规定将第二次应付款入账：

USD250 000×6.80×10%＝170 000（元）

借：无形资产——未完引进技术 170 000
贷：应付账款——丹麦迪非公司 170 000

②代扣增值税和预提所得税：

增值税＝USD250 000×6.80×10%×6%＝10 200（元）

预提所得税＝USD160 000×6.80×10%×10%＝17 000（元）

借：应付账款——丹麦迪非公司 27 200
贷：应交税费——应交增值税（已交税金） 10 200
——应交预提所得税 17 000

③代缴增值税和预提所得税：

借：应交税费——应交增值税（已交税金） 10 200
——应交预提所得税 17 000
贷：银行存款 27 200

④第二年年底支付扣税后的净价款：

借：应付账款——丹麦迪非公司 142 800
贷：银行存款 142 800

以后每年作会计分录同上。

**【习题4】**

（1）借：库存商品——样展品 20 000
应交税费——应交增值税（进项税额） 3 400
贷：银行存款 23 400

（2）借：库存商品——样展品 4 000
贷：营业外收入 4 000（税务从略）

（3）借：应收账款 18 720
贷：主营业务收入 16 000
应交税费——应交增值税（销项税额） 2 720

同时结转库存商品成本，作会计分录如下：

借：主营业务成本 10 000

贷：库存商品——样展品　　10 000

（4）借：银行存款　　13 600

贷：主营业务收入　　13 600

同时结转销售成本，作会计分录如下：

借：主营业务成本　　8 000

贷：库存商品——样展品　　8 000

（5）借：销售费用　　702

贷：库存商品——样展品　　600

应交税费——应交增值税（销项税额）　　102

（6）借：销售费用　　1170

贷：库存商品——样展品　　1 000

应交税费——应交增值税（销项税额）　　170

# 第八章　会计报表

## 一、单项选择题

1. C　2. D　3. C　4. B　5. D

6. D　7. A　8. D　9. A　10. B

## 二、多项选择题

1. ABCD　2. ABC　3. ABC　4. ABD　5. AC

6. ABCD　7. ABD　8. ABC　9. ABCD　10. AD

## 三、实务题

【习题 1】

表 8－18　资产负债表

编制单位：厦门正航外贸公司　　2017 年 10 月 31 日　　元

| 资产 | 年初数 | 期末数 | 负债及所有者权益 | 年初数 | 期末数 |
|---|---|---|---|---|---|
| 流动资产： | | | 流动负债： | | |
| 货币资金 | | 7 880 | 短期借款 | | 3 720 |
| 交易性金融资产 | | | 交易性金融负债 | | |
| 应收票据 | | 3 600 | 应付票据 | | 5 000 |
| 应收账款 | | 2 020 | 应付账款 | | 2 440 |
| 预付账款 | | 2 580 | 预收账款 | | 2 140 |
| 应收利息 | | | 应付职工薪酬 | | 2 620 |
| 应收股利 | | | 应交税费 | | 1 140 |
| 应收出口退税款 | | 300 | 应付利息 | | 1 360 |
| 存货 | | 26 920 | 应付股利 | | |

续表

| 资产 | 年初数 | 期末数 | 负债及所有者权益 | 年初数 | 期末数 |
| --- | --- | --- | --- | --- | --- |
| 一年内到期的非流动资产 | | | 其他应付款 | | |
| 其他流动资产 | | | 一年内到期的非流动负债 | | |
| 流动资产合计 | | 43 300 | 其他流动负债 | | |
| 可供出售金融资产 | | | 流动负债合计 | | 18 420 |
| 持有至到期的投资 | | | 非流动负债： | | |
| 长期应收款 | | | 长期借款 | | 15 200 |
| 长期股权投资 | | | 应付债券 | | |
| 投资性房地产 | | | 长期应付款 | | |
| 固定资产 | | 134 160 | 专项应付款 | | |
| 在建工程 | | | 预计负债 | | |
| 工程物资 | | | 递延所得税负债 | | |
| 固定资产清理 | | | 其他非流动负债 | | |
| 无形资产 | | | 非流动负债合计 | | 15 200 |
| 开发支出 | | | 负债合计 | | 33 620 |
| 商誉 | | | 所有者权益： | | |
| 长期待摊费用 | | | 实收资本 | | 95 536 |
| 递延所得税资产 | | | 资本公积 | | |
| 其他非流动资产： | | | 减：库存股 | | |
| 非流动资产合计 | | 134 160 | 盈余公积 | | 40 944 |
| | | | 未分配利润 | | 7 360 |
| | | | 所有权益合计 | | 143 840 |
| 资产总计 | | 177 460 | 负债及所有权益总计 | | 177 460 |

**【习题2】**

**表8－20 利润表**

编制单位：厦门正航外贸公司　　2017年12月　　元

| 项目 | 本月金额 | 上期金额 |
| --- | --- | --- |
| 一、营业收入 | 2 750 000 | |
| 减：营业成本 | 1 720 000 | |
| 税金及附加 | 150 000 | |
| 销售费用 | 130 000 | |
| 管理费用 | 260 000 | |

续表

| 项目 | 本月金额 | 上期金额 |
| --- | --- | --- |
| 财务费用 | 40 000 | |
| 资产减值损失 | | |
| 加：公允价值变动损益 | | |
| 其中：对联营企业和合营企业的投资收益 | 100 000 | |
| 二、营业利润（亏损以“－”号填列） | 550 000 | |
| 加：营业外收入 | 15 000 | |
| 减：营业外支出 | 100 000 | |
| 其中：非流动资产处置损失 | | |
| 三、利润总额（亏损总额以“－”号填列） | 465 000 | |
| 减：所得税费用 | 240 000 | |
| 四、净利润（净亏损以“－”号填列） | 225 000 | |
| 五、每股收益 | | |
| （一）基本每股收益 | | |
| （二）稀释每股收益 | | |

# 参考文献


[1] 戴海珊．国际贸易实务［M］．大连理工大学出版社，2014.
[2] 孙佐军．企业涉外会计［M］．东北财经大学出版社，2015.
[3] 李雁玲，等．国际贸易实务［M］．机械工业出版社，2015.
[4] 中国注册会计师协会．税法［M］．经济科学出版社，2017.
[5] 丁元霖．外贸会计（第4版）［M］．上海：立信会计出版社，2016.
[6] 谢雪燕．企业涉外会计（第2版）［M］．北京：清华大学出版社，2014.
[7] 盖地．税务会计与税务筹划（第10版）［M］．大连：东北财经大学出版社，2014.
[8] 杨雄．吴秀艳．外贸会计实务［M］．青岛：中国海洋大学出版社，2011.